Schriftenreihe zur Musikpädagogik

Herausgegeben von Professor Dr. Richard Jakoby

Musiksprache – Sprachmusik – Textvertonung

Aspekte des Verhältnisses von Musik, Sprache und Text

von Wilfried Gruhn

Verlag Moritz Diesterweg

3768

Frankfurt am Main · Berlin · München

CIP-Kurztitelaufnahme der Deutschen Bibliothek

Gruhn, Wilfried:
Musiksprache, Sprachmusik, Textvertonung: Aspekte d. Verhältnisses von Musik, Sprache u. Text.
1. Auflage
Frankfurt am Main, Berlin, München: Diesterweg: 1978
(Schriftenreihe zur Musikpädagogik)
ISBN 3-425-03768-4

ISBN-3-425-03768-4

1. Auflage 1978

© 1978 Verlag Moritz Diesterweg, Frankfurt am Main.

Zeichnungen: Karl Schilling, Frankfurt am Main
Druck: Druckwerkstätten Koehler & Hennemann, Wiesbaden
Bindearbeiten: Adolf Hiort, Wiesbaden

Vorwort des Herausgebers

Zahlreiche curriculare Entwürfe sind in den letzten Jahren zum Thema „Musik und Sprache" entstanden. Dies deutet einerseits auf das große Interesse an der Vielschichtigkeit des Verhältnisses von Musik und Sprache hin, sollte andrerseits aber nicht darüber hinwegtäuschen, daß es an systematischen Arbeiten über dieses komplexe Thema, das Instrumentalmusik ebenso umfaßt wie Textvertonungen oder experimentelle Sprachkompositionen, noch fehlt.

Musik als Sprache, Text oder kommunikatives Zeichensystem; Sprache als musikalisches Klangreservoir; Sprechen als Musik — musikalisiertes Sprechen; Textvertonung und Sprachkomposition — all dies bezeichnet Problemfelder, deren Beziehungen zueinander historischer und systematischer Darstellung bedürfen.

Die vorliegende Schrift wendet sich in erster Linie an Lehrer, Studenten und interessierte Laien, um ihnen Material an die Hand zu geben über Anschauungen, Wandlungen, Differenzierungen und Abgrenzungen in bezug auf das behandelte Thema. Aspekte und Probleme werden vorgetragen, wie sie sich aus der Vielfalt der Literatur ergeben; es handelt sich also nicht um neue kommunikationstheoretische oder philosophisch-ästhetische Theorien einer Semiotik der Musik.

Die Aktualität des linguistischen Ansatzes in dieser Arbeit ist verständlicherweise auch gesellschaftlich bedingt und drängt zu didaktischer Aufbereitung. Wenn diese didaktische Aufbereitung oder unterrichtspraktische Umsetzung auch hier noch nicht geleistet werden konnte — sie kann sich erst in der konkreten unterrichtlichen Situation ergeben —, so bietet die Arbeit doch dem Praktiker viele Hilfen, die Möglichkeiten im Wechselverhältnis von Musik und Sprache sachkompetent in Unterricht zu übersetzen. Diesem Ziel kommen sicher auch die vielen veranschaulichenden Beispiele entgegen.

Hannover 1978   *Richard Jakoby*

Inhaltsverzeichnis

Vorwort des Verfassers

Den vielschichtigen Komplex „Musik und Sprache" in einer kleinen Schrift abhandeln zu wollen muß vermessen erscheinen, denn es verlangte die Auslotung ästhetischer, kunsttheoretischer, sprachwissenschaftlicher, musiktheoretischer und musikgeschichtlicher Aspekte. Eine wissenschaftlich umfassende Darstellung kann und will aber diese Schrift nicht leisten. Vielmehr erhält sie in der vorliegenden Form ihre Legitimation aus einem — wie es scheint — aktuellen Bedürfnis nach Orientierung im vielfältigen Geflecht von Verbindungslinien und Analogien zwischen sprachlichen und musikalischen Strukturen wie über die Vielfalt der Aspekte, unter denen „Musik und Sprache" gesehen werden kann, und aus der Notwendigkeit einer systematischen Ordnung der verschiedenen Zusammenhänge und Verbindungen von Musik, Sprache und Text. Vielschichtig ist das Verhältnis von Musik und Sprache insofern, als Musik einerseits als Strukturgefüge und Zeichensystem selbst Sprache sein kann und andererseits in Verbindung mit einem Text auch Sprache vermittelt. Dies ermöglicht ganz verschiedenartige Zugriffe in bezug auf den Gegenstand Musik, die sowohl in rein instrumentaler Form als sprachliche zu verstehen als auch in ihrem Verhältnis zum Text zu durchleuchten ist.

Eine vom Sprachzerfall gekennzeichnete Epoche, in der das Verhältnis zu einer ins Werk gesetzten und im Werk gefaßten verbalen wie musikalischen „Sprache" gebrochen ist, fordert dadurch gerade zu Reflexion und Systematisierung der Beziehungen zwischen Musik und Sprache heraus. Geht man von der gegenwärtigen Situation kompositorischer Praxis aus, so ist eine gewisse Faszination an sprachlichen Phänomenen unverkennbar. Eine beträchtliche Zahl von Kompositionen aus dem Zwischenbereich von Musik und Sprache setzt die reiche und lange Tradition textgebundener Vokalmusik auf neue Weise fort und durchbricht sie zugleich, indem sie den Text auf gänzlich andere Art in Klang setzt: da wird nicht mehr nur ein Text vermittelt, werden nicht mehr begriffliche Inhalte transportiert, ausdrucksmäßig verstärkt, musikalisch kommentiert oder interpretiert, sondern Texte werden dekomponiert, in ihre phonetischen Bestandteile aufgelöst; da werden Formen der Artikulation selbst musikalisiert und komponiert; „da röhrt es und lallt's, Aufschreie ertönen und Gelächter, es wird gejohlt, losgeheult, aber auch sirenenhaft gesungen. Sänger fauchen, zischen, keuchen; bringen erstickende Laute hervor; sie sprechen aber auch — normal, gefühlvoll, exaltiert, mühsam buchstabierend, oder sie verlieren die Sprache und bilden durch sinnlose Laute den Übergang in Gesang. ... Die Stimmen werden von den Konventionen des Kunstgesangs freigemacht, also entfesselt" (Schnebel). Musik als Sprache nutzt Sprache als Musik. Den innovatorischen Impulsen solchen Komponierens mit sprachlichem Material entsprechen zahlreiche curriculare Entwürfe zum Thema „Musik und Sprache". Jedoch ist unter dieser leeren Formel ebenso ein Menuett von Mozart wie ein Lied von Schubert oder eine experimentelle Komposition für Stimmen zu fassen. Anliegen dieser Arbeit ist es daher, die internen und externen Zusammenhänge dieser Phänomene durch eine systematische Darstellung der verschiedenen Aspekte und Probleme zwischen Textvertonung und Sprachkomposition deutlich zu machen und so dem Musikpädagogen für die praktische Planung einer Unterrichtssequenz zum Themenkomplex „Musik und Sprache" sachbezogene Orientierungsmarken zu setzen und Material an die Hand zu geben, ohne bereits eine didaktische Aufbereitung vorzunehmen, die für den konkreten Einzelfall erst zu leisten ist. Ebenso will diese Übersicht dem Musikstudenten ein Kompendium zur Einführung in die musikwissenschaftliche Thematik „Musik und Sprache" liefern und den interessierten Laien informieren. Daher ist kein historischer Aufriß verschiedener Gattungen der Vokal- oder Instrumentalmusik vorgenommen und werden nicht Entwicklungslinien chronologisch nachgezeichnet (dies bleibt Aufgabe der Gattungs- und Stilgeschichte wie der Musikgeschichte insgesamt), sondern es werden die verschiedenen Gesichtspunkte der Verbindung von Musik und Text systematisch aufgerollt und die verschiedenen Ebenen der Sprachanalogie dargestellt. Die einzelnen Kapitel bilden daher auch nicht unbedingt eine aufeinander aufbauende Abfolge, sondern behandeln in sich geschlossene Komplexe des Themas „Musik und Sprache". Der Einstieg in die Lektüre kann somit prinzipiell von jedem Kapitel aus erfolgen. Das bringt notwendig gelegentliche Überschneidungen und Wiederholungen mit sich, die aber im Interesse der Geschlossenheit und Deutlichkeit der jeweiligen Aspekte vertretbar erscheinen.

Die Betrachtung sprachlicher Systeme ist gegenwärtig in starkem Maße geprägt durch strukturalistische und linguistische Fragestellungen. So ist das Phänomen „Sprache" im übergreifenden Sinne neu ins kompositorische Bewußtsein getreten und hat neue Dimensionen der Sprachbehandlung und Sprachverwendung ins Spiel gebracht. Informationstheoretische Ansätze und die Übertragung der an der Linguistik orientierten semiotischen Kategorien auf die Musik haben neue Aspekte einer allgemeinen Sprachtheorie der Musik ermöglicht. Dabei kann diese Arbeit nicht eine kritische Auseinandersetzung mit der Problematik linguistischer und semiotischer Modelle und ihrer Anwendung auf musikalische Phänomene liefern; vielmehr geht es hier darum, die verschiedenen Ansätze einer musikalischen Semiotik darzustellen, um den Leser in die Problemstellungen und Sichtweisen einzuführen, unter denen Musik als zeichenhaftes Sprachsystem gesehen werden kann. Denn ein kommunikationstheoretisches Erklärungsmodell wie die Ansätze linguistischer Semiotik können durchaus dazu dienen, Bedingungen und Prozesse des Verstehens des kommunikativen Phänomens Musik — was immer darunter zu fassen ist zwischen Gregorianik und Avantgarde, Pop und außereuropäischer Musik, autonomer und funktionaler Musik — zu erhellen. So kann ein erfahrungswissenschaftlicher Ansatz die Bedingungen einer Betrachtungsweise liefern, die eine hermeneutische Interpretation der Musik erst fundiert. In dieser Verbindung von Kommunikationstheorie und Hermeneutik, in der Ermöglichung einer vielfältige Kategorien umfassenden Theorie des Verstehens künstlerisch geistiger Äußerungen schlechthin liegt zugleich die didaktische Relevanz eines kommunikationstheoretischen und semiotischen Ansatzes für die Erkenntnis des Sprachwerts der Musik.

Zweibrücken 1977   *Wilfried Gruhn*

1 Allgemeine Aspekte des Verhältnisses von Musik und Sprache

Welcher Dämon drängt den Komponisten unerbittlich zur Literatur? Welche Macht zwingt ihn, notfalls selbst Dichter zu werden? Ist es allein die Sehnsucht nach dem verlorenen Paradies, nach jener ursprünglichen Einheit, um die man sich in vergeblichen Bemühungen verzehrt?

Pierre Boulez

1.1 Die Wandlungen im Verhältnis von Musik und Sprache

In den vorangestellten Sätzen artikuliert sich das Bewußtsein einer magischen Anziehungskraft von poetischer Sprache und Musik. Die Affinität verbaler und musikalischer Sprache resultiert nicht nur daraus, daß die kleinsten sprachkonstituierenden Elemente, die Laute der begrifflichen Sprache, immer auch eine musikalische Komponente wesenhaft einschließen, und nicht nur daraus, daß Worte selbst im alltäglichen Sprachvollzug und erst recht in künstlerisch überhöhter Diktion eine melodische Ausprägung erfahren, sondern sie beruht auf einer ursprünglichen Verwandtschaft von musikalischer und poetischer Äußerung. Das verlorene Paradies, das Boulez beschwört, liegt in der Totalität künstlerischen Ausdrucks, der aus Sprache und Musik ein Amalgam bildet. Der altgriechische Vers bestand noch aus einer untrennbaren Einheit von sprachlichen und musikalisch-rhythmischen Komponenten.[1] Die Geschichte der abendländischen Musik ist nach dem Verlust dieser Einheit gekennzeichnet von dem Bestreben nach Musikalisierung der Sprache und Versprachlichung der Musik.[2] In der europäischen Kunst- und Trivialmusik findet sich kaum eine Gattung, in der nicht Musik mit einem Text eine Verbindung eingegangen ist. Textvertonung und melodisierter Textvortrag fanden durch die Einbeziehung von Singstimmen auch in ursprünglich reine Formen der Instrumentalmusik Eingang, so in die Sinfonik (Beethoven, Berlioz, Mahler) oder das Streichquartett (Schönberg).

Nicht immer ist die Verbindung mit einem Text in instrumentalen Formen so offenkundig; dieser kann auch lediglich im Notentext als ausführlicher Kommentar (etwa in deskriptiver Programmusik) angegeben sein, dessen Kenntnis für Hörer und Interpreten vom Komponisten als für das Verständnis nötig oder zumindest hilfreich erachtet wurde im Gegensatz zu den verschwiegenen Programmen manch „reiner" Instrumentalmusik. Programmusik (Sinfonische Dichtung), die sich auf ein literarisches Programm stützt, kann ebenfalls als Textvertonung im weiteren Sinne angesehen werden, wenngleich das literarische Sujet nicht im Wortlaut erscheint. In ähnlicher Weise sind c.-f.-Bearbeitungen und c.-f.-Variationen eng auf den unausgesprochenen, aber in der c.-f.-Melodie präsenten Text insofern bezogen, als eben diese Melodie von

---

[1] Vgl. Th. Georgiades, Musik und Sprache. Das Werden der abendländischen Musik, dargestellt an der Vertonung der Messe, Berlin-Heidelberg-New York ²1974, S. 4 ff.
[2] Ebd. S. 30.

der Silbenzahl und der Vers-(Satz-)struktur des Liedtextes geprägt ist und die Satz-struktur der Variationen (z. B. in der Choralvariation) den Sinn der einzelnen Stro-phen paraphrasiert. Aber auch die Fülle der medial vermittelten Reize und Informa-tionen besteht aus einer komplementären Kombination von Musik und Sprache. Wenn die mit Sprache kombinierte Musik dort auch primär nur als illustrierender Background wahrgenommen wird, d. h. die Sprache als primärer Informationsträger empfunden wird, so unterliegt die Verbindung von Musik und Sprache in Werbung, Hörspiel und Film doch einer äußerst differenzierten und kalkulierten assoziativen Steuerung, sind Musik und durch Sprache und Bild vermittelter Sachverhalt doch direkt aufeinander bezogen und nicht zufällig oder willkürlich wie in einzelnen Montagen multimedialer Environments. Jedoch muß die Musik in allen Fällen, in denen die Sachinformation der Sprache dominiert, als sekundäres Mittel funktional eingebunden bleiben in die Verstärkung emotionaler Momente. Das komplexe Feld sprachbezogener Musik deckt sich also in gar keiner Weise mit dem Bereich der Vokalmusik, die man zunächst ins Auge faßt, wenn man vom Wort-Ton-Verhältnis als dem Komplex „Musik und Sprache" spricht. Dessen Grenzen überschreiten Musikformen zwischen dem vokalen und instrumentalen Bereich, wenn vokal konzipierte Partien in wortlose, quasi-instru-mentale Melodik übergehen (z. B. gregorianischer Jubilus, Koloraturen auf Vokalisen, Verfahren in neuer Musik, bouche fermée, au niveau des instruments u. ä.), wenn Vo-kalmusik originäre Instrumentalformen textlos darstellt (z. B. v. Delden: Partita piccola, Chorsuite ohne Text) oder gar Instrumentalmusik bloß vokal ausgeführt wird (Bach-Gounod, Swingle-Singers u. ä. Verfahren). Die Vielfalt der Erscheinungsweisen sprachverbundener Musik, die Komplexität der Beziehungsmöglichkeiten und Ver-ständnisebenen sowie die zentrale Rolle des Wort-Ton-Verhältnisses in der Musikge-schichte machen eine kurze Vorüberlegung über grundsätzliche und allgemeine Aspekte einer systematischen Darstellung des heute auf den gesamten Bereich von Sprache und Musik ausgeweiteten Komplexes notwendig.

Die Tatsache, daß in der gegenwärtigen Musik zwar in großem Umfang Sprache unterschiedlichster Art kompositorisch verarbeitet, aber nicht mehr Text im traditionel-len Sinn vertont wird, läßt schon ein verändertes Verhältnis zum Text, eine kritische Einstellung gegenüber der Sprachlichkeit von Sprache erkennen. Nicht mehr die sprach-lich vermittelte Aussage wird umgesetzt, noch wird ein Text als Sinnganzes überhaupt vermittelt, sondern Sprachliches wird in ganz umfassendem Sinne in die Komposition einbezogen, sei es als phonetisches Material oder als sprachlicher Artikulationsprozeß, sei es als autonome Klangschicht oder als gesprochener Stimmverlauf. In einem Prozeß der Dekomposition von Sprache zu entsemantisierter Lautgestik, die dann mit neuen semantischen Valenzen beladen wird, oder durch eine an die Stelle der begrifflichen Sprache tretende imaginäre Kunstsprache wird das traditionelle Verhältnis von Musik und Sprache aufgebrochen und kompositorisch neu reflektiert. Das Mißtrauen gegen-über den Begriffen, die sich von ihren eigentlichen Inhalten entfernt haben und nur noch leere Worthülsen darstellen, gilt somit den Inhalten, die sie bezeichnen, und richtet sich gegen den affirmativen Charakter einer begriffsgebundenen, textvermittelnden Musik. „Vor einem freilich sollte sich musica sacra mehr noch hüten als die profana: vor affirmativem Wesen; ... Eine Gebetskomposition, welche die Worte in warmen

Klang einhüllt, verrät ihren Inhalt, dessen Voraussetzung die Absenz von Wärme. Und Lobpreis, wo Jubel nicht auch von den höllischen Verhältnissen kündet, denen er sich entringt, verklärt das Bestehende."[3] Der Versuch, dem romantisch vermittelten Verständnis von Textvertonung dadurch zu begegnen, daß Text nicht mehr begleitet, ornamentiert, verstärkt oder gedeutet, d. h. musikalisch bestätigt wird, sondern daß vielmehr Sprache an sich syntaktisch wie semantisch dekomponiert wird, um die so von allen semantischen Zwängen befreiten Phoneme musikalisch neu zu strukturieren, d. h. aus Sprachmaterial musikalische Prozesse zu initiieren, die ihrerseits das aussagen, wozu die Worte nicht mehr taugen, wird schon als Emanzipationsprozeß[4] gedeutet. Daraus erwächst der Musik aber auch eine neue Verantwortlichkeit gegenüber dem Text, indem solcherart entsprachlichte Musik nun wieder zu reden beginnt.

Insgesamt spiegelt sich auch in der Musik nach 1950 in verstärktem Maße etwas von der allgemeinen Sprachkrise, wie sie sich bereits zu Beginn des Jahrhunderts literarisch in Hofmannsthals Chandos-Brief (1902) so eloquent und artifiziell artikulierte[5], sich verstärkt in den Lautphantasien der Dadaisten niederschlug und schließlich in den Wort- und Buchstabenkonstellationen der konkreten und visuellen Poesie wie allgemein in der „Sprachnot der modernen Lyrik"[6] manifest wurde.

Die gleichzeitig verstärkt einsetzende Reflexion über Sprache (Semantik, Linguistik) signalisiert auf ihre Weise etwas von dem Verlust ihrer Selbst-Verständlichkeit; Sprache insgesamt ist zum Problem geworden. Das gilt auch für die Sprache der musikalischen Komposition schlechthin. „Daß die Neue Musik vom Sprachzerfall gekennzeichnet ist, daß sie sich jeglicher Art von Sprache begeben hat, bedarf heute kaum noch einer Erklärung."[7] In dem Maße, wie Musik aber insgesamt ihrer Sprachlichkeit enträt und als anti-sprachlich und anti-bedeutungstragend konzipiert ist[8], wird auch eine traditionelle Vertonung von Texten unmöglich, die gerade auf der Sprachlichkeit, dem allgemeinen Sprachcharakter von Musik beruht, die als bedeutungstragend im allgemeinen Sinn galt und somit fähig war, einen Text oder einzelne Teilaspekte von ihm (seinen Gefühlsinhalt, die formale Gliederung, seine Bildlichkeit oder Symbolik, die rhythmisch-

---

[3] D. Schnebel, Musica sacra, in: D. Schnebel, Denkbare Musik, Schriften 1952–1972, Köln 1972, S. 435.

[4] Vgl. D. Schnebel, Denkbare Musik, a.a.O., S. 457. H. K. Metzger bemerkt zu Schnebels Madrasha II: „So ist denn der rauschhafte Überschwang der Komposition keineswegs affektiv geraten, sondern klingt eher nach einer gnostischen Verfluchung des Demiurgen, denn die Lösung, die Schnebel zur technischen Verwirklichung des Gotteslobs fand, ‚da Sprache nicht ausreicht', lautet: Emanzipation der Stimmen." (Plattentext zur Schallplatte DGG Avantgarde 643 544.)

[5] „Es ist mir völlig die Fähigkeit abhanden gekommen, über irgend etwas zusammenhängend zu denken oder zu sprechen. ... die abstrakten Worte, deren sich doch die Zunge naturgemäß bedienen muß, um irgendwelches Urteil an den Tag zu geben, zerfielen mir im Munde wie modrige Pilze." (H. v. Hofmannsthal, Werke Band II, Stuttgart, Zürich, Salzburg 1957, S. 341 f.)

[6] Vgl. Th. Pelster, Das Motiv der Sprachnot in der modernen Lyrik, in: Der Deutschunterricht 1970, S. 38—58.

[7] E. Budde, Zitat, Collage, Montage, in: R. Stephan (Hrsg.): Die Musik der 60er Jahre, Mainz 1972, S. 38 (Veröffentlichungen des Instituts für neue Musik und Musikerziehung Darmstadt, Bd. 12).

[8] Vgl. G. Ligeti, Form in der Neuen Musik, in: DB X, 1966, S. 30.

metrische Struktur etc.) musikalisch umzusetzen, abzubilden oder auch nur seine Deklamation zu begleiten. Und es spiegelt die ästhetische Grundeinstellung einer Epoche, ob mehr die formalen oder mehr die inhaltlich ausdrucksmäßigen Analogien im Vordergrund stehen und als tragende Grundlage die Textvertonung prägen. So ist die wortgebundene Musik des Barock an Rhetorik und Poetik orientiert und steht Musik als ars cantus noch im Zusammenhang der „artes sermonicales" des scholastischen Triviums, während die Gefühls- und Ausdrucksästhetik in der Zeit der Empfindsamkeit der Musik als Sprache der Seele einen unmittelbar sprechenden Ausdruck zuerkennt. Die Musiksprache wird nicht mehr als Analogie zur sprachlichen Rhetorik aufgefaßt, sondern ihre Eigentümlichkeit gerade dagegen abgehoben. „Die nächste Absicht einer Rede geht auf den Verstand, so wie die eines Tonstückes auf die Empfindung." [9] Während für Mattheson auch „die Instrumental-Music nichts anderes ist als eine Ton-Sprache oder Klang-Rede" [10], die Analogie zur Rede aber eine formale ist und auf der musikalischen Syntax beruht, so suchen Rousseau und Herder die Verwandtschaft eher im Tonfall der melodischen Phrase. Dagegen sieht Schönberg — um eine weitere Polarität anzudeuten — „musikalische Prosa" gerade erst durch die „Emanzipation vom rhythmisch-syntaktischen Schema" [11] verwirklicht.

Notwendig ändert sich so auch die Funktion der Musik, in der ein *Text* kompositorisch gefaßt wird. Noch im Barock spielte Musik als autonome Kunst im geistigen Bewußtsein der Zeit eine untergeordnete Rolle. Als funktionale Musik in der Kirche und am Hofe stand sie nicht im Mittelpunkt philosophischen oder literarischen Interesses. Das Hofleben fand sein kulturelles Zentrum in Theater und Oper, in der die Musik nur eine dienende Funktion erfüllte: Begleitung und Unterstützung der Handlung, Verstärkung des Wortes und Darstellung der sprachlich vermittelten Affekte. Das „Prima la musica, poi le parole" [12] kündigt dagegen ein ganz anderes Verständnis der Musik als autonomer Kunstsprache an, der sich das Wort unterzuordnen hat, das nur den Anlaß zur musikalischen Aussage bietet. Im 19. Jahrhundert findet Musik als Kunst mit eigener Aussagekraft, die über die konkret begriffliche Wortsprache noch hinausweist, erstmals eine zentrale Stellung auch in der Philosophie und allgemeinen Ästhetik. Schopenhauer räumt der Musik, weil sie als Abbild des Willens selbst das Wesen der Welt unmittelbar in Töne faßt, einen besonderen Rang ein. „Denn die Musik ist ... darin von allen anderen Künsten verschieden, daß sie nicht Abbild der Erscheinung, oder richtiger, der adäquaten Objektivität des Willens, sondern unmittelbar Abbild des Willens selbst ist und also zu allem Physischen der Welt das Metaphysische, zu aller Erscheinung das Ding an sich darstellt. ... Hierauf beruht es, daß man ein Gedicht als Gesang oder eine anschauliche Darstellung als Pantomime, oder beides als Oper der Musik unterlegen kann. Solche einzelne Bilder des Menschenlebens, der allgemeinen Sprache der Musik untergelegt, sind nie mit durchgängiger Nothwendigkeit ihr verbunden oder entsprechend; sondern sie stehen zu ihr nur im Verhältniß eines

---

[9] J. N. Forkel, Allgemeine Geschichte der Musik, Bd. 1, Leipzig 1788, Einleitung § 104, S. 53.
[10] J. Mattheson, Der vollkommene Capellmeister, Hamburg 1739, S. 82.
[11] L. U. Abraham/C. Dahlhaus, Melodielehre, Köln 1972, S. 24.
[12] Divertimento teatrale in einem Akt von G. B. de Casti in der Vertonung von A. Salieri, Wien 1786.

beliebigen Beispiels zu einem allgemeinen Begriff: sie stellen in der Bestimmtheit der Wirklichkeit Dasjenige dar, was die Musik in der Allgemeinheit bloßer Form aussagt." [13]

Damit erhebt sich die Musik als Sprache über die Begriffsprache der Worte, weil diese nur ein Abbild der Vorstellungen sind, die Musik in ihrer allgemeinen Sprache aber auf die Sache selbst zielt. Der einzelne Text kann ihr daher nie mit „durchgehender Notwendigkeit" entsprechen und erscheint als beliebig austauschbares Beispiel, das die musikimmanente Aussage kommentiert. Demzufolge ist Musik aus sich heraus zu bedeutungsvoller Aussage fähig, und diese wird nicht erst durch das Wort stimuliert. In dem Bruchstück „Über Musik und Wort", in dem sich Nietzsche mit Schopenhauers metaphysischer Ästhetik in bezug auf die Sprache auseinandersetzt, heißt es denn auch: „Wenn also der Musiker ein lyrisches Lied componiert, so wird er als Musiker weder durch die Bilder noch durch die Gefühlssprache dieses Textes erregt: sondern eine aus ganz anderen Sphären kommende Musikerregung wählt sich jenen Liedertext als einen gleichnißartigen Ausdruck ihrer selbst. Von einem nothwendigen Verhältniß zwischen Lied und Musik kann also nicht die Rede sein..." [14] Dies ist die Grundlage für die Entstehung des lyrischen Klavierstückes, der Lieder ohne Worte und der Sinfonischen Dichtung, die auf eine konkrete Textwiedergabe verzichten und dennoch textbezogen bleiben. Selbst in den reinen Formen der Instrumentalmusik versuchten Kritiker und Analytiker im 19. Jahrhundert und bis ins 20. Jahrhundert hinein, die verschwiegenen Programme aufzudecken, indem sie poetische Bilder und Assoziationen beschworen [15] und dadurch die Dämonisierung und Irrationalisierung der Instrumentalmusik begünstigten, gegen die die Formalästhetik (Hanslick) mit Recht anging.

Die Instrumentalmusik, die sich seit dem 16. Jahrhundert allmählich von der Vokalmusik gelöst und verselbständigt hatte, hat sich nun gegenüber der wortgebundenen Musik als eigenständige Sprache emanzipiert, ja sich über die Leistungsfähigkeit der Wortsprache im Bereich des Psychischen, Irrationalen erhoben. Noch in der Zeit Rousseaus galt bloße Instrumentalmusik als nicht beredt, wie das Zitat des Fontenelle zugeschriebenen Ausspruchs „Sonate, que me veaux-tu?" [16] bezeugt. Und in Sulzers „Allgemeine Theorie der Schönen Künste" (1771) heißt es: „Das Concert hat eigentlich keinen bestimmten Charakter; denn niemand kann sagen, was es vorstellen soll oder was man damit ausrichten will. Im Grunde ist es nichts, als eine Übung für Setzer und Spieler, und eine ganz unbestimmte, weiter auf nichts abzielende Ergötzung des Ohres" (Art. Concert). Erst der Text konnte der Musik einen inhaltlich faßbaren Umriß garantieren.

Indem seit dem 19. Jahrhundert die Musik nunmehr zu einer aus sich heraus bedeu-

---

[13] A. Schopenhauer, Die Welt als Wille und Vorstellung, Bd. I, Sämtl. Werke Bd. 2, Leipzig 1916, S. 310 f., zit. bei Nietzsche, Die Geburt der Tragödie, hg. v. A. Bäumler, Stuttgart 1955, S. 135—6.

[14] F. Nietzsche, Fragment über Musik und Wort, in: Die Geburt der Tragödie, Werke Bd. I, Leipzig o. J., auch in Knaus (Hrsg.), Sprache, Dichtung, Musik. Texte zu ihrem gegenseitigen Verständnis von R. Wagner bis Th. W. Adorno, Tübingen 1973.

[15] Vgl. zu den Formen der Kritik und Rezension auch W. Braun, Musikkritik, Köln 1972, S. 51 ff.

[16] J. J. Rousseau, Dictionnaire de musique, Paris 1768, Art. Sonate.

tungstragenden Sprache über der Sprache wurde, die sich weit über vorsprachliche Affektdarstellung erhob, wurde sie zugleich fähig zur Synthese aus bloßem Ornament des Wortes und musikalischer Sprachverwirklichung.[17] Diese Entwicklung wirkt bis in einzelne Werke der Neuen Musik hinein. Andererseits wird, der Metaphysik der Musik gründlich mißtrauend, ihr zunächst gleichsam die suspekt gewordene Sprache ausgetrieben, um dann über den Rückgriff auf vorsprachliche Artikulationsformen, die Instrumentalisierung der Stimme und die Erweiterung des Vokalklanges einen neuen Prozeß musikalischer Sprachverwirklichung zu initiieren. Die Dekomposition sprachlicher Strukturen und die Entsemantisierung sprachartikulierter Lautfolgen und deren Auflösung in Musik bieten eine neue Möglichkeit, Sprache aus ihrer Erstarrung in einer formalen und rationalen Begrifflichkeit zu befreien, sind als „ein Ausbruchsversuch aus der Begriffsdressur durch Sprache" [18] zu werten. So kann es der Komponist erneut wagen, gleichsam den Prozeß der Entfremdung von Sprache und Musik, Sinn und Klang aufhebend, „eine Fusion zwischen Ton und Wort herbei(zu)führen, das Phonem aufsprühen (zu) lassen, wenn das Wort nichts mehr vermag." [19]

1.2 Differenzierungen und Abgrenzungen zwischen Musik und Sprache

Der gesamte unter dem Thema „Musik und Sprache" zusammengefaßte Komplex schließt im allgemeinen Sprachgebrauch zwei Aspekte ein: zum einen ist damit die prinzipielle Analogie der Musik zur Sprache, ihre Sprachähnlichkeit und ihr Sprachcharakter, d. h. die sprachliche Dimension der Musik gemeint, zum anderen aber das besondere Verhältnis von Komposition und vertontem Text. Unter den ersten Aspekt (*Sprachcharakter von Musik*) fällt somit jegliche Art von Musik, da es um allgemeine und elementare Struktur- und Funktionsprinzipien geht; der zweite Aspekt (*Textvertonung*) bezieht im engeren Sinn nur die wortgebundene (Vokal-)Musik ein und bezeichnet ein konkretes und je besonderes Verhältnis, wenngleich sich auch in diesem Bereich allgemeine und grundsätzliche Typen der Textbehandlung systematisieren lassen. Es ist daher für die weitere systematische Untersuchung unerläßlich, zwischen beiden Aspekten, wo immer möglich, klar zu trennen und somit auch begrifflich die Beziehungen und Analogien, die zwischen der Kategorie Musik und der Kategorie Sprache (oder linguistisch ausgedrückt zwischen den kommunikativen Zeichensystemen „Musik" und „Sprache") bestehen, von den Verbindungen und Verbindungsmöglichkeiten zwischen Musik und einem Text (und umgekehrt) zu unterscheiden. Um den gemeinten Sachverhalt klarer bestimmen zu können, sei die von F. de Saussure vorgeschlagene Differenzierung zwischen Sprache (langage, langue) und Rede (parole) hier eingeführt. Als Sprache bezeichnet man danach das allgemeine, übergreifende System von (Laut-)Zeichen zur Übermittlung von Nachrichten. Die einzelnen auf Bedeutungen hin gerichteten Zeichen können in komplexen größeren Zeichenstrukturen aufgehen (Superzeichenbildung) und nach einem festgelegten Regelsystem (Grammatik)

[17] Vgl. Th. Georgiades, Musik und Sprache, a.a.O., S. 30.
[18] W. Killmayer, Sprache als Musik, in: Mel 1972, S. 41.
[19] P. Boulez, Ton, Wort, Synthese, in: P. Boulez, Werkstatt-Texte, Frankfurt-Berlin 1972, S. 120.

miteinander zu größeren Einheiten kombiniert werden, die wiederum nach bestimmten Strukturprinzipien (Syntax) mit anderen in Beziehung stehen und so eine diskursive Darstellung eines Sachverhaltes ermöglichen. Saussure beschreibt die charakteristischen Merkmale der Sprache: „1. Sie ist ein genau umschriebenes Objekt in der Gesamtheit der verschieden gearteten Tatsachen der menschlichen Rede. ... Sie ist ... unabhängig vom einzelnen, welcher für sich allein sie weder schaffen noch umgestalten kann; sie besteht nur kraft einer Art Kontrakt zwischen den Gliedern der Sprachgemeinschaft. ... 2. Die Sprache ... ist ein Objekt, das man gesondert erforschen kann. Wir sprechen die toten Sprachen nicht mehr, aber wir können uns sehr wohl ihren sprachlichen Organismus aneignen. ... 3. Während die menschliche Rede in sich verschiedenartig ist, ist die Sprache, wenn man sie so abgrenzt, ihrer Natur nach in sich gleichartig: Sie bildet ein System von Zeichen, in dem einzig die Verbindung von Sinn und Lautzeichen wesentlich ist ...“ [20] Rede dagegen bezeichnet die konkrete Äußerung, ereignet sich zwischen Redendem und Angeredetem (Hörer), ist nicht System, sondern kommunikativer Akt, konkreter Vollzug. Sprache ist dagegen das Allgemeine, Konstante, das die sich im konkreten Sprechakt verwirklichende Rede erst ermöglicht. Auf die Musik übertragen bedeutet es, daß Musik als Zeichensystem in ihren allgemeinen Strukturprinzipien in Analogie zur begrifflichen Sprache gesehen werden kann und daß sich ihr Sprachcharakter in jeder konkreten musikalischen Äußerung (= Komposition) vollzieht, die sich wiederum mit konkreten sprachlichen Texten verbinden kann. Es gilt also, einmal den Bezug der Musik auf das *Sprachsystem* als Zeichensystem mit kommunikativer Funktion zu untersuchen, zum anderen ihren Bezug auf einen sprachlichen *Text*.

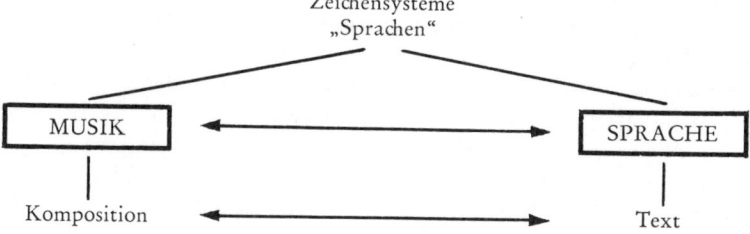

Wie aber Sprache das übergeordnete System bildet, in welchem sich Rede erst verwirklichen kann, so überlagert auch der Aspekt des Sprachcharakters von Musik immer den der Textvertonung und kommt in der melodisch rhythmischen Führung der Singstimme, der Gliederung des musikalischen Satzes und der Umsetzung der sprachlich vermittelten Bedeutung zum Ausdruck, ja ermöglicht sie überhaupt.
Der Begriff der Ton- oder Musiksprache, wiewohl meist nur metaphorisch gebraucht, findet seine Berechtigung aufgrund formaler Analogien und des je spezifischen Aus-

[20] F. de Saussure, Cours de linguistique générale, hg. von C. Bally und A. Sechehaye, Paris 1916; dt.: Grundfragen der allgemeinen Sprachwissenschaft, Berlin ²1967, S. 17 f. Saussures Termini langue und langage sind in der dt. Übersetzung wiedergegeben mit den Begriffen Sprache und Rede, parole dagegen mit Sprechen/Sprechakt. Da diese Differenzierung im Deutschen wegen der begrifflichen Einheit von langue und langage = Sprache schwierig aufrechtzuerhalten ist, ist im folgenden mit Rede oder Text immer der konkrete Sprechakt (parole) gemeint.

drucksvermögens und nicht leugbarer Bedeutungsstrukturen, wobei naturgemäß begriffliches Bedeuten und musikalisches Meinen nicht identisch sind, sondern Differenzen zulassen, die deswegen aber nicht den Sprachcharakter aufheben. In den „Philosophischen Untersuchungen" stellt daher Wittgenstein fest: „Statt etwas anzugeben, was allem, was wir Sprache nennen, gemeinsam ist, sage ich, es ist diesen Erscheinungen gar nicht Eines gemeinsam, weswegen wir für alle das gleiche Wort verwenden, — sondern sie sind miteinander in vielen verschiedenen Weisen verwandt. Und dieser Verwandtschaft wegen nennen wir sie alle ‚Sprachen‘." [21] Verbale Sprache beruht wesentlich auf der Verkettung bedeutungstragender Zeichen, ist ein komplexes „System von Systemen". [22] „Da das Sprachgebilde aus Regeln oder Normen besteht, so ist es im Gegensatz zum Sprechakt ein System oder, besser gesagt, sind es mehrere Teilsysteme. Die grammatischen Kategorien bilden ein grammatisches, die semantischen Kategorien verschiedene semantische Systeme. Alle diese Systeme sind wohlausbalanciert, so daß alle Teile einander zusammenhalten, einander ergänzen, sich aufeinander beziehen." [23] Gleichzeitig werden zur Informationsübermittlung weitere nonverbale Codes benutzt, die ihrerseits semantisch besetzt sein können: Stimmklang (Intonation), Dialektfärbung, Sprechtonhöhe und -melodie, Sprechtempo und Akzentuierung, Mimik, Gestik, Körperhaltung etc. Verweisen die Sprachzeichen auf einen Sachverhalt, so deuten die damit verbundenen Codes die Intention der Aussage an oder sind auf die Darstellung der Affekte gerichtet. Allein Mimik, Intonation, Sprechtempo, Sprechtonhöhe können Angst, Freude, Erregung, Ruhe etc. signalisieren. [24] Ironische Darstellung benutzt die Begriffe nicht in ihrer eigentlichen Bedeutung, sondern in der gegenteiligen. Dies ist aber nicht dem Begriff selbst zu entnehmen, sondern ergibt sich aus der Diktion, der Mimik und dem sprachlichen und situativen Kontext. [25] Diese, die sprachlichen Zeichen ergänzenden sekundären nonverbalen Codes finden Entsprechungen in musikalischen: in Tonhöhe und Melodie, Tempo und Agogik, Rhythmik und Metrik, in Dynamik, Klangfarbe, Artikulation und Intonation. Ferner werden in der Musik, die bestrebt ist, Emotionen zu wecken und darzustellen, auch mimetische und gestische Komponenten zur Verstärkung der immanent musikalischen Mittel wichtig. In C.Ph.E. Bachs „Versuch über die wahre Art das Klavier zu spielen" heißt es daher: „Indem ein Musickus nicht anders rühren kan, er sey dann selbst gerühret; so muß er nothwendig sich selbst in alle Affecten setzen können, welche er bey seinen Zuhörern erregen will. ... So unanständig und schädlich heßliche Gebährden sind: so nützlich sind die guten, indem sie unsern Absichten bey den Zuhörern zu Hülfe kommen." [26] Indem so Gestik, Mimik, Dynamik, Agogik, Intonation und Artikulation die Intensität des Ausdrucks verstär-

---

[21] L. Wittgenstein, Schriften Bd. 1, Frankfurt 1960, S. 324.
[22] N. Ruwet, Von den Widersprüchen der seriellen Sprache, in: Die Reihe 6, Wien 1960, S. 63.
[23] N. S. Trubetzkoi, Grundzüge der Phonologie, Göttingen 1958, S. 6.
[24] Vgl. dazu D. Schnebel, Denkbare Musik, a.a.O., S. 384 ff.
[25] „Nun gibt es Ironiesignale von vielerlei Art. Das mag ein Augenzwinkern sein, ein Räuspern, eine emphatische Stimme, eine besondere Intonation, eine Häufung bombastischer Ausdrücke, gewagte Metaphern, überlange Sätze, Wortwiederholungen oder — in gedruckten Texten — Kursivdruck und Anführungszeichen. Immer sind es Signale, d. h. Zeichen." (H. Weinrich, Linguistik der Lüge, Heidelberg ⁴1970, S. 61.)
[26] 1. Teil, Vom Vortrag, § 13, Leipzig 1925, S. 85 (ND der 2. Auflage, Berlin 1759/62).

ken, entsprechen sie den sekundären Codes der Sprache, die den *Charakter* der Information beeinflussen, nicht aber die spezifische *Bedeutung* musikalischer Strukturen gänzlich verändern können: weder intensive Mimik noch vehemente Lautstärke vermögen einen Trugschluß in einen Ganzschluß zu verkehren, dagegen können Tempoänderungen den Charakter einer Phrase im Extremfall ins Gegenteil umwandeln. Dies zeigt aber nur, daß die konnotativen Qualitäten wesentlich von den sekundären Elementen musikalischer Kommunikation bestimmt werden; dagegen bilden die Primärkomponenten musikalischer Komposition die strukturelle Basis immanenter musikalischer Bedeutungen. „Musik besteht aus der Zuordnung von Tönen zueinander; ihre Dauern, Klangfarben, Stärkegrade bedeuten [27] nichts als sie selbst. Sprache besteht aus der Zuordnung von Lauten zueinander; ihre Zusammensetzung, ihre Dauern, Klangfarben, Stärkegrade bedeuten etwas anderes als sie selbst." [28]

Außer auf der phonetischen und quasi-semantischen Ebene bestehen in erster Linie grundsätzliche formale und strukturelle Analogien zur Sprache. Entsprechend den grammatischen und syntaktischen Regelsystemen der Sprache konstituieren analoge Regelsysteme der musikalischen Zeichenverknüpfung (z. B. Tonsystem, Metrik, Satz- und Harmonielehre = musikalische Grammatik) und der Gestaltbildung (z. B. Periodenbildung, Korrespondenzmelodik und -rhythmik, hierarchisch gestufte Funktionsharmonik, allgemeine Gliederungs- und Formprinzipien wie Wiederholung, Variantenbildung, Kontrastierung etc. = musikalische Syntax) die musikalische Komposition. Die Orientierung an der Sprache diente der Musiktheorie seit dem Mittelalter zur Darstellung der Sinngliederung der Musik. So heißt es in der Einleitung der „Musica enchiriadis" (9. Jahrhundert): „Wie die Buchstaben die ursprünglichen und unteilbaren Elemente der artikulierten Sprache sind, aus denen sich die Silben zusammensetzen, aus welchen wieder Verba und Nomina entstehen, die endlich den Text der vollkommenen Rede bilden, so sind auch die wohlklingenden Laute (phthongi), welche im Lateinischen Töne (soni) heißen, die Anfänge, und der ganze Inbegriff der Musik läßt sich zuletzt auf sie zurückführen. Aus der Verbindung der Töne aber entstehen Glieder (diastemata), dann aus den Gliedern Abschnitte (systemata)." [29]

Die Kompositionslehre, wie sie seit dem 16. Jahrhundert in der musica poetica ausgebildet war, lehnte sich an Rhetorik, Poetik und Grammatik an. Forkel unterscheidet 1788 in der Einleitung seiner „Allgemeinen Geschichte der Musik" musikalische Grammatik und musikalische Rhetorik. Zur Grammatik rechnet er „die Vorschriften zur Verbindung einzelner Töne und Accorde zu einzelnen Sätzen", zur Rhetorik „die Vorschriften zur Verbindung mehrerer einzelner Sätze" (§ 29) (wobei „Satz" hier in dem Sinne zu verstehen ist, wie er in den Bezeichnungen Vordersatz, Nachsatz, Seitensatz gebraucht wird.) Auf der Grundlage der musikalischen Syntax entwickelt sich eine zeit- und personalspezifische musikalische Idiomatik, d. h. „Figuren" [30], Verbindungen,

---

[27] Der problematische Begriff der musikalischen Bedeutung, wie er hier gebraucht ist, wird im 2. Kapitel näher zu untersuchen sein.

[28] W. Killmayer, Sprache als Musik, a.a.O., S. 36.

[29] R. Schlecht, Musica Enchiriadis von Hucbald, übersetzt und mit krit. Anmerkungen begleitet in: Monatshefte für Musikgeschichte 6—8, 1874—1876, S. 169.

[30] Zum hier gemeinten Begriff der Figur s. T. Kneif, Bedeutung, Struktur, Gegenfigur, in: MuB 1972, S. 501 ff.: „Figuren sind infolge ihres häufigen Vorkommens dem Hörer vertraut,

Wendungen und Floskeln bürgern sich ein, bilden das vertraute musikalische Potential, das die Grundlage des Verstehens wird. So gehört der Seufzer zum Idiom der Mannheimer, wie die kadenzierende Korrespondenzmelodik zu dem der Klassik oder die gespreizte Intervallik zu dem atonaler Musik. Sind damit die verschiedenen Ebenen der Sprachanalogie, des Sprachcharakters von Musik grob umrissen, die *Musik als eine Sprache* erscheinen lassen, so kann man von der entgegengesetzten Seite aus auch von den *musikalischen Qualitäten der Sprache* ausgehen, die dort in verschiedenen Bereichen wirksam sind und sich in der Terminologie (etwa der Verslehre) niedergeschlagen haben. Die Tatsache, daß sowohl von sprachähnlichen Strukturen der Musik wie von musikalischen Eigenschaften der Sprache ausgegangen werden kann, ist ein Zeichen dafür, daß die Analogie von Musik und Sprache auf konkreten Sachverhalten beruht und nicht bloß metaphorischer Natur ist.

Ganz andere Aspekte und Fragestellungen ergeben sich, wenn man die Ebene der Sprache verläßt und sich den Werken zuwendet, in denen ein Text vertont wird. Das Spektrum der Möglichkeiten in der Verbindung von Texten mit Kompositionen ist weit gefächert und erstreckt sich vom einfachen, gesprochenen Textvortrag vor einer bloß illustrierenden musikalischen Begleitung bis zur Dekomposition und lautlichen Aufspaltung des Textes oder zu dessen totaler Transposition in die musikalische Struktur. Es reicht vom melodisierten Textvortrag, bei dem der Text singend (Lied) oder rezitierend (kultische, dramatische, epische Rezitation) deklamiert wird, bis zum reinen Melos in Arie und Kunstlied und bis zur instrumental integrierten reinen Struktur. Bestand im griechischen Vers, wie eingangs erwähnt, noch eine Einheit von sprachlicher und musikalischer Komponente, so spürt man im einfachen, unreflektierten Melodisieren des Textes, im „Singen und Sagen" erzählender Lieder noch das Gleichgewicht von sprachlicher Diktion, Bedeutung und musikalischem Klang. Im Laufe der Geschichte der wortgebundenen Musik gewinnt dann wechselnd die eine oder andere Seite das Übergewicht, steht der Text im Vordergrund, dem sich die Vertonung dienend unterordnet, oder erhält die Musik die eigentliche Bedeutung. Daraus ergeben sich für die systematische Beschreibung des Verhältnisses der Musik zum Text verschiedene Ansatzpunkte: Zum einen gilt es, das Verhältnis des Textes zu der ihn tragenden (Sing-) Stimme zu erfassen, d. h. sein Verhältnis zu Melodik (Intervallik, Ambitus, Richtung, Formgliederung etc.), musikalischer Deklamation (Rhythmik, Metrik) und Dynamik zu bestimmen, zum anderen gilt es, den Text im Verhältnis zur gesamten musikalischen Satzstruktur zu sehen. Darüber hinaus gilt es schließlich, die rein technischen Verfahren der Textbehandlung zu erörtern. Dies hängt eng zusammen mit Darstellungsfunktion, Sprachform und der Funktion, die der Text im Hinblick auf die Komposition erfüllt. Nach Bühler[31] sind die Darstellungsfunktionen der Sprache *Ausdruck,* d. h. Kundgabe psychischer Zustände des Sprechers, *Appell,* d. h. Ansprache des Adressaten und Aus-

---

und sobald sie einsetzen, erwartet er sie in der gewohnten Fortsetzung. Sie können sich dem Hörbewußtsein so stark und nachhaltig einprägen, daß sie ihm wie natürlich und logisch zwingend erscheinen. Wird dagegen die Erwartung eines typischen Ablaufs, wie ehemals der Kadenz Tonika-Subdominante-Dominante-Tonika, nicht erfüllt, dann scheint das einem ‚natürlichen Verlangen' und dem ‚logischen Bedürfnis' zu widersprechen."

[31] K. Bühler, Sprachtheorie. Die Darstellungsfunktion der Sprache, Jena 1934, Stuttgart ²1965.

lösung bestimmter Reaktionen, sowie *Darstellung* eines Gegenstandes oder Sachverhaltes. Von den allgemeinen Sprachfunktionen abzuheben sind die Funktionen des Textes in der Komposition oder für diese. Seine Bestimmung kann darin liegen, das immanent musikalisch Gemeinte mit Worten zu verdeutlichen (textliche Paraphrase) oder zu kommentieren. Ersteres trifft vielfach in Programmusik mit literarischem Sujet zu, sofern sie mehr sein will als purer laut- und tonmalerischer Abklatsch der sprachgezeugten Wirklichkeit. „Im abgeschlossenen Werk erscheint der literarische Text — obwohl er zum ästhetischen Sachverhalt gehört und vom Hörer mitgedacht werden soll — als bloße Paraphrase einer Musik, die hinter die sprachliche Ausdrucksform zurückgeht, um den eigentlichen Sinn eines Dramas (Pelleas und Melisande) oder eines Gedichts (Verklärte Nacht) auszusprechen." [32] Letzteres (Kommentierung der Musik) stellt eine Seite der in der Romantik ausgeprägten Stilmittel vokaler Lyrik dar, „die auf dem Verstehen des poetischen Textes gründen, der wiederum die Bedeutung des instrumentalen Parts kommentiert . . ." [33]

Die hermeneutischen Ansätze Kretzschmars und Scherings zielten darauf, musikalische Spannungsverläufe in sprachlichen Analogien und Bildern zu fassen und so nacherlebbar zu machen. Schering erblickt in Beethovens Instrumentalmusik die Verwirklichung einer poetischen Idee, die er an konkreten literarischen Vorlagen aufzudecken bemüht ist, und unterlegt der Musik hinzuzudenkende Texte. So deutet er den 2. Satz der 7. Sinfonie aus dem Geist der Goetheschen Verse des 8. Buchs aus Wilhelm Meister als „Requiem für Mignon" [34], dessen formaler Anlage und deklamatorischer Rhythmik Beethoven hier folge (s. Notenbeispiel S. 20).

Schon in der 2. Hälfte des 18. Jahrhunderts unternahm Heinrich Wilhelm von Gerstenberg den Versuch, den Ausdruck musikalischer Empfindungen sprachlich zu paraphrasieren, indem er dem letzten Stück der 6 Sonaten von C.Ph.E. Bach, die dieser als Probestücke seinem „Versuch über die wahre Art das Clavier zu spielen" (Berlin 1753) beigefügt hatte, Hamlets Monolog und „Sokrates, der im Begriff steht, den Giftbecher zu trinken" als Texte der singenden Melodik unterlegte (veröffentlicht in VfMw VII/1891, S. 5—14) (s. Notenbeispiel S. 21).

Der sprechende Gestus, das „redende Prinzip" dieser Musik sagt Empfindungen aus, die der sprachlichen „Commentarien" bedürfen, um „vielleicht manches Bestimmte dabei nachempfinden zu können" [35]. Die Worte der Sprache sollen „eine Wünschelruthe seyn . . ., manche tiefliegende Goldader in den geheimen Schachten der Musik zu erspähen" [36].

[32] C. Dahlhaus, Schönberg und die Programmusik, in: A. Schönberg, Katalog zu den Schönberg-Veranstaltungen der Berliner Festwochen 1974, hg. von der Akademie der Künste Berlin, Berlin 1974, S. 21.

[33] Z. Lissa, Ebenen des musikalischen Verstehens, in: P. Faltin/H.-P. Reinecke (Hrsg.), Musik und Verstehen, Köln 1973, S. 240.

[34] A. Schering, Beethoven und die Dichtung, Berlin 1936, S. 244 (Neue Deutsche Forschungen, Abt. Musikwissenschaft, Bd. 3).

[35] C. F. Cramer in einer Rezension (1783) der Klaviersonaten von C. Ph. E. Bach; zit. bei F. Chrysander, Eine Klavier-Phantasie von K. Ph. E. Bach . . ., in: VfMw VII, 1891, S. 2.

[36] C. F. Cramer in dem Sammelwerk „Flora" (1787), in dem die textierte Version Gerstenbergs erstmals erschien; zit. bei F. Chrysander, a.a.O., S. 4. Weitere Versuche der Textierung von Instrumentalmusik s. bei Momigny; vgl. dazu A. Palm: Jérôme-Joseph de Momigny, Leben und Werk. Ein Beitrag zur Geschichte der Musiktheorie im 19. Jh., Köln 1969, S. 250.

L. v. Beethoven: Allegretto aus der 7. Sinfonie A-Dur, Textunterlegung von A. Schering.

Aus: Arnold Schering, Beethoven und die Dichtung, in: Neue deutsche Forschungen, Abt. Musikwissenschaft, Bd. 3, Junker + Dünnhaupt, Berlin 1936.

C. Ph. E. Bach: Klavier-Phantasie aus den 6 Probesonaten mit nachträglich von H. W. v. Gerstenberg eingefügten Gesangsmelodien zu zwei Texten.

Aus: VfMw VII/1891, Breitkopf und Härtel, Leipzig.

Zu denken ist ferner an die schriftlichen Erläuterungen in deskriptiver Instrumentalmusik. So versah z. B. J. Kuhnau seine Biblischen Historiensonaten im Druck mit ausführlichen Erklärungen und Angaben zum dargestellten Inhalt; A. Vivaldi fügte seinen „Quattro Stagioni" op. 8 je ein „sonetto dimostrativo" bei, deren einzelne Verse als Angaben in den Stimmen erscheinen und tonmalerische Figuren erklären.

Eine weitere Funktion des Textes liegt darin, daß er Momente zum formalen Umriß der Komposition oder gar das Strukturmodell einzelner Details liefert. Der weite Komplex der Liedvertonung (Versmelodik, Strophenform, Refrainbildung etc.) macht dies deutlich. In der Phase des Aufbruchs aus der größere Formen garantierenden Funktionsharmonik vollzogen sich bei Schönberg und Webern entscheidende Schritte zur Atonalität außer in aphoristisch kurzen Instrumentalstücken vornehmlich in Vokalkompositionen: der Text kam dem Bedürfnis nach formtragenden Kategorien in besonderem Maße entgegen. „Alle Werke, die seit dem Verschwinden der Tonalität bis zur Aufstellung des neuen Zwölftongesetzes geschaffen wurden, waren kurz, auffallend kurz. — Was damals Längeres geschrieben wurde, hängt mit einem tragenden Text zusammen ..." [37] Darüber hinaus kann ein Text aber auch direkte und indirekte Strukturimpulse enthalten, wenn z. B. einer bestimmten Lautkonstellation eine bestimmte Klangstruktur oder ein analoges Klangspektrum zugeordnet wird.[38] Schließlich kann in neuer Vokalmusik (Musik für Stimmen) der Text lediglich ein vorgeordnetes Klangmaterial zur Komposition bereitstellen. Insgesamt dürfte vom Text immer auch eine stimulierende Wirkung ausgehen, die zur vorrangigen Funktion werden kann, wenn der Text selbst gar nicht mehr vertont wird, sondern klangliche Assoziationen auslöst. Hierher gehört sicher ein nicht unbeträchtlicher Teil romantischer Instrumentalmusik mit verschwiegenem Programm. Die durch den Text ausgelöste Stimulation vermag aber nicht nur den Komponisten zu inspirieren oder zu aktivieren, sondern kann auch den Interpreten wie Hörer sensibilisieren und damit Komposition, Interpretation und Höreinstellung beeinflussen. P.H. Dittrich bemerkt zu seiner Komposition „Cello-Einsatz" nach Paul Celan: „Es ging mir keineswegs um musikalische Illustration, sondern, da ich schon oft von literarischen Vorwürfen beeinflußt wurde, um meine eigene Stimulation und andererseits um eine Sensibilisierung des Interpreten durch den Text." [39]

Umgekehrt ist auch nach den verschiedenartigen Funktionen zu fragen, die die Musik im Hinblick auf den Text erfüllen kann. Ausdruck und Darstellung des textlich vermittelten Inhalts stellen gewisse Analogien zu den allgemeinen Sprachfunktionen dar, die es jedoch gemäß den spezifischen Bedürfnissen musikalischer Vermittlung weiter zu differenzieren gilt. In traditioneller Textvertonung dienen Melodisierung wie „instrumentale Einkleidung" [40] in erster Linie einer je verschieden gearteten Darstellung des

---

[37] A. Webern, Der Weg zur Neuen Musik, Wien 1960, S. 57.
[38] Hier ist an neue Verfahren der Textvertonung zu denken, vornehmlich auch an Verfahren elektronischer Transformation.
[39] Erläuterungen in: Programmheft der Wittener Tage für neue Kammermusik 1975, S. 29.
[40] E. Budde, Zum Verhältnis von Sprache, Sprachlaut und Komposition in der neuen Musik, in: R. Stephan (Hrsg.), Über Musik und Sprache, Mainz 1974, S. 10 (Veröffentlichungen des Instituts für neue Musik und Musikerziehung Darmstadt, Bd. 14).

sprachlichen Bedeutungsgehaltes, indem Inhalt und Aussage des Textes auf die Ebene musikalischer Ausdrucks- und Darstellungsformen transponiert werden, sei es durch Illustration des Textes mit laut- und tonmalerischen Mitteln, sei es durch musikalische Figuren oder bedeutungstragende Motive (nomothetische und assoziative Verknüpfung), sei es durch musikalische Struktursymbole (strukturelle Abbildung), oder sei es durch Verstärkung des Affektgehaltes. Die Intention des Komponisten kann aber auch darauf gerichtet sein, den hinter der ausgesprochenen Aussage stehenden Sinn hervorzukehren, den scopus des Textes zu deuten. So weist A. Schmitz [41] bei Bach nach, daß der Sinn der musikalischen Oratorie sogar von der Textaussage abweichen kann und die Komposition den Text gleichsam auslegt. — Wie der Text in gewisser Hinsicht Kommentar zur Musik sein kann, so kann auch umgekehrt die Musik den im Vordergrund stehenden Text, etwa im Melodram oder bei Montagen oder Collagen, kommentierend begleiten.

Beziehen sich diese Funktionen der Musik im wesentlichen auf die Bedeutungssphäre des Textes, so kann die Komposition aber auch formale Kategorien des Textes verdeutlichen: die Sprechhaltung (Dialogform, Dialogführung, Sprachgestus, Deklamation) unterstützen oder die syntaktischen Strukturen des Textes widerspiegeln und damit der formalen Klarheit der Textgliederung dienen (z. B. in der Motette). Schließlich können Absicht und Funktion in der Transformation des Sprachklanges liegen, in der Zurücknahme bis Aufhebung der Text-Verständlichkeit [42] oder gar in der Auflösung der semantischen, phonetischen und syntaktischen Textschichten.

Die bisher dargestellten Funktionen treffen aber weitgehend nur auf künstlerisch intendierte Textvertonungen zu, d. h. auf Werke der Musikgeschichte, bei denen bewußt und absichtsvoll ein vorhandener Text musikalisch gefaßt wird, berücksichtigen aber noch nicht den nicht unwesentlichen Bereich der elementar-spontanen oder rituellen Melodisierung eines Textes ohne primäre künstlerische Intention. Hier kommt es nicht auf Darstellung, Deutung oder Abbildung an, sondern die Töne und Rhythmen, die sich mit den Wörtern verbinden, erfüllen zum einen den Zweck, ein elementar-vitales Ausdrucksbedürfnis rhythmisch, melodisch und motorisch befriedigen zu können (Kinderreim, Kinderlied), zum anderen dienen sie dazu, die magische Kraft der Wörter zu verstärken (Beschwörungsformeln) oder den Text aus der Sphäre der Alltagssprache herauszuheben (Überhöhung des Sprechens im kultischen Gesang). Wieder anders ist es, wenn nicht Musik zu einem Text hinzutritt oder ein die Musik kommentierender Text ihr beigefügt wird, sondern wenn nach Art des mittelalterlichen Tropierens einem Melisma ein Text nachträglich unterlegt wird, der wiederum den vom cantus firmus repräsentierten paraphrasiert. Hier ist nicht mehr im eigentlichen Sinne von Textvertonung zu sprechen, jedoch subsumiert dieses Verfahren unter dem allgemeinen Begriff der Verbindung von Musik und Sprache, die als Grundlage für die Entstehung der Motette historisch von Bedeutung ist; die tropierenden Texte passen sich dem präexistenten Melisma an und sind auf die Wörter des Choralmelismas inhaltlich und sprach-

---

[41] A. Schmitz, Die Bildlichkeit der wortgebundenen Musik J. S. Bachs, Mainz 1950, S. 80 ff.
[42] Vgl. Stockhausens Analyse von Nonos „Il canto sospeso" (Musik und Sprache II), in: K. Stockhausen, Texte zu eigenen Werken, zur Kunst Anderer, Aktuelles, Bd. 2, Köln 1964, S. 157—159.

lich eng bezogen. Die Funktion der Musik besteht aber einzig darin, den Text zu vermitteln.

Text wie Musik erfüllen in der Regel aber nicht nur ausschließlich *eine* Funktion, sondern eine steht im Vordergrund und wird von anderen überlagert. So kann man zwischen primären und sekundären Funktionen unterscheiden, die gleichzeitig in derselben Komposition vorhanden sind. Das Vorherrschen tonmalerischer Textdarstellung oder Illustration schließt immer die Möglichkeit ein, daß auch der Affektgehalt und die grammatische Struktur des Textes berücksichtigt und kompositorisch verdeutlicht werden. Dennoch kann man bezüglich der musikalischen Funktion in Personal-, wenn nicht auch in Zeitstilen bestimmte stärker ausgeprägte Grundtendenzen feststellen. Ist es eine primäre Funktion der wortgebundenen Musik Bachs, den Textgehalt mit musikalischen Mitteln darzustellen, wenn nicht gar abzubilden (bildliche Figuren), so ist es die des galanten Liedes, die Stimmung einzufangen und allenfalls die Bedeutungsaura der Worte zu verstärken, und die der orchestralen Begleitung in Bruckners Messen, den Gestus des Textes, seinen akklamatorischen Charakter [43] (Bitte, Anrufung etc.) hervorzuheben.

Die bisherigen Überlegungen zum Verhältnis von Komposition und Text gingen von diesen als zwei voneinander klar abgrenzbaren Schichten in wortgebundener Musik aus, die auf verschiedenen Ebenen (der phonetischen, syntaktischen und semantischen) mannigfache Verbindungen eingehen können, da Musik insgesamt sprachähnlich ist, d. h. es sich bei beiden um Zeichensysteme mit zum Teil analogen Strukturen handelt, die daher aber auch jede für sich getrennt interpretierbar und analysierbar bleiben. In einem Kunstlied sind jederzeit Text und Musik wieder zu trennen und Komposition und Gedicht gesondert zu betrachten; ein Chorsatz ist ohne weiteres auch rein instrumental ausführbar, ohne dadurch die Satzstruktur zu beeinflussen, wie andererseits auch der vertonte Text, von einzelnen Wortwiederholungen abgesehen, unversehrt verstehbar bleibt. In neuer Vokalmusik als einer Musik für Stimmen wird diese Trennung aber oft aufgehoben, verbinden sich beide Schichten zu einer musikalischen Einheit. Die Komposition setzt nicht mehr an einem präformierten Text an, sondern übernimmt Sprachlaute, die aus einem Text gewonnen sind oder eigens zu musikalischen Zwecken zusammengestellt sind, in die musikalische Materialsphäre. „Darum gebraucht man bisweilen eine imaginäre Sprache, die ausdrücklich für die Erfordernisse persönlicher Absichten erdacht wurde, eine Sprache, dazu ausersehen, mit dem Instrumentalklang einen Körper zu bilden, oder auch dazu bestimmt, spezifisch orchestrale Verhältnisse bei der Behandlung vokaler Ensembles zu schaffen." [44] Die phonetische Gestalt solch imaginärer, asemantischer Sprache bildet dann selbst einen Teil der musikalischen Klangstruktur; Sprachelemente werden verklanglicht, musikalisiert. G. Ligeti geht in den „Aventures" und „Nouvelles Aventures" nicht mehr von einem realen Text aus, den er dann vertont, sondern entwickelt den imaginären Text mit und aus der Musik; er ist erst das Resultat der Komposition, nicht seine Voraussetzung, „Lautkomposition und musikalische Komposition sind eine Einheit" [45]. In so gearteter Komposition ist

---

[43] Vgl. G. Massenkeil, A. Bruckners kirchenmusikalischer Stil, in: Musica sacra, 1974, S. 203.
[44] P. Boulez, Dichtung — Mittelpunkt und Ferne — Musik, in: P. Boulez: Werkstatt-Texte, a.a.O., S. 149.

keine Trennung zwischen Musik und Sprache, Text und seiner Vertonung mehr möglich: Sprachmaterial wird zu musikalischem, Sprache oder Sprachliches resultiert aus der Komposition. Vokalklang und Geräuschlaut der Sprache bilden nur Punkte im breiten Spektrum musikalischer Klänge, bezeichnen bestimmte Positionen im Klangkontinuum und werden somit musikalisch verfügbar. Sprache, die sich so in der Musik oder durch sie einstellt, ist aber nicht im Sinne eines kommunikativen Zeichensystems oder eines „Prinzips der Klassifikation" [46] verstanden, sondern beruht auf der Sprech- und Artikulationsfähigkeit der menschlichen Stimme und nutzt diese für musikalische Prozesse und Strukturen. Beide Bedeutungsebenen sind unserem Begriff der Sprache eingeschrieben.[47] Im Unterschied zum allgemeinen Sprachcharakter der Musik einerseits und zur Textvertonung andererseits wird daher im folgenden von *Sprachkomposition* gesprochen, wenn Prozesse des Sprechens (Singens) bzw. Artikulierens von Lauten und Elementen der Sprache als musikalisches Material fungieren oder umgekehrt sich Sprachliches als Ergebnis von Komposition einstellt, wenn Sprach- und Musikschicht einander bedingen und ineinander übergehen. *Textvertonung* bezeichnet dann das Verfahren, einen vorgefundenen, geformten Text in Musik zu setzen oder kompositorisch zu verarbeiten; Text- und Musikschicht geben dabei nicht ihre Spezifik und Immanenz auf. So wie musikalische Textvertonung ihr sprachliches Pendant in der Möglichkeit der Verbalisierung und Textierung von Musik findet [48], so wird die musikalische Sprachkomposition durch die Möglichkeit, Sprechen selbst als Musik zu nehmen, komplementär ergänzt. Die musikalischen Eigenschaften der Sprache ermöglichen es, den Klangwert und die Klangfarbe der Wörter einer realen Sprache, die Melodie der Wörter, ja polyphone und polyglotte Sprechverläufe musikalisch zu organisieren und so Sprechen „als Stimme eines musikalischen Zusammenhangs" [49] zu gebrauchen. Fast nahtlos ist hier der Übergang zu der musikalischen Konzeption der literarischen Lautkomposition dadaistischer und konkreter Poesie (literarische Sprachkomposition).

An die Grenze sprachbezogener und sprachverbundener Musik stößt Ligeti in seiner Komposition „Clocks and Clouds", worin die Singstimmen Lautzeichen als neue Klangfarben artikulieren, die das instrumentale Klangfarbenspektrum erweitern.[50] Doch diese Lautzeichen stellen weder einen Text dar, noch verweisen sie auf irgendwelch Sprachliches. Die menschliche Stimme, deren Vorrecht und Vorrang es bisher war, Sprache artikulieren zu können, ist nun aus dieser Funktion entlassen und wird als vokales Instrument in die instrumentale Klangstruktur integriert. Der Bereich der Sprachkomposition wird hier überschritten.

---

[45] G. Ligeti, Nachwort zum Libretto der Aventures und Nouvelles Aventures, in: Neues Forum 1967, S. 91.
[46] F. de Saussure, a.a.O., S. 11.
[47] Vgl. im Französischen die Unterscheidung zwischen langue und langage.
[48] Ein extremes Gegenstück zur Sinfonischen Dichtung als der Übertragung eines literarischen Sujets in Musik findet sich seitens der Sprache in dem literarischen Versuch J. Tardieus (Die Sonate und die drei Herren oder Wie spricht man Musik?), eine musikalische Form verbal nachzugestalten, ohne einen poetischen Kommentar zu geben.
[49] D. Schnebel, Glossolalie, Partitur, Mainz, S. 4/5.
[50] Vgl. dazu W. Gruhn, Textvertonung und Sprachkomposition bei Ligeti, in: MuB 1975, S. 511—519.

Abschließend wird der Versuch unternommen, den vielschichtigen Komplex der Verbindungen zwischen Musik und Sprache in einer systematischen Übersicht schematisch zu veranschaulichen. Der Sprachcharakter von Musik, d. h. deren sprachähnlicher oder sprachanaloger Systemcharakter bildet die übergeordnete Kategorie, durch die sich Sprachkomposition und Textvertonung verwirklichen lassen.

Ebene der	MUSIK in Beziehung zur Sprache	LITERATUR in Beziehung zur Musik
„langue"	Musik als kommunikatives Zeichensystem; Sprachcharakter der Musik; „Musik als Sprache"	musikalische Eigenschaften der Sprache
„langage"	Sprachkomposition	Sprache/Sprechen als Musik
„parole"	Textvertonung Übertragung der Worte in Musik	Textierung/Verbalisierung von Musik; Übertragung der Musik in Worte

Klang	syntaktische Struktur	„Bedeutung"	Phonetik	Grammatik Syntax	Semantik

2 Der Sprachcharakter von Musik

Nun ist die Musik nichts anderes als eine künstliche Sprache, wodurch man seine musikalischen Gedanken dem Zuhörer bekannt machen soll.

J. J. Quantz, Versuch einer Anweisung, die Flöte traversière zu spielen

In der Musik ist Sinn und Folge, aber musikalische; sie ist eine Sprache, die wir sprechen und verstehen, jedoch zu übersetzen nicht imstande sind.

Eduard Hanslick, Vom Musikalisch Schönen

Die Musik ist eine Sprache. Ein Mensch will in dieser Sprache Gedanken ausdrücken; aber nicht Gedanken, die sich in Begriffe umsetzen lassen, sondern musikalische Gedanken.

Anton Webern, Der Weg zur Neuen Musik

Musik ist sprachähnlich. Ihre Sprachähnlichkeit weist den Weg ins Innere, doch auch ins Vage. Wer Musik wörtlich als Sprache nimmt, den führt sie irre.

Theodor W. Adorno, Fragment über Musik und Sprache

Daß Musik allenthalben als eine Sprache aufgefaßt wurde, ist ein historisches Faktum. Ihre Sprachähnlichkeit oder Sprachartigkeit gründet auf verschiedenen mehr oder minder ausgeprägten Analogien auf morphologischer, phonetischer, syntaktischer, semantischer und pragmatischer Ebene wie ganz allgemein auf ihrer Ausdrucks- und Darstellungsfähigkeit. Seit alters auf das engste mit sprachlichen Texten verbunden, scheinen sprachliche Elemente und Prinzipien sich in der Musik zu bewahren. Dabei traten in den verschiedenen Stilepochen jeweils andere Sprachebenen stärker in das kompositorische Bewußtsein und prägten so die Prinzipien der Textvertonung wie das Verständnis des Sprachcharakters von Musik überhaupt. Im folgenden sollen daher zunächst einzelne musikhistorisch bedeutende Anschauungen und Einstellungen (2.1) angedeutet und danach Analogien und Divergenzen (2.2) systematisch behandelt werden.

2.1 Anschauungen — Einstellungen

2.1.1 Mattheson: Musik als Klangrede

„Weil nun die Instrumental-Music nichtes anders ist, als eine Ton-Sprache oder Klang-Rede, so muß sie ihre eigentliche Absicht allemahl auf eine gewisse Gemüths-Bewegung richten, welche zu erregen, der Nachdruck in den Intervallen, die gescheute Abtheilung der Sätze, die gemessene Fortschreitung u.d.g. wol in Acht genommen werden müssen." Mit solcher Charakterisierung hebt Mattheson in seinem „Vollkommenen Capellmeister" (Hamburg 1739, S. 82, § 63) die Instrumentalmusik gegen die Vokalmusik ab und rechtfertigt sie als eigenständige Klangrede.[1] Obgleich sich die instrumentale Musik seit dem 16. Jahrhundert in ihrer Abhängigkeit von der vokalen zu emanzipieren begonnen hatte, galt sie lange noch als nichtssagend, allenfalls als „eine ganz unbestimmte, weiter auf nichts abzielende Ergötzung des Ohres" (Sulzer)[2]. Wenn daher Mattheson im übernächsten Paragraphen ebenfalls betont, daß alles Spielen „nur eine Nachahmung und Geleite des Singens" sei (S. 82, § 65), so läßt das seine Einbindung in traditionsgebundenes Denken über die instrumentale Tonsprache in Abhängigkeit von wortgebundener Musik und in Anlehnung an die Wortsprache selbst ebenso erkennen wie sein Festhalten am Primat des melodisch Linearen, wonach sich die Harmonie als sekundäres Moment zu richten habe wie „der Knecht nach dem Herrn, oder die Magd nach Ihrer Frauen" (S. 186, § 32)[3]. Dagegen weist er mit der apologetischen Kennzeichnung der instrumentalen Musik als Tonsprache oder Klangrede, die sich „auf eine gewisse Gemüths-Bewegung" richte, bereits auf das sich im 18. Jahrhundert wandelnde Verständnis der absoluten Instrumentalmusik als Ausdruck und Darstellung von Empfindungen. Dem entspricht auch seine Andeutung von der „natürlichen Natur" (Eggebrecht) des Klanges („Die Natur bringt den Klang, und alle seine, auch die grössesten Theils noch unbekannte Verhältnisse hervor", Vorrede S. 19) und die Folgerung, „daß die Tonkunst aus dem Brunnen der Natur ihr Wasser schöpffet; und nicht aus den Pfützen der Arithmetik" (Vorrede S. 20). Jedoch versteht er die Tonsprache der Klangrede noch keineswegs als Nachahmung der natürlichen Empfindungslaute, sondern sieht diese in Analogie zur strengen Regelhaftigkeit der sprachlichen Syntax. So bleibt seine Ästhetik der Tonsprache weitgehend der traditionellen Orientierung der musica poetica an der Poesie (Rhetorik und Grammatik) verpflichtet.

„Vor etlichen Jahren hat ein grosser Teutscher Dichter, als etwas sonderbares, entdecken wollen, daß es mit der Music in diesem Stücke fast eben die Bewandniß habe, als mit der Rede-Kunst. Welch Wunder! Die Ton-Meister ... mögen sich wahrlich schämen, daß sie hierin so säumselig gewesen sind. (S. 181, § 2)

Um nun diesem Mangel, wie vielen andern, auch einiger maassen abzuhelffen, müssen wir uns die Mühe geben, die liebe Grammatic sowol, als die schätzbare Rhetoric und werthe Poesie auf gewisse Weise zur Hand zu nehmen: denn ohne von diesen schönen Wissenschafften vor allen die gehörige Kundschafft zu haben, greifft man das Werck, ungeachtet des übrigen Bestrebens, doch nur mit ungewaschenen Händen und fast vergeblich an. (S. 181, § 3)

In alten Zeiten waren diese beide Künste, Music und Poesie, samt allen, was die Klänge und Worte betrifft, gleichsam unzertrennlich." (S. 196, § 8)

Die Analogie zur begrifflichen Rede, die der Terminus der Klangrede visiert, liegt ausschließlich in ihrer formalen syntaktischen Gliederung; „Musik erscheint als Rede,

---

[1] Vgl. dazu C. Dahlhaus, Musikästhetik, Köln 1967, S. 39: „Matthesons Behauptung, sie sei eine Tonsprache, war also apologetisch. Das Fehlen der Worte bedurfte der Rechtfertigung..."
[2] Allgemeine Theorie der schönen Künste, 1771, Art. „Concert".
[3] Vehement weist er die Anschauung, „daß die Melodie aus der Harmonie entspringen soll", als „falschen, verführerischen und schädlichen Satz" zurück (Vorrede S. 22) und steht somit ganz im Gegensatz zu der sich in der zweiten Hälfte des Jahrhunderts (Rameau, Herder, Forkel) ausprägenden Auffassung der Harmonik als tragendem Grund der Melodie. Vgl. Forkel §§ 38—40.

weil sie wie eine Rede gegliedert ist."[4] An den Anfang des 9. Kapitels „Von den Ab- und Einschnitten der Klang-Rede" stellt er daher zunächst den „stuffenmässige(n) Entwurff oder Climax" der Sprachgliederung in kleinere Einschnitte (= Gelencke, d. h. Nebensätze, Gliedsätze), aus denen Sätze (= Periodi) entstehen, woraus wieder ein „ganzer Zusammen- und Absatz" (= Paragraphus) und schließlich ein Hauptstück (= Capitel) gebildet wird (S. 181, § 5), an die sich dann die Darstellung der Klangrede vollständig anlehnt. Sprachliche und musikalische „Periodi", „Paragraphi" und „Gelencke" haben den gleichen Umfang und sind von ganz entsprechender Struktur, so daß ein aus mehreren Sätzen (Periodi) bestehender Abschnitt (Paragraphus) „gemeiniglich die Schrancken einer Arie einnimmt" (S. 181, § 6) und somit „ein eintziger Periodus keinen musicalischen Paragraphum machen kan, weil er die zu einer Arie gehörigen Theile nicht besitzet" (S. 182, § 10). Den sprachlichen Gliederungszeichen (Punkt, Komma, Kolon) sowie der Frageform und Exklamation werden musikalische Äquivalente zugeordnet, die im wesentlichen in melodischen Klauseln und der Art der Schlußkadenzierung liegen. Aber selbst der semantische Gehalt einer Textaussage wird in formale Korrespondenzen aufgelöst. Inhaltliche Gegensätze solle man „durch solche Gegenbewegungen in den Intervallen und Klängen ausdrücken, die dem Gehör eine Vorstellung davon geben" (S. 188, § 44). Das Ende eines Sinnabschnitts bezeichnet die vollständige, meist perfekte Kadenz.

Die wichtigsten Beschreibungen der Einschnitte der Klangrede seien zum genaueren Verständnis im Wortlaut wiedergegeben.

„Die Erkenntniß eines Periodi verbindet mich, ehender keinen *förmlichen* Schluß in der Melodie zu machen, als bis der Satz aus ist. Die Erkenntniß aber eines Paragraphi verbietet mir irgend sonstwo, als am Ende desselben, einen *gäntzlichen* Schluß anzubringen. Beide Schlüsse sind *förmlich;* der erste aber ist nicht *gäntzlich.* (S. 182, § 14)

Mit verschiedenen Periodis (den allerletzten ausgenommen) kan ich auch in verschiedenen anverwandten Klängen oder Tönen förmlich absetzen und stille halten; der Paragraphus aber will endlich allein nur den gäntzlichen Endigungs-Schluß haben. ... Inzwischen hindert mich dieses keines Weges, daß ich nicht auch an andern Orten, als am Ende, in dem Haupt-Ton schliessen mögte. (S. 182, § 15)

Wie nun der Punct (.) alles beschliesset, so soll dessen Betrachtung auch den Anmerckungen dieses Haupt-Stückes anitzo ein Ziel setzen. Und ob er gleich unter den Einschnitten der Klang-Rede der grösseste ist, fällt doch in der Melodie das wenigste dabey zu beobachten vor: denn man hat weiter nichts zu thun, als an dem Ort, wo der Punct befindlich ist, eine förmliche Cadentz, eine rechte vollkommene Clausel, und letzlich einen gäntzlichen Endigungs-Schluß im Haupt-Ton anzubringen." (S. 195, § 76)[5]

Entsprechend seiner Einstellung gegenüber der Harmonie als sekundärem Moment setzt Mattheson bei der Darlegung der Einschnitte an der Melodie und ihren Klauseln an. Das Komma, das nur einen kleinen Einhalt gebietet, ist in der Melodie „gar füglich

[4] C. Dahlhaus, in: L. U. Abraham/C. Dahlhaus, Melodielehre, Köln 1972, S. 24.
[5] Die Unterscheidung förmlicher — gänzlicher Schluß bezieht sich sowohl auf die Melodie (Klausel) wie auf die harmonische Kadenz. Mit förmlichem Schluß ist die vollständig kadenzierende Schlußwendung gemeint. Eine perfekte Melodieklausel (clausula perfecta) ist der Ganzschluß auf der Finalis; somit steht in der perfekten Kadenz in der Oberstimme der Ultima der Grundton der Tonart. Imperfekt ist eine Kadenz, deren Ultima in einer Akkordumkehrung steht oder deren Oberstimme nicht in den Grundton mündet.

durch gewisse natürliche Stimm-Fälle auszudrücken" (S. 185, § 27). Da die Melodie das erste und wesentliche sei, will er die Kommata weniger durch Baß-Klauseln, als eher in der Hauptmelodie ausgeführt wissen:

„Ob es nun gleich so weit seine Richtigkeit hat, daß man die Commata nicht unfüglich, durch solche Baß-Clauseln, die auf eine unvollkommene Art steigen oder fallen (per clausulas imperfecte ascendentes & descendentes) zur Noth und Veränderung wol andeuten kan: so stehet doch solches um so viel weniger zu rathen, ie schlechter und armseliger eine Melodie bey so vielen Baß-Cadentzen werden dürffte, und ie zerrissener dieselbe herauskommen würde, weil sie sich nach denselben ja allerdings richten und zwingen lassen müste." (S. 186, § 31)

Zugleich warnt Mattheson aber davor, alle Kommata kompositorisch zu berücksichtigen, und verweist auf die nur grammatisch bedingten, in der Rede aber nicht wirksamen Einschnitte, die „überhüpffet werden können und müssen" (S. 186, § 34).

Das Kolon bezeichnet einen größeren Einschnitt als das Komma, hat aber in der Sprache sowohl trennende wie verbindende Funktion („obgleich ein ieder wol mercket, daß noch ein mehres folgen soll" [S. 191, § 54]):

„Und eben aus dieser letztangegebenen Ursache kan das Colon zwar keine gäntzliche Endigungs-Cadentz, aber wol einen Aufschub, eine verlangende Ruhe, clausulam desiderantem, in der Melodie leiden. (S. 191, § 54)

Wenn aber eine Erzehlung folgen soll, muß die Melodie gleichsam im Zweifel gelassen werden: welches gemeiniglich durch die Quint des Haupt-Tons mit 7 6 geschiehet." (S. 192, § 57)

Die Fragen sind sowohl melodisch als auch harmonisch (rhetorische Norm: phrygische Kadenz) in der Klangrede zu berücksichtigen. Für die Darstellung der Unschlüssigkeit einer Frage in der Melodie „ohne Erhebung der Stimme" gibt er an,

„daß die unvollkommenen Consonantzen am geschicktesten dazu sind, wenn die Frage z. E. in eine Sext schließt; man gerathe nun steigend oder fallend darauf: das macht es nicht allemahl aus, absonderlich im Recitativ." (S. 193, § 63)

Im folgenden Paragraphen führt er drei Beispiele aus einer Arie von Gasparini an, deren erstes fallend in der Sexte schließt, deren zweites imperfekt auf der Quinte und deren drittes auf der Terz endet (S. 193, § 64):

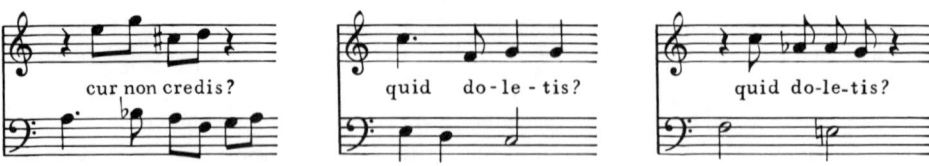

cur non credis?   quid do - le - tis?   quid do-le-tis?

2.1.2 Forkel: Musik als „Sprache der Empfindung"

„Man hat die Musik schon lange eine Sprache der Empfindung genannt, folglich die in der Zusammensetzung ihrer und der Zusammensetzung der Sprachausdrücke liegende Ähnlichkeit dunkel gefühlt; aber noch niemand hat sie, so viel Recensent bewußt ist, so deutlich entwickelt und für die Theorie der Kunst nach ihrem ganzen Umfange so wichtige Folgen daraus hergeleitet als der Herr Verfasser in dieser Einleitung tut."

Mit diesen Sätzen würdigt C. Ph. E. Bach in seiner Rezension[6] von Johann Nicolaus Forkels „Einleitung" zur „Allgemeinen Geschichte der Musik" (Leipzig 1788) dessen Leistung und Bedeutung für die allgemeine Ästhetik wie die Kunsttheorie der Zeit und weist zugleich auf einen grundlegenden Wandel im Verständnis der Sprachbezogenheit von Musik hin. Beruhte die alte Anlehnung der Musik an Grammatik, Rhetorik und Poetik auf formalen Analogien, die die Verwendung entsprechender Figuren und die Übertragung der Redeteile der Sprache erlaubten, so erscheint nun Musik aufgrund ihrer Aussage, ihres sprechenden Klanges und beseelten Ausdrucks selbst als eine „wahre Sprache der Empfindung" (§ 13) und als „Sprache des Herzens" (§ 2). Doch war die Auffassung der Musik als Empfindungssprache, fähig und bestimmt zur Nachahmung der Natur, wie sie von Rousseau und von Herder (4. Krit. Wäldchen, 1769 und Kalligone, 1780) im Zusammenhang mit der Ursprungstheorie der Sprache (Abhandlung über den Ursprung der Sprache, 1772) philosophisch vertieft worden war, bereits weitgehend Allgemeingut der Kunstästhetik („man hat Musik schon lange eine Sprache der Empfindung genannt") und kennzeichnet gerade die Stilwende in der Mitte des 18. Jahrhunderts. Aber noch 1769 beklagt Herder das Fehlen einer umfassenden Theorie der musikalischen Poesie. „Und da dies empfindungsreiche Wesen der Musik von je her so nahe an der Sprache gewesen, so ist hier die *musicalische Poesie*, über die wir kaum einen Versuch der Theorie, wohl aber mehr praktische Muster haben, der große Vorhof zur Pforte der allgemeinen musicalischen Aesthetik."[7] Die Bedeutung von Forkels „Einleitung", die er selbst als einen „Versuch einer Metaphysik der Tonkunst" bezeichnet (Vorrede XV), liegt in der Aufstellung allgemeiner Prinzipien der Musik, die „den Zusammenhang der Kunst mit der Natur unserer Gefühle, und der Art und Weise ihrer Aeußerungen" zeigen (Vorrede XIV). Dabei führt er — wie auch Herder, dessen Darstellung er vermutlich nicht kannte — den Ton als Empfindungslaut zurück auf den natürlichen Ursprung der Sprache als „tonleidenschaftlichen Ausdruck eines Gefühls":

„Die Ähnlichkeit, die sich zwischen der Sprache der Menschen, und ihrer Musik findet, eine Ähnlichkeit, die sich nicht blos auf den Ursprung, sondern auch auf die vollkommene Ausbildung derselben, vom ersten Anfang an bis zur höchsten Vollkommenheit erstreckt, kann hier den sichersten Leitfaden abgeben. Musik ist in ihrer Entstehung, eben so wie die Sprache, nichts als Tonleidenschaftlicher Ausdruck eines Gefühls. Sie entspringen beyde aus einer gemeinschaftlichen Quelle, aus der Empfindung. Wenn sich in der Folge beyde trennten, jede auf einem eigenen Wege das wurde, was sie werden konnte, nemlich die eine, Sprache des Geistes, und die andere, Sprache des Herzens, so haben sie doch beyde so viele Merkmale ihres gemeinschaftlichen Ursprungs übrig behalten, daß sie auch sogar noch in ihrer weitesten Entfernung auf ähnliche Weise zum Verstande und zum Herzen reden." (§ 2)

Herder sah den Ursprung der Sprache und mit ihm den des Gesanges (der Musik) schon in der ersten vorsprachlichen lautlichen Äußerung psychischer Zustände. Die

---

[6] Nach C. H. Bitter, C. Ph. E. Bach und W. Fr. Bach und deren Brüder, 2 Bde, Berlin 1868; Bd. 2, S. 110; zit. bei A. Schering, C. Ph. E. Bach und das „Redende Prinzip" in der Musik, JbP 1929, Leipzig 1930; auch in: A. Schering, Vom Wesen der Musik, hg. von K. M. Komma, Stuttgart 1974, S. 164.

[7] J. G. Herder, Viertes Kritisches Wäldchen, in: Werke, hg. von H. Düntzer, Berlin o. J., Bd. 20, S. 487.

„Abhandlung über den Ursprung der Sprache" (1772) beginnt mit den Sätzen: „Schon als Thier hat der Mensch Sprache. Alle heftigen und die heftigsten unter den heftigen, die schmerzhaften Empfindungen seines Körpers sowie alle starken Leidenschaften seiner Seele äußern sich unmittelbar durch Geschrei, durch Töne, durch wilde, unarticulirte Laute" (Werke, Bd. 21, S. 21). Diese natürlichen Empfindungslaute („Accente der Empfindung"), die „Bedürfnisse, Gefühle und sinnliche Ideen" ausdrücken können, „sind die erste Basis der Sprache. Und wenn nun bewiesen werden kann, daß die Menschen nicht anders als durch den Weg der Sprache auf die Tonkunst gekommen sind, so folgt eben damit, daß Accente einzelner Machttöne Ursprung der Musik gewesen" (Viertes Krit. Wäldchen, S. 483). Denn die ursprachlichen Laute waren noch nicht generell von „rohem Gesang" geschieden, der „sowohl vermischte Schälle als bestimmtere, länger angehaltene Töne, Accente der Empfindung" enthält; „Man sang also, indem man sprach . . ." (ebd. S. 483). „Aus der Sprache ging sie (= die Tonkunst) also aus, und da jene, wie es gnug gezeigt ist, im ersten Anfange nichts als *natürliche* Poesie war, so waren Poesie und Musik auch unzertrennliche Schwestern" (ebd. S. 486). Im wesentlichen entspricht Forkels Vorstellung vom ähnlichen (wenn auch nicht gemeinsamen) Ursprung der Sprache und der Musik aus dem Ausdruck der Empfindungen und Bedürfnisse den Herderschen Gedanken. Dieser These vom Ursprung der Musik entspricht Forkel auch im ersten Kapitel („Vom Ursprung und den Erfindern der Musik"), in dem er nicht mehr Pythagoras[8] oder überhaupt *einer* Person die legendäre Erfindung der Musik zuschreibt, wie es in dem Musikschrifttum seit dem ausgehenden Altertum und dem Mittelalter geläufig war, sondern feststellt, „daß die Musik ein eben so nothwendiger Theil unsers Wesens ist, als unsere Sprache. Sie ist die Sprache unsers Herzens, und den Keim derselben bringt jeder Mensch, bey seinem Eintritt in diese Welt, mit sich. Das erste Lallen eines Kindes ist der erste Anfang zu der Entwickelung dieses Keimes, so wie es auch zugleich der erste Ausdruck irgend eines Gefühls ist, es sey nun das Gefühl eines Bedürfnisses oder eines Vergnügens (Kap. I, § 1). Wer sich daher einen wirklichen Erfinder der Musik denkt, denkt sich etwas, was nie war, und nie seyn konnte" (§ 2). Unter dem ordnenden und gestaltenden Zugriff der Vernunft werden die bloß natürlichen Empfindungslaute allmählich erst dadurch zu einer künstlerischen „Sprache der Empfindung" fähig, daß die Töne eines Systems verschiedenen Bedeutungen und Verhältnissen unterworfen werden.

„Von der Zeit an, da man solche Tonreihen zu bilden suchte, fängt die Musik erst an, den Namen einer Kunst, einer wahren Sprache der Empfindung zu verdienen. So lange sie noch blos aus Empfindungslauten bestand, verdiente sie eine solche Benennung nicht. Jedes Thier hat solche unzusammenhängende Empfindungslaute mit dem Menschen gemein; der Mensch aber ist durch den Gebrauch seiner Vernunft allein im Stande, diese Laute so aufzusammeln, und zu verbinden, daß sie ein Mittel werden, die feinsten und zartesten Gefühle aus einer Seele in die andere zu bringen, die unsichtbarsten innern Empfindungen zu schildern, und einander mitzutheilen." (§ 13)

Bemühte Mattheson noch die Rhetorik und ihre Lehre von den Redeteilen zur Rechtfertigung reiner Instrumentalmusik als Ton-Sprache oder Klang-Rede, so wird nun der

---

[8] Pythagoras galt wegen seiner Erforschung der Intervallverhältnisse und ihrer Darstellung durch Zahlenproportionen in Antike und Mittelalter als Begründer und legendärer Erfinder der Musik. Vgl. Art. „Pythagoras", in: MGG Bd. 10, Kassel 1962, Sp. 1780 ff.

gleiche Begriff in einem ganz neuen Verständnis gebraucht. Die Musik, als Ausdruck der Empfindung aus sich heraus beredt, wird aufgrund ihrer Aussage, ihres Ursprungs und ihrer Entwicklung immer im Vergleich zur „Ideensprache" gesehen und ihr gleichwertig gegenübergestellt. Sie lehnt sich nicht mehr äußerlich an Sprache an, sondern ist von innen heraus Sprachausdruck der Empfindung, der sich nicht an den Verstand, die ratio wendet, sondern zum Herzen spricht.

„Die nächste Absicht einer Rede geht auf den Verstand, so wie die eines Tonstücks auf die Empfindung. (§ 104)

Sollte also die Musik eine für sich selbst bestehende und ganz aus eigenen Kräften wirkende Kunst werden, sollte sie eine Empfindung mit allen ihren Merkmalen und Verhältnissen nicht nur wecken, sondern auch unterhalten können, kurz, für Empfindung ganz das seyn, was die Rede für den Verstand ist, so mußten ihre Kunstausdrücke eben so erweitert und bestimmt werden, als die der Sprache. (§ 19)

Wenn wir also der Natur unserer Empfindungen, und der Art und Weise, wie sie sich zu äußern pflegen, recht genau nachspüren, so können wir unmöglich umhin, endlich die Entdeckung zu machen, daß die Bestandtheile ihrer Ausdrücke eben so auseinander entwickelt, und nach ähnlichen Gesetzen mit einander verbunden werden müssen, wie die Bestandtheile der Ideen-Ausdrücke. Aus den einfachen Sprachlauten werden Sylben und Wörter zusammengesetzt, wodurch man Sachen nebst ihren Eigenschaften und Beziehungen bezeichnen kann; aus einzelnen Tönen theils auf ähnliche, theils auf verschiedene Art etwas, was für die Bezeichnung einer Empfindung nebst ihren Eigenschaften und Beziehungen das nemliche ist. ... So wie nun in der Sprache zur vollständigen Bezeichnung einer Sache, mehrere Worte von verschiedenen Bedeutungen erforderlich sind, wodurch die Eigenschaften und die jedesmalige Beziehung, in der sie uns eben erscheint, kenntlich gemacht werden können, eben so müssen auch zur vollständigen Bezeichnung einer Empfindung mehrere Töne von verschiedener innerer Bedeutung gebraucht werden. (§ 15)

Hierauf nun gründen sich, wie schon erinnert worden, unsere sogenannten Tonleitern, deren einzelne Glieder gegen einander so betrachtet werden müssen, wie die sogenannten Redetheile in der Sprache. Da aber der Arten von Empfindungen viele sind, deren jede wiederum unendlicher Modificationen fähig ist, so müssen auch nicht nur überhaupt der Ausdrücke, das heißt, der Tonreihen mehrere seyn, sondern sie müssen auch sehr mannichfaltig abgeändert werden können. Diese mannichfaltigen Abänderungen oder Ableitungen aus dem Vorrathe einzelner Töne oder Tonreihen, verschaffen uns die Menge von musikalischen Worten, so wie die Sprache die Menge ihrer Ausdrücke durch Ableitungen aus den ursprünglichen einfachen Sprachlauten erhält. (§ 16)

Aus allem dem, was bisher gesagt worden ist, wird nunmehr der Leser leicht den Schluß machen können, daß man sich unter dem Worte Musik eine allgemeine Sprache der Empfindungen zu denken habe, deren Umfang eben so groß ist und seyn kann, als der Umfang einer ausgebildeten Ideen-Sprache. So wie nun der Ideensprache Reichthum an Ausdrücken für alle mögliche Gedanken mit ihren Beziehungen, Richtigkeit und Ordnung in der Verbindung dieser Ausdrücke, und die Möglichkeit, die sämmtlichen Ausdrücke nach allen den verschiedenen Zwecken und Absichten, die ein Redender damit verbinden kann, zu biegen und zu gebrauchen, Merkmale ihrer höchsten Vollkommenheit sind; so müssen auch in der Tonsprache 1) Reichthum an Combinationen der Töne, 2) Richtigkeit und Ordnung in den Verbindungen derselben, und 3) gewisser Endzweck, die drey Hauptmerkmale einer wahren, guten und ächten Musik seyn." (§ 27)

Die Ähnlichkeit der gefühlsbezogenen Tonsprache mit der bedeutungstragenden Wortsprache wird bis in die „Bestandtheile ihrer Ausdrücke" verfolgt. Dabei schlägt sich das Bemühen, die neu erkannte Sprachähnlichkeit und Sprachfähigkeit greifbar vorzustel-

33

len, in der Terminologie („Kunstausdrücke", „musikalische Worte") nieder. Im Reden über die redende Musik spiegelt sich das neue Denken.

Wahrheit und Echtheit des musikalischen Ausdrucks sind dabei nicht bloß metaphorisch gemeint, sondern korrespondieren mit der formalen und inhaltlichen Logik gedanklicher Aussagen und bezeichnen den richtigen Bezug der melodischen Verbindung von Tönen. In der Sprache der Musik erfüllt die Harmonie die Führung melodischer Gedanken mit einer Art inneren Notwendigkeit und Logik.[9]

„Harmonie und Melodie sind in einer guten musikalischen Zusammensetzung so unzertrennlich, als Wahrheit der Gedanken, und Richtigkeit des Ausdrucks in der Sprache. Sprache ist das Kleid der Gedanken, so wie Melodie das Kleid der Harmonie. Man kann in dieser Rücksicht die Harmonie eine Logik der Musik nennen, weil sie gegen Melodie ungefähr in eben dem Verhältniß steht, als in der Sprache die Logik gegen den Ausdruck, nemlich sie berichtigt und bestimmt einen melodischen Satz so, daß er für die Empfindung eine wirkliche Wahrheit zu werden scheint. In diesem Verstande würde sich also Harmonie zur Melodie verhalten, wie richtig und wahr musikalisch denken, zum richtigen Ausdrucke musikalischer Gedanken. (§ 38)

Daß die Harmonie für musikalische Ausdrücke eine Art von Logik ist, ergiebt sich noch aus mehr als einem Grunde. ... In der Sprache vermag blos die Kunst richtig zu denken, durch dieses Kleid des Ausdrucks hindurch zu dringen, und zu entdecken, ob der Gedanke, oder das, was unter dem Ausdrucke verborgen ist, wahr oder falsch sey. In der Musik vertritt die Harmonie die Stelle dieser Logik, indem sie die melodischen Ausdrücke in ihre Grundaccorde auflöset, und dadurch die richtige oder unrichtige Zusammensetzung derselben entdeckt. (§ 40)

Harmonie ist also gleichsam der Probierstein eines jeden melodischen Satzes, so wie es die Logik in den Sprachausdrücken ist. ... Sie hat aber, wie wir oben schon gesehen haben, noch einen anderen nicht minder beträchtlichen Nutzen, denn sie dient auch zugleich zur Vermehrung der Kunstausdrücke auf die mannichfaltigste Weise, und die ganze Kunst hat überhaupt blos ihr den großen Umfang, und den innigen Zusammenhang aller ihrer Theile zu verdanken..." (§ 41)

Grammatik und Rhetorik bilden den Regelkodex für die Verbindung der Töne zu musikalischen Motiven, Phrasen, Perioden oder „Sätzen" und zu größeren Abschnitten oder ganzen Werken. Die Grammatik behandelt dabei vornehmlich die melodische, harmonische und rhythmische Komponente der Melodiebildung (§ 30 ff.). Den „Redetheilen" der Sprache (gemeint sind die Wortarten Substantiv, Verb, Adjektiv) entspricht das Verhältnis der Töne einer Tonleiter zueinander (§ 32), die er in „Haupt-, Eigenschafts- und Verbindungstöne" unterteilt (§ 36). Die musikalische Rhetorik bestimmt nicht mehr die Figurenlehre, sondern sie enthält vor allem auch die Periodologie, die Lehre vom Vortrag oder der Deklamation der Tonstücke, die Lehre von den Stilarten („Schreibarten") und Gattungen bzw. Formen („Musikgattungen") und schließlich die musikalische Kritik (= Ästhetik) (§ 73 ff.) und erfüllt damit eher eine Funktion im Sinne einer erweiterten Syntax. Die Figuren selbst „sind sämmtlich Nachahmungen der Natur, Nachahmungen der verschiedenen Arten, wie sich Empfindungen äußern. Gehen sie aber über die Gränzen der bloßen Nachahmung hinaus, wollen sie einen Gegenstand nicht blos ähnlich, sondern ganz gleich schildern, so werden sie Afterfiguren, die Geschmack und Wahrheit beleidigen" (§ 119). Wenngleich Forkel Matthesons Leistung der theoretischen Fundierung der Rhetorik im Bereich der Melodielehre anerkennt ("Man

---

[9] Eggebrecht (Musik als Tonsprache, AfMw 1961, S. 96, Anm. 3) verweist darauf, daß hier bereits Riemanns Begriff der „Musikalischen Logik" vorweggenommen ist.

sieht daraus, daß man zwar eine rhetorische Verbindung in den Theilen eines Tonstücks gefühlt habe, aber noch nicht im Stande war, die Gründe derselben zu finden und anzugeben. Mattheson ist auch hierin, ... unter den Deutschen der erste gewesen, der ... viele hierher gehörige Bemerkungen geliefert hat. Allein, zu seiner Zeit ... war die Musik noch nicht von der Beschaffenheit, daß sich eine zusammenhängende musikalische Rhetorik aus ihr hätte abstrahieren lassen" [§ 69]), muß er doch insgesamt die Unzulänglichkeit früherer Versuche erkennen, die in formalen Analogien verharren, anstatt ein System zu begründen für die Umsetzung des affektiv-emotionalen Gehalts eines Textes in musikalische Empfindungssprache.

„Kein Gesang kann gut seyn, wenn er nicht den Worten so angepaßt ist, daß auf Haupt-Eigenschafts- und Verbindungsworte, auch Haupt- Eigenschafts- und Verbindungstöne kommen. Im Ganzen fühlt dieses jedes Ohr, und man hat schon lange eingesehen, daß in einem Gesange gleicher Fortgang der Ideen zwischen Poesie und Musik herrschen müsse; man hat sich aber bisher blos daran begnügt, dieses nothwendige Gesetz der Natur durch Übereinstimmung der Ruhestellen, Einschnitte, oder größern und kleinern Cadenzen, in der Verbindung der Poesie und Musik zu erfüllen. In das innere Heiligthum der Kunst, von dieser Seite betrachtet, hat man noch nicht einzudringen vermocht. Aber eben daher finden wir so wenige Gesänge, die die Bedeutung des Textes so genau in Empfindung übertragen, als es seyn sollte." (§ 33)

Was Forkel möglicherweise dabei vorschwebte, legt Lessing im 26. Stück der „Hamburgischen Dramaturgie" (1767) dar, worin er nichts weniger als eine Art vergleichender Symbolkunde andeutet, um durch beständiges Hören und Vergleichen wiederkehrender Typen musikalischen Ausdrucks „und durch die Bemerkung dessen, was sie beständig gemein haben, hinter das Geheimnis des Ausdrucks (zu) kommen." [10]
Der Musiker, der die Vorstellungen Forkels von der Musik als einer „wahren Sprache der Empfindung" in hohem Maße verwirklichte, war C. Ph. E. Bach, der im Hamburger Literatenkreis mit Lessing, Klopstock, Gerstenberg, Claudius und Voß regen Gedankenaustausch über die „Sing-Poesie" und das „redende Prinzip" in der Musik pflegte.[11] „Es hat durchaus den Anschein, als seien Forkels große Abhandlungen in der ‚Einleitung' mit dem beständigen Blick auf die Kunst seines um 35 Jahre älteren Freundes Carl Philipp Emanuel entworfen." [12] Die Unmittelbarkeit des seelischen Ausdrucks war ihm einerseits durch die Verwirklichung poetischer Ideen in absoluter Musik gewährleistet, andererseits aber gerade auch durch die besondere Art singend-beredten Vortrags. Die subjektiv geprägte Expressivität der musikalischen Empfindung verleiht dem einzelnen Musikstück seine unverkennbare Individualität, die es dem Hörer verständlich zu machen gilt. Sprechende Musik wird dies erst im sprechenden Vortrag. Den 1. Teil des „Versuch über die wahre Art das Klavier zu spielen" [13] beschließt Bach daher mit einem Kapitel „Vom Vortrage": „Worinn aber besteht der gute Vortrag? in nichts anderem als der Fertigkeit, musikalische Gedancken nach ihrem wahren Inhalte und Affect singend oder spielend dem Gehöre empfindlich zu machen. Man kan durch die Verschiedenheit desselben einerley Gedancken dem Ohre so veränderlich machen,

[10] G. E. Lessing, Werke Bd. 5, hg. von J. Petersen, Berlin o. J., S. 125.
[11] Vgl. Art. „C. Ph. E. Bach", in: RiemannL, Mainz ¹²1967, S. 69.
[12] A. Schering, C. Ph. E. Bach und das „Redende Prinzip" in der Musik, a.a.O., S. 163 f.
[13] Leipzig 1925, ND nach der 2. Auflage 1759, S. 82.

daß man kaum mehr empfindet, daß es einerley Gedancken gewesen sind" (§ 2). — Leere Virtuosität steht sprechendem Vortrag entgegen; „Mein Hauptstudium ist besonders in den letzten Jahren dahin gerichtet gewesen, auf dem Clavier, ohngeachtet des Mangels an Aushaltung, so viel möglich sangbar zu spielen und dafür zu setzen. Es ist diese Sache nicht so gar leicht, wenn man das Ohr nicht zu leer lassen, und die edle Einfalt des Gesanges durch zu vieles Geräusch nicht verderben will. Mich deucht, die Musik müsse vornehmlich das Herz rühren, und dahin bringt es ein Clavierspieler nie durch blosses Poltern, Trommeln und Harpeggiren, wenigstens bey mir nicht." Mit diesen Feststellungen beschließt C. Ph. E. Bach seine autobiographische Skizze [14] und hebt darin die zwei vornehmsten Anliegen des musikalischen Vortrags noch einmal hervor: „sangbar zu spielen" [15] und „das Herz (zu) rühren". Sprechende Musik und sprechender Vortrag bestimmen das Ideal der Ausdrucksästhetik bis in die frühe Romantik. Beethovens Angabe zur 6. Bagatelle op. 33 „con una certa espressione parlante" ist ein Reflex des „Redenden Prinzips".

2.1.3 Hanslick contra Wagner: „Tönend bewegte Formen" und „Sprache des Unaussprechlichen"

„Fragt es sich nun, was mit diesem Tonmaterial ausgedrückt werden soll, so lautet die Antwort: *Musikalische Ideen*. Eine vollständig zur Erscheinung gebrachte musikalische Idee aber ist bereits selbstständiges Schöne, ist Selbstzweck und keineswegs erst wieder Mittel oder Material zur Darstellung von Gefühlen und Gedanken, wenn sie gleich in hohem Grad jene symbolische, die großen Weltgesetze wiederspiegelnde Bedeutsamkeit besitzen kann, welche wir in jedem Kunstschönen vorfinden.
Tönend bewegte Formen sind einzig und allein Inhalt und Gegenstand der Musik."

Mit dieser oft zitierten, ebenso oft mißverstandenen, weil überspitzt formulierten Feststellung wendet sich E. Hanslick in seiner Abhandlung „Vom Musikalisch Schönen" (1854, S. 32) [16] entschieden gegen die tradierte und seinerzeit allgemein verbreitete ästhetische Anschauung, Zweck und Bestimmung der Musik lägen vornehmlich darin, schöne Gefühle zu erwecken, ja die Gefühle [17] seien der eigentliche Inhalt der Musik. Dagegen richtet sich seine scharfe Polemik. Beide Thesen (Gefühle seien der Zweck / Gefühle seien der Inhalt der Musik) weist er kategorisch zurück. Das Kunstschöne, als Selbstzweck in sich ruhend, wende sich nicht ausschließlich an das Gefühl, sondern an die Phantasie [18], die „ein Schauen mit Verstand, d. i. Vorstellen und Urtheilen" (S. 5)

---

[14] In: Charles Burney: Tagebuch einer musikalischen Reise, Bd. 3, Hamburg 1773, S. 209.
[15] Schering, a.a.O., weist mit Recht auf die Schwierigkeit des Verständnisses vom sangbaren Vortrag hin und erläutert: „Die in ein grammatikalisch und syntaktisch richtiges Gewand gekleidete Rede soll nachgebildet werden. Die Musik soll sprechen" (S. 159).
[16] Zit. nach dem Nachdruck der 1. Auflage, Leipzig 1854, Darmstadt 1973. Die im Text angegebenen Seitenzahlen beziehen sich auf diese Ausgabe.
[17] Hanslick unterscheidet inhaltlich die im 18. Jahrhundert synonym gebrauchten Begriffe „Empfindung" und „Gefühl". „Empfindung ist das Wahrnehmen einer bestimmten Sinnesqualität ... Gefühl das Bewußtwerden einer Förderung oder Hemmung unsres Seelenzustandes, also eines Wohlseins oder Mißbehagens. ... Die Empfindung ist Anfang und Bedingung des ästhetischen Gefallens und bildet erst die Basis des Gefühls ..." (S. 4).
[18] In dem Begriff der Phantasie hebt er die alte Antinomie von Gefühl und Verstand auf: „Nahezu merkwürdig ist es, wie die Musiker und älteren Ästhetiker sich nur in dem Contrast

erfordere. „In reiner Anschauung genießt der Hörer das erklingende Tonstück, jedes stoffliche Interesse muß ihm fern liegen" (S. 5). Das schließt aber nicht aus, daß Musik mit Gefühlen verbunden sein kann und ihre Wirkung auch von den durch sie hervorgerufenen Gefühlen beeinflußt werden kann.

„Jedes wahre Kunstwerk wird sich in irgend eine Beziehung zu unserm Fühlen setzen, keines in eine ausschließliche. Man sagt also gar nichts für das Ästhetische Princip der Musik Entscheidendes, wenn man sie durch ihre Wirkung auf das Gefühl charakterisiert." (S. 7)

Wogegen er sich jedoch strikt wendet, ist nur, daß ein notwendiger und kausaler Zusammenhang zwischen Musik und der dadurch hervorgerufenen Gefühlsbewegung bestehe. Überdies lehnt er die Auffassung ab, daß Gefühle den Inhalt von Musik ausmachten, „da die Bestimmtheit der Gefühle von concreten Vorstellungen und Begriffen nicht getrennt werden kann, welche letztere außer dem Gestaltungsbereich der Musik liegen" (S. 14). Musik als ästhetisches und künstlerisches Objekt trägt „seine Bedeutung in sich selbst" (S. 3) und bedarf keiner von außen kommenden Bildvorstellungen oder Gefühlserregungen. „Die Musik besteht aus Tonreihen, Tonformen, diese haben keinen andern Inhalt als sich selbst. ... denn die Musik spricht nicht blos *durch* Töne, sie spricht auch *nur* Töne" (S. 95). In der Mitteilung von Empfindungen an das Gefühl wurde bis dahin aber gerade das Sprachähnliche, wenn nicht überhaupt Sprachliche der Musik gesehen. Gegen solcherart „verrottete Gefühlsästhetik" (Vorwort) entwarf Hanslick seine Vorstellung eines autonom-musikalischen Verständnisses der Musik und schuf damit die Grundlage für eine wissenschaftlich objektive analytische Betrachtungsweise der immanenten musikalischen Phänomene des Kunstwerks. „Die Special-Ästhetiken ... müssen ... sich trotzdem in der Einen unverlierbaren Überzeugung vereinigen, daß in ästhetischen Untersuchungen vorerst das schöne Object, und nicht das empfindende Subject zu erforschen sei" (S. 2). Als Inhalt der Musik gilt ihm etwas „spezifisch Musikalisches": die Darstellung rein musikalischer Ideen.

„Jeder Kunst eignet ein Kreis von Ideen, welche sie mit ihren Ausdrucksmitteln, als Ton, Wort, Farbe, Stein darstellt. Das einzelne Kunstwerk verkörpert demnach eine bestimmte Idee als Schönes in sinnlicher Erscheinung. (S. 12)
Die Ideen, welche der Componist darstellt, sind vor Allem und zuerst rein *musikalische*. Seiner Phantasie erscheint eine bestimmte schöne Melodie. Sie soll nichts Anderes sein, als sie selbst." (S. 15)

So gerinnt die Anschauung vom Spezifisch-Musikalischen, „das unabhängig und unbedürftig eines von Außen her kommenden Inhaltes, einzig in den Tönen und ihrer künstlerischen Verbindung liegt" (S. 32), in der Formel von den „tönend bewegten Formen" (S. 32), die Sinnerfüllung jedoch nicht ausschließen.

„Keineswegs ist das ‚Specifisch-Musikalische' als blos akustische Schönheit, oder proportionale Dimension zu verstehen ... Dadurch, daß wir auf musikalische Schönheit dringen, haben wir den geistigen Gehalt nicht ausgeschlossen, sondern ihn vielmehr bedingt. Denn wir anerkennen keine Schönheit ohne Geist. Indem wir aber das Schöne in der Musik wesentlich in *Formen* verlegt haben, ist schon angedeutet, daß der geistige Gehalt in engstem Zusammenhang mit diesen Tonformen stehe. ... Die Formen, welche sich aus *Tönen* bilden, sind nicht

---

von ‚Gefühl' und ‚Verstand' bewegen, als läge nicht die Hauptsache gerade inmitten dieses angeblichen Dilemmas" (S. 4/5).

leere, sondern erfüllte, nicht bloße Linienbegrenzung eines Vacuums, sondern sich von innen heraus gestaltender Geist. (S. 34)

Das Componiren ist ein Arbeiten des Geistes in geistfähigem Material." (S. 35)

Weil er Musik als Ergebnis eines geistigen Aktes begreift, der sich innerhalb einer immanenten musikalischen Logik vollzieht, und somit musikalische Strukturen ein autonomes sinntragendes Gefüge bilden, verwendet er die Metapher vom Sprachcharakter der Musik in neuem Verstande und kann sowohl als Zeuge wie auch als Gegner der Anschauung von Musik als Sprache angeführt werden.

„In der Musik ist Sinn und Folge, aber *musikalische;* sie ist eine Sprache, die wir sprechen und verstehen, jedoch zu *übersetzen* nicht im Stande sind. Es liegt eine tiefsinnige Erkenntniß darin, daß man auch in Tonwerken von ‚Gedanken' spricht, und wie in der Rede unterscheidet da das geübte Urtheil leicht echte Gedanken von bloßen Redensarten. Ebenso erkennen wir das vernünftig Abgeschlossene einer Tongruppe, indem wir sie einen ‚Satz' nennen. Fühlen wir doch so genau, wie bei jeder logischen Periode, wo ihr Sinn zu Ende ist, obgleich die Wahrheit beider ganz incommensurabel dasteht." (S. 35)

Ein solches Sprachverständnis von Musik unterscheidet sich ebenso radikal von der ausdrucksbestimmten „Empfindungssprache" wie von bloß formaler Analogie. So hebt Hanslick auch das abstrakte Sinngefüge der Musiksprache deutlich ab von der inhaltlich bestimmten Ausdrucksform der begrifflichen Sprache, ohne dabei mit sich selbst in Widerspruch zu geraten. „Die schädlichsten und verwirrendsten Anschauungen sind aus dem Bestreben hervorgegangen, die Musik als eine Art Sprache aufzufassen" (S. 49):

„Die Verwandtschaft des Gesanges mit der Sprache lag nahe genug, mochte man sich nun an die Gleichheit der physiologischen Bedingungen halten oder an den gemeinsamen Charakter als Entäußerung des Innern durch die menschliche Stimme. ... es sei demnach nur ausdrücklich eingeräumt, daß wo es sich bei der Musik wirklich blos um die subjective Entäußerung eines inneren Dranges handelt, in der That die Gesetzlichkeit des *sprechenden* Menschen theilweise maßgebend für den *singenden* sein wird. Daß der in Leidenschaft Gerathende mit der Stimme steigt, während die Stimme des sich beruhigenden Redners fällt; daß Sätze besonderen Gewichtes langsam, gleichgiltige Nebensachen schnell gesprochen werden, dies und Ähnliches wird der Gesangscomponist, insbesondere der dramatische, nicht unbeachtet lassen dürfen. Allein man hat sich mit diesen begrenzten Analogien nicht begnügt, sondern die *Musik selbst* als eine (unbestimmte oder feinere) *Sprache* aufgefaßt und nun ihre Schönheitsgesetze aus der Natur der Sprache abstrahiren wollen. ... Wir sind der Ansicht, daß, wo es sich um das Specifische einer Kunst handelt, ihre *Unterschiede* von verwandten Gebieten wichtiger sind, als die Ähnlichkeiten. ... Der wesentliche Grundunterschied besteht aber darin, daß in der Sprache der *Ton* nur *Mittel* zum Zweck eines diesem Mittel ganz fremden Auszudrückenden ist, während in der Musik der *Ton* als *Selbstzweck* auftritt. Die selbstständige Schönheit der Tonformen hier und die absolute Herrschaft des Gedankens über den Ton als bloßes Ausdrucksmittel dort, stehen sich so ausschließend gegenüber, daß eine Vermischung [19] der beiden Principe eine logische Unmöglichkeit ist. ... Alle specifisch *musikalischen* Gesetze werden sich um die selbstständige Bedeutung und Schönheit der Töne drehen, alle *sprachlichen* Gesetze um die correcte Verwendung des Lautes zum Zweck des Ausdruckes." (S. 48/49)

Die ästhetische Bestimmung der Musik als Kunst-Schönes fußt nicht mehr auf ihrem sprachähnlichen bzw. sprechenden Ausdruck, sondern muß von den autonom-musikalischen Gesetzen der Tonkunst ausgehen. Die pointiert scharfsinnig, wenngleich oft

---

[19] Nicht gemeint ist damit die *Verbindung* von Musik mit einem Text.

überspitzt vorgetragenen Grundgedanken dieser Jugendschrift Hanslicks, „die der 29jährige ursprünglich mehr als Manifest denn als wissenschaftliche Abhandlung gewertet wissen wollte und deren Formulierung in der ersten Fassung daher auch mehr polemisch und aggressiv als besonnen und kritisch ausfiel", richteten sich „gegen die gesamte sentimental-poetisierende Musikinterpretation seiner Zeit" [20] wie gegen die Grundeinstellung Wagners über das Verhältnis von Dichtung und Tonkunst und lösten eine langanhaltende heftige Kontroverse mit den Anhängern der Neudeutschen Schule um Wagner aus (Formalästhetik contra Inhaltsästhetik).

Im 3. Teil seiner Abhandlung „Oper und Drama" (1851) [21] erörtert Wagner das Verhältnis von „Dichtung und Tonkunst im Drama der Zukunft" und weist beiden Künsten eine sich gegenseitig ergänzende und verstärkende Funktion zu, da keine Kunstäußerung für sich allein der Vermittlung des dramatischen Inhalts an das Gefühl voll genügen kann. Der Dichter muß Musiker werden, der Musiker Dichter, wenn beide sich zum vollkommenen dramatischen Künstler entfalten wollen (S. 113). Die dichterische Absicht kann sich nur dort voll verwirklichen, wo sich ihre inhaltliche Mitteilung (Wortsprache = Organ des Verstandes) aus dem Verstand an das Gefühl wendet. Dazu verhelfen der Sprache Versmaß (Metrik, Rhythmik) und Reim (Sprachmelodik). Wollte der Komponist den „natürlichen Sprachausdruck" musikalisch verstärken, müßte er dem Sprachakzent folgen und den metrisch gebundenen Wortvers in Prosa auflösen (S. 24/25). Die Melodie ist aber erst aufgrund symmetrischer Entsprechungen und rhythmischer Korrespondenzen, die dem unregelmäßigen Wortakzent widersprechen, als „gebundene Melodie" (S. 26) faßlich. So wäre ein richtiges Verhältnis zwischen Vers und Melodie gar nicht vorstellbar (S. 29); doch der Stabreim gewährleistet die logische Wurzelbetonung im Vers nach dem Sprachsinn und macht ihn so zur Verbindung mit Musik bereit. Stellt der Endreim gegenüber der Alltagssprache den Versuch dar, „einen erhöhten Gegenstand auf eine Weise mitzuteilen, daß er auf das Gefühl einen entsprechenden Eindruck hervorbringe" (S. 17), so vermag erst der Stabreim „selbst die anscheinend verschiedensten Gegenstände und Empfindungen dem Gehöre durch den Reim des Anlautes als verwandt vorzuführen" (S. 62) und verhilft somit dazu, „das Verständnis der Phrase als eines *Gefühls*ausdruckes dem *Gefühle* zu erschließen" (S. 57). „Die Gleichheit der Physiognomie der durch den Sprachsinn accentuirten Wurzelworte ... zeigt sie ihm in einem verwandtschaftlichen Verhältnisse, das nicht nur dem sinnlichen Organe schnell faßlich ist, sondern in Wahrheit auch dem *Sinne* der Wurzel innewohnt. Der *Sinn* einer Wurzel ist die in ihr verkörperte Empfindung von einem Gegenstande" (S. 58). Erst die Musik ist völlig in der Lage, die in der Sprache angelegten Ausdrucks- und Gefühlsmomente zur vollen Wirksamkeit zu entwickeln und zu vermitteln.

„Der Tondichter hat nun die Töne des Verses nach ihrem verwandtschaftlichen Ausdrucksvermögen so zu bestimmen, daß sie nicht nur den Gefühlsinhalt dieses oder jenes Vokales, als besonderen Vokales kundgeben, sondern diesen Inhalt zugleich als einen allen Tönen des Verses verwandten, und diesen verwandten Inhalt als *ein besonderes Glied der Urverwandt-*

---

[20] F. Blume, Art. „Hanslick", in: MGG Bd. 5, Kassel 1956, Sp. 1490 und 1491.
[21] Zit. nach der 1. Ausgabe, Leipzig 1852. Die im Text angegebenen Seitenzahlen beziehen sich auf diese Ausgabe.

schaft aller Töne dem Gefühle darstellen. Dem Wortdichter war die Aufdeckung einer dem Gefühle und durch dieses dem Verstande endlich selbst einleuchtenden Verwandtschaft der von ihm hervorgehobenen Accente nur durch den konsonirenden Stabreim der Sprachwurzeln möglich; ... Der Tondichter dagegen hat über einen verwandtschaftlichen Zusammenhang zu verfügen, der bis in das Unendliche reicht. (S. 76/77)

Der charakteristische Unterschied zwischen Wort- und Tondichter besteht darin, daß der Wortdichter unendlich zerstreute, nur dem Verstande wahrnehmbare Handlungs-, Empfindungs- und Ausdrucksmomente auf einen, dem Gefühle möglichst erkennbaren Punkt zusammendrängte; wogegen nun der Tondichter den zusammengedrängten dichten Punkt nach seinem vollen Gefühlsinhalte zur höchsten Fülle auszudehnen hat. (S. 73)

Die Melodie ist die Erlösung des unendlich bedingten dichterischen Gedankens zum tiefempfundenen Unbewußtsein höchster Gefühlsfreiheit." (S. 80)

Wesentlicher Anteil an der Vermittlung des Gefühlsinhalts kommt der Harmonie als tragendem und sie bedingendem Grund zu: „Das Miterklingen der Harmonie zu der Melodie überzeugt das Gefühl erst vollständig von dem Gefühlsinhalte der Melodie" (S. 107). Der Musik kommt somit immer nur eine den sprachvermittelten Gefühlsausdruck vertiefende, erweiternde und vermittelnde Funktion zu, sie ist Mittel zum Ausdruck. Zu einer immanenten musikalischen Aussage ist der Musiker „nur durch Herabstimmung seines unendlichen Vermögens zu einem sehr beschränkten Maaße" fähig (S. 95). Der Irrtum des Kunstgenres Oper besteht daher für Wagner schlechthin darin, „daß ein Mittel des Ausdruckes (die Musik) zum Zwecke, der Zweck des Ausdruckes (das Drama) aber zum Mittel gemacht war" (1. Teil, S. 21). Dagegen wandte sich Hanslick mit aller Entschiedenheit und hielt diesem Grundsatz entgegen, daß er „gänzlich auf falschem Boden steht. Denn eine Oper, in der die Musik immer und wirklich nur als Mittel zum dramatischen Ausdruck gebraucht wird, ist ein musikalisches Unding" (Hanslick, S. 31).

Auch die Leistung des Orchesters, dem Wagner einen größeren Abschnitt (S. 123—172) widmet, ist ganz auf seine Funktion für die Gestaltung des Dramas bezogen. Es ist aber dadurch herausgehoben, daß es „unläugbar ein Sprachvermögen" besitzt, das in dem „Vermögen der Kundgebung des Unaussprechlichen" liegt (S. 140). Aber die Sprachfähigkeit des Orchesters ist immer auf die Kundgabe der emotionalen Schicht der Sprache gerichtet. Die instrumentale Tonsprache „spricht, als reines Organ des Gefühles, gerade nur Das aus, was der Wortsprache an sich unaussprechlich ist, und von unserem verstandesmenschlichen Standpunkte aus angesehen also schlechthin das *Unaussprechliche*" (S. 142). Dieses ist aber nicht an sich unaussprechlich, „sondern eben nur dem Organe unseres Verstandes unaussprechlich, somit also nicht ein nur Gedachtes, sondern ein Wirkliches" (S. 142), d. h. im Wort Gegenwärtiges. Die Sprachfähigkeit gewinnt das Orchester aus der Anlehnung an die Sprachgebärde und ihre Transformation in einen musikalischen Gestus wie auch aus der Übernahme und Verstärkung der Versmelodie. Den Affektgehalt vermag der Wortvers aber noch nicht allein zu versinnlichen, er bedarf der unterstützenden Gebärde. „Das somit in der Worttonsprache Unaussprechliche der Gebärde vermag nun aber die, von dieser Wortsprache gänzlich losgelöste Sprache des Orchesters wiederum so an das Gehör mitzutheilen, wie die Gebärde selbst es an das Auge kundgiebt" (S. 145). Das Orchester vollzieht so eine Transformation der optischen Gestik ins Akustische und verhilft der Vermittlung der

Gedanken an das Gefühl zu einer Steigerung, „und zwar des Gedankens, den die gegenwärtige Versmelodie ... nicht aussprechen kann und will, der noch weniger aber von der Gebärde dem Auge mitgetheilt werden kann" (S. 155). War für Forkel und die Ästhetik seit der Aufklärung Musik noch Sprache des Herzens, d. h. Ausdruck und Mitteilung der Affekte an das Gefühl, so erweitert Wagner das Sprachvermögen zur Mitteilung des sprachlichen Gedankens an das Gefühl. Dabei ist er jedoch weit davon entfernt, den Begriff des Gedankens auch auf immanent musikalische Zusammenhänge zu übertragen.

„Wenn schlechtweg musikalische Themen ‚Gedanken‘ genannt wurden, so war dieß entweder eine gedankenlose Verwendung dieses Wortes oder eine Kundgebung der Täuschung des Musikers, der ein Thema einen Gedanken nannte, bei dem er sich allerdings etwas gedacht hatte, was aber niemand verstand als höchstens Der, dem er Das, was er für sich gedacht hatte, in nüchternen Worten bezeichnete, und den er dadurch ersuchte, sich dieß Gedachte nun auch bei dem Thema zu denken. Die Musik kann nicht denken; sie kann aber Gedanken verwirklichen, d. h. ihren Empfindungsinhalt als einen nicht mehr erinnerten, sondern vergegenwärtigten kundthun: dieß kann sie aber nur, wenn ihre eigene Kundgebung von der dichterischen Absicht bedingt ist." (S. 161/162)

Hier zeigt sich, in welch diametralem Verhältnis Wagner sich zu Hanslicks autonom-musikalischem Verständnis von Musik befinden mußte. Der Gegensatz der Meinungen gründet aber nicht zuletzt auf den Gegenständen, auf die sie sich beziehen.[22] Wagners Ästhetik ist die des Musikdramas, der Vokal- und Programmusik, Hanslicks dagegen geht von der absoluten Instrumentalmusik aus.

Für Wagner ist die Sprache des Orchesters keine autonom-musikalische, resultiert aber auch nicht aus einer klanglichen oder satztechnischen Abbildung der Vokalmusik. Zwar bezeichnet er die „musikalischen Instrumente" als „gewissermaßen ein Echo der menschlichen Stimme" (S. 124), kehrt aber gerade die Unterschiedlichkeit der Ausdrucks- und Klangqualität hervor, wobei er vokale und instrumentale Klangartikulation in bemerkenswerte Parallele stellt: der instrumental erzeugte Ton entspricht sozusagen dem Vokal der Sprache, bzw. dieser löst sich in den instrumentalen Ton auf. „In dieser Losgelöstheit vom Worte gleicht der Ton des Instrumentes jenem Urtone der menschlichen Sprache, der ... in seinen Verbindungen ... zu einer besonderen Sprache wird, die mit der wirklichen menschlichen Sprache nur noch eine Gefühls- nicht aber Verstandesverwandtschaft hat" (S. 124/125). Die individuelle Eigentümlichkeit des Instrumentalklanges beruht aber wiederum auf dem gleichsam konsonantischen (d. h. mehr geräuschhaften) Anlaut des Instruments.[23] „Man könnte ein musikalisches Instrument in seinem bestimmenden Einflusse auf die Eigenthümlichkeit des auf ihm kund zu gebenden Tones als den konsonirenden wurzelhaften Anlaut bezeichnen, der sich für alle auf ihm zu ermöglichenden Töne als *bindender Stabreim* darstellt" (S. 125). Eine tatsächliche Übertragung der sprachlichen Klangcharaktere auf die instrumentalen findet aber erst 100 Jahre später in neuer Vokalmusik (vokale Klangfarben, vokale Instrumente, elektronische Sprachklang-Transformationen und -Imitation etc.) ihre

---

[22] Vgl. C. Dahlhaus, Das Verstehen von Musik und die Sprache der musikalischen Analyse, in: P. Faltin/H.-P. Reinecke (Hrsg.), Musik und Verstehen, Köln 1973, S. 40.
[23] Vgl. damit die Bedeutung des Einschwingvorgangs und der ihn konstituierenden Komponenten für die Charakteristik der Instrumental-Klangfarbe.

kompositorische Verwirklichung; für Wagner stellt die aufgezeigte Analogie von Sprachlaut und Instrumentalton, Stabreim und instrumentaler Klangverwandtschaft aber mehr einen Vergleich als eine Gleichsetzung dar, um gerade das Unvermögen des Instrumentalklanges zum sprachlichen Ausdruck zu demonstrieren.

„Wie sich nun dieser konsonirende Anlaut nie zu der sinnvollen, vom Verstande des Gefühles aus bedingten Bedeutung des Wortsprachkonsonanten erhebt, noch auch des Wechsels und des somit wechselnden Einflusses auf den Vokal fähig ist, wie dieser, so verdichtet sich die Tonsprache eines Instrumentes unmöglich zu einem Ausdrucke, der nur dem Organe des Verstandes, der Wortsprache erreichbar ist." (S. 141/142)

2.1.4 Schönberg: Musikalische Prosa

Im Begriff der „musikalischen Prosa" verdichtet sich einer der Hauptgedanken in Schönbergs Abhandlung „Brahms the Progressive" [24], in der er die Entwicklung melodischer Gestaltungen an der Fähigkeit mißt, zur gleichen Freiheit und Ungebundenheit wie gesprochene Sprache zu gelangen. „Contemporary compositorial technique has not yet arrived at a freedom of construction comparable to that of a language" (S. 87). Diese Freiheit kann Musik nur erreichen, wenn sie sich weitschweifender Geschwätzigkeit enthält, auf leere Wiederholungen, Umschreibungen und formelhaftes Füllsel und Flickwerk verzichtet und jeder Phrase die Bedeutungsfülle einer Maxime oder eines Aphorismus verleiht.

„Great art must proceed to precision and brevity. It presupposes the alert mind of an educated listener who, in a single act of thinking, includes with every concept all associations pertaining to the complex. This enables a musician to write for upper-class minds, not only doing what grammar and idiom require, but, in other respects lending to every sentence the full pregnancy of meaning of a maxim, of a proverb, of an aphorism. This is what musical prose should be — a direct and straightforward presentation of ideas, without any patchwork, without mere padding and empty repetitions." (S. 72)

Die Korrespondenzmelodik der Klassik ist gekennzeichnet durch den periodischen Bau aus melodisch, harmonisch und rhythmisch aufeinander bezogenen und miteinander korrespondierenden Gliedern. Der Vordersatz einer Periode determiniert bereits im Umriß den Nachsatz.

„Much of the organization of classic music reveals, by its regularity, symmetry and simple harmony, its relation with, if not derivation from, popular and dance music. Construction by phrases of the same length, especially if their number of measures is two, four or eight times two, and if subdivision into two equally long segments adds a certain kind of symmetry, contributes much to memorability; knowing the first half, it is almost possible to conjecture the second half." (S. 65/66)

Schematisch stellt sich die motivische und metrische Gliederung der acht-taktigen Periode so dar:

Aus: RiemannL, Sachteil, Art. „Metrum".

42

Gleichmaß, Symmetrie und Wiederholung verdeutlichen die Darstellung des musikalischen Gedankens (musical idea) und prägen seine Überschaubarkeit, Faßlichkeit und Klarheit, konstituieren aber noch nicht seine Schönheit und seinen Gehalt.

„Evenness, regularity, symmetry, subdivision, repetition, unity, relationship in rhythm and harmony and even logic — none of these elements produces or even contributes to beauty. But all of them contribute to an organization which makes the presentation of the musical idea intelligible." (S. 53)

Periodische Korrespondenzmelodik ist aber ohne Floskeln, Füllwerk und Wiederholungen nicht realisierbar. Eine Melodik, die — vom Zwang der „Quadratur der Tonsatz-Konstruktion" (Wagner) befreit — darauf verzichtet, wird notwendig asymmetrisch und aus dem metrischen Gleichmaß entlassen. Das musikalische Versprinzip wird in musikalische Prosa aufgelöst. Der Verzicht auf sinnleer gewordene Formeln und Floskeln geschieht aber aus dem Bedürfnis heraus, musikalische Gedanken ohne formale Fesseln aus innerer Notwendigkeit verbindlich darzustellen. Phrasen, die nur eine formale Funktion erfüllen, verlieren vollständig ihren Sinn.

„I wish to join ideas with ideas ... it must be an idea which had to take this place even if it were not to serve for this purpose or meaning of function; and this idea must look in construction and in thematic content as if it were not there to fulfill a structural task." (S. 63)

Musikalische Prosa stellt sich somit dar als *repetitionslos* (geradlinige Gedankenentwicklung ohne Flickwerk und leere Wiederholungen, nicht-ornamentale Melodik), *asymmetrisch* (aperiodische Melodik, unabhängig von melodischen, harmonischen oder rhythmischen Korrespondenzen, Ungleichheit der Strukturelemente), *unabhängig von einem Formschema* (unabhängig von regelmäßigen Einschnitten, frei in der formalen Anlage) und *unabhängig von regelmäßigem Taktmetrum.*

„Er [Schönberg] forderte eine direkte Darstellung von Ideen, ohne Flickarbeit, ohne Lückenbüßerei und leere Wiederholungen, eine rhythmische Freiheit und Unabhängigkeit von Symmetrie in der Form, Ungleichheit der Strukturelemente hinsichtlich der Gestalt, Größe und Inhalt, und Verzicht auf den primitiv genannten Gedächtnisbehelf des einheitlichen Rhythmus und des Reims."[25]

„Musikalische Prosa ist a-symmetrisch: sie bildet den Gegensatz zur Quadratur, zum musikalischen Versprinzip; sie drückt musikalische Gedanken unverbrämt, ohne Flickwerk und leere Wiederholungen aus; sie tendiert dazu, unablässig Neues zu sagen, statt sich einem Formschema zu unterwerfen, das durch Repetitionen und Korrespondenzen ein Stück tönende Architektur konstituiert; und sie ist insofern ‚absolute‘ Musik, als ein Text ein ästhetisch sekundäres Moment gegenüber der Musik, der ‚eigentlichen Sprache‘, darstellt."[26]

---

[24] In: Style and Idea, New York 1950, S. 52 ff. Die Seitenzahlen im Text beziehen sich auf diese Ausgabe.

[25] J. Maegaard, Studien zur Entwicklung des dodekaphonen Satzes bei A. Schönberg, Bd. 2, Copenhagen 1972, S. 287. Im Hinblick auf Schönbergs op. 16,5 mit seinem wechselnden, mehrdeutigen oder unbestimmten Metrum in Haupt- und Nebenstimmen spricht Maegaard von der „als ametrisch zu bezeichnenden Eigenschaft", die viel zum Prosacharakter der Musik beitrage (ebd., S. 288). Vgl. dort auch den Exkurs über musikalische Prosa, S. 285—292.

[26] C. Dahlhaus, „Das obligate Rezitativ", in: Mel/NZ 1975, S. 195.

Prosaähnlichen Charakter erkennt Schönberg bereits in einer Stelle aus dem 1. Satz des Streichquartetts d-Moll KV 421 von W. A. Mozart:

W. A. Mozart: Streichquartett d-Moll KV 421, zit. nach Arnold Schönberg, Brahms, der Fortschrittliche, in: Stil und Gedanke, S. Fischer, Frankfurt a. M. 1976.

Bezeichnenderweise wählt er aber den Übergang vom 1. zum 2. Thema, der weitgehend frei von motivisch-thematischen Bindungen ist. Hier hebt er die nach Umfang und Charakter ganz unterschiedlichen kleinen Phrasen in ihrer rhythmischen Freiheit und vollständigen Unabhängigkeit von formaler Symmetrie hervor. („... the quality of being prose-like in the unexcelled freedom of its rhythm and the perfect independence from formal symmetry", Style and Idea, S. 73.) Als außerordentlich typisches Beispiel musikalischer Prosa rühmt er die Oboenmelodie im letzten Satz von G. Mahlers „Das Lied von der Erde", in der die einzelnen melodischen Abschnitte so verschieden an Gestalt, Umfang und Inhalt seien, als wären sie nicht Teile einer melodischen Einheit, sondern

Wörter mit je eigener Funktion im Satz[27] („All the units vary greatly in shape, size and content, as if they were not motival parts of a melody unit, but words, each of which has a purpose of its own in the sentence", Style and Idea, S. 83).

G. Mahler: Das Lied von der Erde, zit. nach Arnold Schönberg, Brahms, der Fortschrittliche, in: Stil und Gedanke, S. Fischer, Frankfurt a. M. 1976.

In seiner kritischen Auseinandersetzung mit Schönbergs Ausführungen hat Dahlhaus nachgewiesen, daß wesentlich die metrischen Verhältnisse den Prosacharakter einer Melodie prägen und „daß Wagner ein entscheidendes Moment erkannte, als er die Akzentverlagerung im Vers zum Entstehungsgrund musikalischer Prosa erklärte"[28]. Wagner verwendet den Terminus „musikalische Prosa" in „Oper und Drama" allerdings noch im negativ abwertenden Sinn, um eine Entstellung der künstlerischen Wort-Ton-Beziehung zu brandmarken.

„Die im Voraus fertige, ihrem Wesen nach aus dem Tanze gewonnene Melodie, unter welcher unser modernes Gehör das Wesen der Melodie überhaupt einzig zu begreifen vermag, will sich nun und nimmermehr dem Sprachaccente des Wortverses fügen. Dieser Accent zeigt sich bald in diesem, bald in jenem Gliede des Wortverses, und nie kehrt er an der gleichen Stelle der Verszeile wieder ... (Oper und Drama, 3. Teil, S. 25)
Hielt sich nun der Musiker, dem es nur um melodisch verstärkte, aber an sich treue Wiedergebung des natürlichen Sprachausdruckes zu thun war, an den *Accent der Rede* ... so hatte er hiermit den *Vers vollständig aufzuheben* ... hiermit löste der Musiker aber nicht nur den Vers, sondern auch seine Melodie in *Prosa* auf, denn nichts Anderes als eine *musikalische Prosa* blieb von der Melodie übrig, die nur den rhetorischen Accent eines zur Prosa aufgelösten Verses durch den Ausdruck des Tones verstärkte." (Oper und Drama, 3. Teil, S. 24/25)

Ist Wagners Begriff der musikalischen Prosa noch ganz auf die Übertragung des Wortverses in musikalisch analoge Deklamation bezogen, so ist für Schönberg musikalische Prosa im eigentlichen Sinne absolute, d. h. vom Text und sprachlichen Inhalt emanzipierte Musik. Dennoch erkennt er in Wagners Deklamationsstil trotz zweitaktiger Bildungen einen großen Fortschritt in Richtung auf musikalische Prosa („Wagner ... has seldom abandoned a two-by-two-measure construction, but has made great progress in the direction of musical prose", Style and Idea, S. 71).

---

[27] Siehe dazu auch die Analyse dieser Melodie bei C. Dahlhaus, Musikalische Prosa, in: NZ 1964, S. 176 f.
[28] Ebd. S. 181.

Die Kennzeichen dieses musikalischen Prinzips und kompositorischen Stils, den Schönberg mit musikalischer Prosa beschreibt, treffen in voller Bedeutung auf das 5. von Schönbergs Orchesterstücken op. 16 zu, das mit „Das obligate Rezitativ" überschrieben ist[29] (vgl. Kap. 2.2.1). Schönberg verstand den (leit)motivisch gebundenen, rezitativischen Deklamationsstil Wagners als obligat, d. h. als streng durchgeführt und motivisch gebunden (verbindlich) im Gegensatz zum Rezitativ der Opern der Mozart-Zeit (vgl. Style and Idea, S. 67, 61). Der so gekennzeichnete obligate Charakter der freien Form des Rezitativs entspricht genau dem, was Schönberg später mit musikalischer Prosa umschreibt.[30] Das Orchesterstück durchzieht eine große zusammenhängende Melodielinie ohne Periodizität, ohne Wiederholungen und ohne Sequenzierungen im Sinne musikalischer Prosa, der sich auch die Nebenstimmen fügen. Trotz des durchgehend vorgezeichneten 3/8-Taktes ist das Metrum schwankend, über den notierten Takt hinausgreifend, oft unbestimmt, zumal in dem dichten polyphonen Satz sich metrisch mehrdeutige Einzelstimmen überlagern. Schönberg sucht hier weder eine formale Übertragung oder Anlehnung an syntaktische Sprachstrukturen noch eine Parallele zur Sprache in der ausdrucksmäßigen Mitteilung, sondern begreift Musik aus sich heraus als Sprache, die — in begrifflicher Anlehnung an die Sprachform der Prosa — insofern musikalische Prosa ist, als sie musikalische Gedanken unabhängig von formalen Bindungen an Symmetrien und Korrespondenzen in ungebundener, aber verbindlicher Ausprägung darstellt.[31] Musikalische Prosa redet nicht im Tonfall der Wortsprache, sondern spricht durch die musikalische Struktur insofern, als jede Phrase, jedes Motiv, jede Figur nur immanenten Gesetzen der Darstellung des musikalischen Gedankens folgt.

2.1.5 Adorno: Musik als „intentionslose Sprache"

„Heute ist das Verhältnis von Sprache und Musik kritisch geworden", resümiert Adorno in seinem „Fragment über Musik und Sprache"[32]. Sein Verhältnis zum Problem des Sprachcharakters von Musik stellt sich darin als gespaltenes, oft widersprüchliches, immer aber dialektisches dar. Er konstatiert Sprachähnlichkeit in der „zeitlichen

---

[29] Vgl. die Analyse von op. 16 bei Maegaard, a.a.O., S. 278 ff., der die Verbindung zur musikalischen Prosa als erster erkannte. Vgl. auch C. Dahlhaus, „Das obligate Rezitativ", a.a.O.
[30] In der Tagebuchnotiz vom 28. 1. 1912 (A. Schönberg, Berliner Tagebuch, hg. von J. Rufer, Frankfurt 1974, S. 14) erwägt er auch die Bezeichnungen „ausgeführtes" oder „unendliches Rezitativ", was auf das ästhetische Prinzip von Wagners „unendlicher Melodie" verweist. Siehe auch C. Dahlhaus, „Das obligate Rezitativ", a.a.O., S. 194.
[31] C. Dahlhaus („Das obligate Rezitativ", a.a.O., S. 193) weist darauf hin, daß das musikalisch verbindlich Geprägte (Obligate) als Ausdruck des Unaussprechlichen als Konsequenz aus Schopenhauers Metaphysik der Musik zu werten ist. „Der Komponist offenbart das innerste Wesen der Welt und spricht die tiefste Weisheit aus, in einer Sprache, die seine Vernunft nicht versteht" (A. Schopenhauer, Die Welt als Wille und Vorstellung, 3. Buch, § 52, in: Schopenhauer's Sämtliche Werke, hg. von J. Frauenstädt, Bd. 2, Leipzig 1916, S. 307).
[32] In: Quasi una Fantasia, Frankfurt 1963, S. 11. Die im Text angegebenen Seitenzahlen beziehen sich auf diese Ausgabe.

Folge artikulierter Laute", die „der Logik verwandt" sei, im „organisierten Zusammenhang" und im „konkreten Gefüge" der musikalischen Syntax (S. 9), aber weist ihre unmittelbare Sprachfähigkeit zurück:

„Aber Musik ist nicht Sprache. Ihre Sprachähnlichkeit weist den Weg ins Innere, doch auch ins Vage. Wer Musik wörtlich als Sprache nimmt, den führt sie irre." (S. 9)

Denn sie bilde kein System aus Zeichen. Ihre Distanz zur „meinenden Sprache" sieht Adorno jedoch weniger in dem Fehlen einer klaren Begrifflichkeit („manches in ihr kommt den ‚primitiven Begriffen' recht nahe ... wiederkehrende Siegel ... eingeschliffene Verbindungen wie die der Kadenzstufen ... melodische Floskeln ...", S. 10), sondern in der ganz anderen Art ihres Bedeutens und der Basis ihres Verstehens. Adorno spaltet hier aber den Verstehensbegriff in verschiedene Bedeutungen für die Musik und die Sprache auf: Musikverständnis zeige sich im Vollzug, d. h. in der richtigen oder falschen Realisation des Notierten; Sprachverständnis dagegen ziele auf die richtige Deutung der Wörter.

„Sprache interpretieren heißt: Sprache verstehen; Musik interpretieren: Musik machen. Musikalische Interpretation ist der Vollzug, der als Synthesis die Sprachähnlichkeit festhält und zugleich alles einzelne Sprachähnliche tilgt. ... Musik richtig spielen aber ist zuvörderst, ihre Sprache richtig sprechen. Diese erheischt Nachahmung ihrer selbst, nicht Dechiffrierung." (S. 12)

Diese Spaltung in den Vollzug einer Sprache, mit der man umgeht, und das Verstehen ihrer Bedeutungen (die Interpretation) als Unterscheidungsmerkmal ist jedoch problematisch, da sie auch auf die Sprache allein zutrifft, deren begriffliche Bedeutungen in ihrem Gebrauch begründet liegen.[33]

Zentral ist die Dialektik musikalischen Meinens: obwohl Musik „von Intentionen durchsetzt" sei, ziele sie „auf eine intentionslose Sprache" (S. 12).

„Musik ohne alles Meinen, der bloße phänomenale Zusammenhang der Klänge, gliche akustisch dem Kaleidoskop. Als absolutes Meinen dagegen hört sie auf, Musik zu sein, und ginge falsch in Sprache über." (S. 11)

Nur in einzelnen Teilmomenten (hier ist zu denken an bildliche Figuren, bedeutungstragende Motive u. ä.) könne Musik eine bestimmte Bedeutung intendieren, die aber immer zugleich verhüllt sei, und solche Intentionen seien der Musik wesentlich. Daher erkennt sie Adorno auch im einzelnen als intermittierende an, spricht der Musik aber auf das Ganze ihrer Aussage bezogen eine der Sprache analoge Bedeutungsintention ab. „Sie verweist auf die wahre Sprache als auf eine, in der der Gehalt selber offenbar wird, aber um den Preis der Eindeutigkeit." (S. 11)

„Die meinende Sprache möchte das Absolute vermittelt sagen, und es entgleitet ihr in jeder einzelnen Intention ... Musik trifft es unmittelbar, aber im gleichen Augenblick verdunkelt es sich, so wie überstarkes Licht das Auge blendet, welches das ganz Sichtbare nicht mehr zu sehen vermag." (S. 14)

In einem Begriff vom geistigen musikalischen Inhalt, der ausschließlich das Strukturelle der musikalischen Grammatik und Syntax umfaßt und sich auf die immanente

---

[33] „Um Adorno zu parodieren: Eine Sprache verstehen heißt: sie gebrauchen" (C. Dahlhaus, Das Verstehen von Musik und die Sprache der musikalischen Analyse, a.a.O., S. 37).

musikalische Logik bezieht, hebt sich für Adorno schließlich die Antinomie von Ausdrucks- und Formalästhetik auf.

„Die Ausdrucksästhetik verwechselt die vieldeutig entgleitenden Einzelintentionen mit dem intentionslosen Gehalt des Ganzen; Wagners Theorie greift zu kurz, weil sie den Gehalt von Musik nach dem ins Unendliche ausgebreiteten Ausdruck aller musikalischen Augenblicke vorstellt, während das Sagen des Ganzen ein qualitativ Anderes ist als das einzelne Meinen. ... Die Gegenthese, die von den tönend bewegten Formen aber läuft auf den leeren Reiz oder das bloße Dasein des Erklingenden hinaus ... Jedes musikalische Phänomen weist kraft dessen, woran es gemahnt, wovon es sich absetzt, wodurch es Erwartungen weckt, über sich hinaus. Der Inbegriff solcher Transzendenz des musikalisch einzelnen ist der ‚Inhalt‘: was in Musik geschieht.“ (S. 15/16)

Nicht an äußerlicher Bedeutung, sondern an dem Geistigen haftet die Sprachähnlichkeit der Musik. „Ihre Sprachähnlichkeit erfüllt sich, indem sie von der Sprache sich entfernt.“ (S. 16)

2.1.6 Eggebrecht: Musik als Tonsprache — Der Sprachwert des Tons

Eggebrechts Ausführungen über die „Musik als Tonsprache" [34] vermitteln grundlegende Einsichten in den Sprachwert der Töne, dessen historisches Verständnis und dessen ästhetische Bedeutung für die kompositionstechnische Entwicklung ausführlich dargelegt werden. Dabei geht es Eggebrecht um historische Orientierung über das Verständnis der Musik als Sprache; er begründet keine neue ästhetische Position, sondern zieht aus der Summe der sich in den musikalischen Werken manifestierenden Verständnisweisen ein Resümee und gewinnt dabei neue Aspekte der Deutung musikalischer Sprachlichkeit aus dem Sprachwert der Töne, was zugleich eine Rechtfertigung und Fundierung des Begriffs der Tonsprache beinhaltet.

Eggebrecht geht von zwei verschiedenen Entwicklungsstadien der Musikauffassung aus, die in der Geschichtlichkeit des materialen Tons beschlossen liegen: von einer mehr mathematischen (mittelalterlichen) und einer mehr physikalischen (neuzeitlichen) Auffassung des Tones, und führt diese zurück auf zwei Grundprinzipe der Musik: das pythagoräische und das musische. In ersterem sieht er die Grundlage für das Verständnis vom Sprachwert der Töne, der es dann erlaubt, von Tonsprache zu reden. „Von Tonsprache kann in der Tat nur dort die Rede sein, wo der Ton als ‚Sprachwert‘ zu geistiger Mitteilung befähigt ist, d. h. wo das Klingende durch Theorie zur Vernunft gelangt" (S. 75), wo die Töne „aufgrund von Tonverhältnissen oder -beziehungen" sprechen (S. 79) und wo „der Ton seine zuallererst theoretische Existenz ... zur Praxis entfaltet, um der Musik jene ‚Autonomie‘ zu verleihen, die ‚rein musikalisch‘ zu nennen wir gewohnt sind" (S. 78). Diese Wesensbestimmung, „in der die Theorie zur Bedingung der Musik gehört" (S. 75/76), macht er aus ihrem griechischen Ursprung einsichtig und sieht sie vornehmlich in dem pythagoräischen Prinzip angelegt. „Das zahlenmäßige Bestimmen des Klingenden im Sinne mathematischer Verhältnisse" (S. 76) setzt den Ton als Ton-Verhältnis, bestimmt ihn durch das Zahlenverhältnis der

---

[34] H. H. Eggebrecht, Musik als Tonsprache, in: AfMw 1961, S. 73—100. Die im folgenden angegebenen Seitenzahlen beziehen sich darauf.

Länge der schwingenden Saite. So ist das Klingende buchstäblich ein τόνος, bezeichnet die Saiten„spannung" des Monochords bzw. der Kithara. Ein Ton wird bestimmbar aus seinem Verhältnis zu einem anderen Ton.

„Indem so die Tontheorie den Ton . . . als Ton-Verhältnis erkundet und setzt, läßt sie ihn zur Vernunft gelangen, erschafft sie ihn als Logos: als den (gewußten, verfügbaren) ‚Sprachwert'." (S. 77)

Dem stellt Eggebrecht das „musische Prinzip" gegenüber, wie es sich aus der griechischen Mythologie ergibt.

„Neben der Pythagoras-Legende steht der Mythos, der der Musik den Namen gab: μουσική als Apolls und der Musen Geschenk an die Menschen, der göttliche Ursprung der Musik.
Das pythagoräische und das musische Prinzip der Musik verhalten sich zueinander wie das Monochord (das den Ton beweist) und der Gesang (den die Kithara begleitet), — wie das Vermögen des Verstandes und das der Seele (also wie der Logos des Ergründbaren und der Mythos über das Unergründliche), — wie die Erfindung des Denkers . . . und die Schöpfung des Dichter-Sängers . . ., — oder wie der Ton als Naturgesetz, d. i. der Ton des Instruments . . . und der Ton als Empfindungslaut, die Innerlichkeit der menschlichen Stimme . . ., — oder wie, mittelalterlich gesprochen, der Ton als Gegenstand der quadrivialen Ars musica und des Musicus und der Ton im Vollbringen des Cantors und als Gegenstand der Ars cantus, — oder, neuzeitlich gesprochen, wie Denken und Dichten, Wissenschaft und Kunst, Theorie und Praxis.
Die Geschichte der Musik ist gekennzeichnet durch das Zusammenwirken ihres pythagoräischen und ihres musischen Prinzips." (S. 78)

Mit dem Begriff der Tonsprache, die den Sprachwert des Tones als Logos begreift, gibt Eggebrecht eine Wesensbestimmung der Musik überhaupt, der zugleich ihre Bestimmung eingeschrieben ist, autonome Sprache zu werden, die sich in der von der Vokalmusik emanzipierten Instrumentalmusik verwirklicht. Die Entstehung des Begriffs der Tonsprache weist daher auch ins 18. Jahrhundert auf die absolute (d. h. von Text und sprachvermittelten Inhalten gelöste) Musik.
Tonsprache in „Gegenüberstellung zur Sprache der artikulierten Laute in ihrer gegenständlichen und begrifflichen Zeige- und Nennfähigkeit, die den Tönen fremd ist" (S. 75), benutzt den Ton als alleinigen Sinnträger der Musik. Die Töne „sagen sich selbst nach dem Willen des Menschen, der durch sie Gedanken zur Sprache bringt" (S. 79).

„Dieses Selbst des Tones, des Sinnträgers der Musik, unterscheidet ihn vom Sprachlaut, dem Sinnträger der Wortsprache, der als sinnliches Element, als Lautendes kein derartiges Selbst hat, sondern ‚ein für sich selbständigkeitsloses Mittel geistiger Äußerung', ‚bloßes Zeichen des Geistes' ist (Hegel). . . . Anders der Ton als Sprachwert, als Sinnträger der Musik. . . . sein Sinn liegt ganz in der Sinnlichkeit seines Stoffes beschlossen, ist nicht zu trennen von seinem Erklingen, das in kein anderes Hörbares zu übersetzen ist. Ein Wort *lautet*, d. h. ‚heißt'; ein Ton *klingt*, d. h. ‚ist': der Sinn des Tones ist sein Selbst; dessen Verwandlung bedeutet das Auslöschen seines Sinnes." (S. 79/80) [35]

---

[35] Der Gedanke, daß der Ton seine Bedeutung, seinen Logos in sich selbst trage, fußt auf dem durch Hanslicks formalästhetischen Ansatz begründeten autonom-musikalischen Verständnis der Musik. Zugleich wird darin aber auch deutlich, daß der formalästhetische Ansatz als solcher prinzipiell dem mathematisch-pythagoräischen Prinzip musiktheoretischen Denkens näher steht, als es die spekulative musica theorica überliefert.

In einem an dem pythagoräischen Prinzip orientierten Verständnis des Tones als mathematisch bestimmbaren Punkt sieht Eggebrecht die Grundlage mittelalterlichen Musikdenkens und Komponierens. Das „Hinstellen der Rationes" bedeutet, den Ton als „eine arithmetische und geometrische Größe: eine ,Einsheit', ein(en) ,Punkt'" (S. 81) zu verstehen. Der zahlenwertige, punktuelle Charakter des Tones begründet die stimmliche und kontrapunktische Art des Tonsatzes. Eggebrecht führt als typische Beispiele die lineare Kontrapunktik an, die ein Setzen punctum contra punctum darstellt, also im Vertikalen Tonverhältnisse setzt, verweist auf die lineare Eigenständigkeit der Stimmen des Diskantus-Satzes und der Ars-antiqua-Motette in der Darstellung *eines* Tones (Modus) sowie auf die c.f.-Technik, bei der ein cantus prius factus die Folge der Beziehungspunkte enthält, „die der Ton als Ratio zu seiner Existenz benötigt" (S. 82).

„Der mathematische Ton des Mittelalters: das ,Hinstellen der Rationes', bringt die Natur des Klingenden zur Sprache nicht als Werden (...), sondern als Sein, natura naturata, natura creata: Geschaffenheit. In diesem Hinstellen der Rationes, gleichbedeutend mit der Tonlichkeit des Tones, wesenhaft verbunden mit der Proportions-Rhythmik und dem mathematischen Aufbau der Komposition, gründet der ontologische Charakter mittelalterlicher Tonsprache. Sie sagt auf der Ebene des Hörbaren die unwandelbare Ordnung des Seins." (S. 85)

Dagegen steht die neuzeitliche, physikalische Auffassung vom Ton als Klang (Ton und Obertöne), der zu ganz neuem klanglich-harmonischen statt stimmigen Denken führt.

„Die neuzeitliche Setzung des Tons ... bringt die Oberton-Natur des Klingenden, den Ton als Klang zur Sprache. ... Der mathematische, am Monochord demonstrierbare Ton, Versinnlichung von Zahl und Maß, bekundet auf der Ebene des Hörbaren die ,rationale' Ergründung der Welt ... Der physikalische, experimentell beweisbare Ton, der Klang, Versinnlichung der natürlichen Natur, bekundet die empirische Ergründung der Welt, wodurch die Natur zur Erfahrung, zum Erleben (und Erleiden) des Menschen gelangt." (S. 86)

Die „melodische" Tonalität weicht der „harmonischen" Tonalität. „Denn auch melodisch bringen sich die Töne primär nicht mehr nach dem Grundgesetz linearer Tonumgebung, nicht in spezifisch stimmlich orientierter Gegenseitigkeit zur Sprache, sondern auch die Melodie ist die Entfaltung eines Grundklangs" (S. 87) [36]. Indem der Komponist nach der Maxime der Ästhetik im 18. Jahrhundert die Natur nachahmt (vgl. Herder, Rousseau, Forkel), „spricht, gestaltet, formt, ordnet (er) mittels dieser ... Ton-,kraft'" (S. 91).

Die Übersicht auf S. 51 versucht, Eggebrechts Gegenüberstellung der Prinzipien und Tonauffassungen, die die Unterschiedlichkeit der Tonsprache konstituieren, zusammenzufassen.

Eggebrecht geht aus von dem Sprachwert eines Tones, der sich aus seinem Logos, d. h. der Setzung mathematisch bestimmbarer Tonverhältnisse ergibt, die musikalisch logische Beziehungen und Strukturen ermöglichen. Erst eine veränderte Auffassung vom Sprachwert des Tones als Klang, der die Natur, den Kosmos versinnlicht, führt dazu, daß Musik selbst als Sprache aufgefaßt werden kann.

„Erst jetzt, als der Naturton, der Ton als Klang, zu unumschränkter Herrschaft gelangt war und den Menschen zum künstlerischen Ausdruck seines Handelns und Duldens, seiner Empfindungen,

---

[36] Eggebrecht verweist hier auf Forkel, §§ 38 und 40. Zu denken ist aber auch an Wagner, der die Melodie als „Oberfläche einer unendlich ausgebildeten Harmonie" beschreibt (Oper und Drama, 3. Teil, S. 21).

| PYTHAGORÄISCHES PRINZIP | MUSISCHES PRINZIP |
Pythagoras[37]	*Apollon*[38]
Monochord (Darstellung des Tones)	Gesang (Innerlichkeit der Stimme)
Verstand	Seele
Logos	Mythos
Ton als Gegenstand der Ars musica des scholastischen Quadrivium (musica theorica)	Ton als Gegenstand der Ars cantus (Anlehnung an artes sermonicales des scholastischen Triviums) (musica practica, poetica)
Ton als Naturgesetz	Ton als Empfindungslaut
Theorie	Praxis
Wissenschaft	Kunst

AUFFASSUNG DER NATUR DES KLINGENDEN

mittelalterlich mathematische Auffassung	*neuzeitlich physikalische Auffassung*
Ton als arithmetische/geometrische Größe Ton als Punkt	Ton als Klang (Ton und Obertöne)
melodische Tonalität	harmonische Tonalität
— stimmliche Art des Tonsatzes	— harmonisch-klangliches Denken
— Kontrapunktik	— Nachahmung der Natur
— c.f.-Technik	— Darstellung der Empfindung
— Proportionsrhythmik	— Bedeutung des Ingeniums
	— Grundprinzip der unaufhörlichen Neuheit
Versinnlichung von Zahl und Maß	Versinnlichung der natürlichen Natur
Logos der Tonverhältnisse Sprachwert des Tones	Musik als Sprache (Klang-Rede, Empfindungssprache, Sprache des Herzens)
formalästhetische Haltung	inhaltsästhetische Haltung

Gefühle, Stimmungen befähigte, — erst in diesem 18. Jahrhundert, da die spezifisch instrumentale Wesenheit und die natürliche Logik der Harmonischen Tonalität in ihrer Bewegungskraft und Faßlichkeit mit der vorklassizistischen Instrumentalmusik die ,absolute' Tonkunst entstehen ließ, — nun erst und aus diesen Gründen bildete sich der Begriff der ,Musik als Sprache', wurde sie selbst Sprache genannt." (S. 93)

2.1.7 Musik als kommunikatives Zeichensystem

„Musik ist Sprache. Das will heißen, daß sie eines unter vielen Kommunikationssystemen darstellt, mit deren Hilfe die Menschen Bedeutungen und Werte austauschen. Um

---

[37] Vgl. dazu Anm. 8, S. 32.
[38] Vgl. dazu R. v. Ranke-Graves: Griechische Mythologie, Bd. 1, Hamburg 1960, S. 66.

zu bestehen, eine Wirksamkeit zu entfalten, muß sie Regeln gehorchen, die auf eine allgemeine Art und Weise das Funktionieren eines Kommunikationssystems ermöglichen."[39] „Aber Musik ist nicht Sprache. ... Sie bildet kein System aus Zeichen."[40] Zwischen diesen Extremen bewegt sich die Einschätzung der Musik als Sprache insgesamt. Das Dilemma solcher Diskrepanz rührt von dem Umstand her, daß je nach dem theoretischen Ansatz, dem historischen und ästhetischen Verständnis von Musik einerseits und dem jeweiligen Gebrauch des Sprachbegriffs andererseits die Sprachähnlichkeit der Musik bewertet wird. Die Kennzeichnung der Musik als Sprache ist daher auch nicht allein von der Seite der Musik her zu durchleuchten, sondern ebenso vom Gebrauch und Verständnis des Sprachbegriffs her. Ein affektenästhetischer (17./18. Jahrhundert), inhaltsästhetischer (19. Jahrhundert) oder strukturell kommunikationstheoretischer Denkansatz (20. Jahrhundert) ist fest verwurzelt in einem spezifischen Begriffsapparat, in welchem dem Begriff „Sprache" eine je verschiedene Bedeutungstendenz innewohnt. Folglich muß auch die Bewertung der Sprachähnlichkeit von Musik je nach der zeitbedingten Bedeutungsstruktur, d. h. der Bedeutungsweise und Bedeutungstendenz des Sprachbegriffs variieren. Die Ambiguität des Sprachverständnisses von Musik gründet also wesentlich auch auf dem Verständnis und dem Gebrauch des Sprachbegriffs selbst. Zudem ist nicht zu verkennen, daß die Kennzeichnung der Musik als Tonsprache vielfach nur metaphorischer Natur war oder sich auf periphere Analogien stützte. Daß Musik eine Sprache sei, weil sie den Ausdruck von Empfindungen und musikalischen Gedanken darstelle, ist weitgehend ein Allgemeinplatz und kennzeichnet nur die eher metaphorische Übertragung des Sprachbegriffs auf Musik. Erst in den letzten Jahren haben kommunikationstheoretische Ansätze und die Anwendung der an der Linguistik orientierten semiologischen Kategorien auf musikalische Strukturen und Figuren neue Aspekte einer objektiv fundierten Sprachtheorie der Musik aufgezeigt und die Sprachanalogie von der metaphorischen auf eine konkret zeichentheoretische Ebene gehoben. Versteht man nunmehr unter „Sprache" im Sinne der Informationstheorie „jedes natürlich oder durch Konvention gegebene System von Zeichen, durch das Nachrichten bzw. Informationen von einem ... System zu einem anderen übertragen werden"[41], dann wären Musik und verbale Sprache als Zeichensysteme mit verschiedener Codierung zu beschreiben: als Zeichensystem mit begrifflich verbalem bzw. musikalisch klanglichem Code:

SPRACHEN
(Zeichensysteme)

·····   verbal   ·····   ·····   ·····   musikalisch   ·····
            begrifflicher   klanglicher
            Code   Code

[39] N. Ruwet, Von den Widersprüchen der seriellen Sprache, in: R 6, Wien 1960, S. 60.
[40] Th. W. Adorno, Fragment über Musik und Sprache, a.a.O., S. 9.
[41] G. Klaus, Wörterbuch der Kybernetik, Bd. 2, Frankfurt 1969, S. 602.

Es ist also von einem allgemeinen, übergeordneten, soziokulturell vermittelten und konventionalisierten System Sprache (Saussure: langue) die konkrete Codierungsweise, der einmalige und je verschiedene Akt der Rede (Sprachvollzug; parole) bzw. des Musikstücks abzuheben. Die Analogie von Sprache und Musik kann daher nicht die Austauschbarkeit der jeweiligen Codes bedeuten, sondern zielt auf Parallelen in ihrem Systemcharakter. Insofern haben die Methoden der linguistischen Semiotik und Informationstheorie, die eine exakte Beschreibung der Funktionszusammenhänge in den Zeichensystemen und der Mechanismen der Zeichenübermittlung erlauben, einen allgemeinen Strukturvergleich beider Zeichensysteme und Ausdrucksbereiche möglich gemacht. Die Sprache verwendet zur Übermittlung einer Nachricht als kleinste bedeutungstragende Einheit Morpheme, die zu Begriffen zusammengefügt werden. Diese verweisen in der Regel auf Sachverhalte in der außersprachlichen Wirklichkeit, die sie bedeuten. Im ersten Abschnitt der „Philosophischen Untersuchungen" heißt es bei Wittgenstein [42] daher: „Die Wörter der Sprache benennen Gegenstände. ... Jedes Wort hat eine Bedeutung. Diese Bedeutung ist dem Wort zugeordnet. Sie ist der Gegenstand, für welchen das Wort steht." So ist einmal zwischen dem kommunikativen Zeichen und seinem außersprachlichen Bezugspunkt (Denotat) zu unterscheiden, zum anderen ist der Zeichenbegriff selbst ein dichotomer, der in sich zwei Schichten vereinigt: das Bezeichnende (Signifikans), d. h. den Ausdruck und die Gestalt des Zeichens (Lautkörper, Schriftbild), und das Bezeichnete (Signifikat), d. h. dessen Sinn und Bedeutung (Saussure: Signifiant — Signifié). Das klassische semiotische Modell unterscheidet einen triadischen Bezug zwischen Symbol *(Zeichen/Signifikans)*, Objekt *(Denotat)* und Bedeutung *(Signifikat)*.

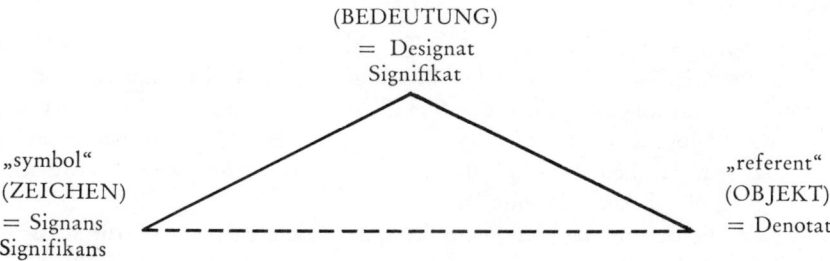

„reference"
(BEDEUTUNG)
= Designat
Signifikat

„symbol"
(ZEICHEN)
= Signans
Signifikans

„referent"
(OBJEKT)
= Denotat

Ogden/Richardsches Dreieck.

Faltin hat nun nachzuweisen versucht, daß die Bedeutungsstruktur eines Zeichensystems aber nicht durch das Fehlen des Denotats aufgehoben wird,

„daß man die Bedeutung auch denotatslosen Phänomenen zuschreiben kann, eben weil sie in bestimmten kommunikativen Prozessen als Vermittler innerhalb einer bestimmten Gruppe, als ‚Stellvertreter' (Zeichen) von kulturellen Einheiten mit einer Nulldenotation funktionieren." [43]

Begriffliche Zeichen sind also nicht bloß Namen für bestimmte Gegenstände oder Sachverhalte, sondern erhalten ihre Bedeutung auch ohne das Vorhandensein fixierbarer

[42] L. Wittgenstein, Philosophische Untersuchungen, Schriften Bd. 1, Frankfurt 1960, S. 289/1.
[43] P. Faltin, Die Bedeutung von Musik als Ergebnis sozio-kultureller Prozesse, in: Mf 1973, S. 442.

Denotate aus kultureller Konvention. Das Wort /Tisch/ steht nicht nur für einen ganz bestimmten und spezifischen Gegenstand, sondern bezeichnet auch die allgemeine Vorstellung oder abstrakte „Idee" einer Sache, die wir in unserem Kulturkreis aufgrund von Tradition und Erziehung als solchen zu verwenden gewohnt sind. Eco bestimmte das Signifikat daher auch als „kulturelle Einheit".

„Was ist also nun das Signifikat eines Ausdrucks? Vom semiotischen Gesichtspunkt aus kann es nur eine kulturelle Einheit sein ... /Hund/ denotiert nicht ein physisches Objekt, sondern eine kulturelle Einheit, die konstant und unverändert bleibt, auch wenn ich /Hund/ mit /dog/, /chien/ oder /cane/ übersetze. Im Falle von /Verbrechen/ kann ich entdecken, daß die entsprechende kulturelle Einheit in einer anderen Kultur eine größere oder eine begrenztere Extension hat."[44]

Die Signifikate der Zeichen decken sich in den verschiedenen Sprachen daher nie restlos, d. h. die kulturellen Einheiten, auf die die Zeichen verweisen, sind größer oder kleiner, weshalb eine Übersetzung inhaltlich nie mit dem Original voll identisch sein kann. Aufgrund des Vorhandenseins von kulturellen Einheiten oder Denotaten, die außerhalb der Zeichen liegen, wird eine Übersetzung aber andererseits generell möglich.
Die Zuordnung von Zeichen und Bedeutung (Signifikans und Signifikat) ist arbiträr und ergibt sich aus ihrem Gebrauch (Wittgenstein: „Die Bedeutung eines Wortes ist sein Gebrauch in der Sprache", S. 311/ 43).

„Über Mehl können wir nicht deshalb mit ‚Mehl' reden, weil ‚Mehl' die Bezeichnung für Mehl ist; sondern ‚Mehl' ist die Bezeichnung für Mehl, weil wir mit ‚Mehl' über Mehl reden. Warum reden wir nicht mit ‚Meh' über Mehl? Die Antwort, weil ‚Meh' nicht die Bezeichnung für Mehl ist, ist leer. ‚Meh' ist nicht die Bezeichnung für Mehl, weil wir über Mehl eben mit ‚Mehl' und nicht mit ‚Meh' reden."[45]

Über die denotative Bedeutung eines Begriffes hinaus umschließt dessen semantisches Feld einen weiteren Kreis konnotativer Bedeutungen, die meist emotional oder suggestiv mit der kulturellen Einheit des Signifikats verbunden ist. Das Wort /Maus/ denotiert das biologisch definierte Nagetier ⟨Maus⟩, kann aber darüber hinaus auch je nach der semantischen Position die Bedeutung von ⟨Lebewesen⟩, ⟨Schädling⟩, ⟨Märchenfigur⟩, ⟨Ekel-Angst⟩ konnotieren.
Versucht man, die Bestimmungsmomente der sprachlichen Zeichenstrukturen auf musikalische Sachverhalte zu übertragen, ergeben sich verschiedene Schwierigkeiten. So ist unter semiotischem und kommunikationstheoretischem Aspekt zu fragen, ob und ggf. inwieweit auch Musik der Zeichenstruktur der Sprache und ihrer kommunikativen Funktion entspricht, ob und ggf. in welcher Beziehung Musik selber als kommunikatives Zeichensystem gelten kann. Das semiologische Problem, ob und was Musik bedeute, beginnt mit der Frage, ob der *Zeichenbegriff* überhaupt auf musikalische Strukturen anwendbar ist.[46] Denn Zeichen besitzen Verweischarakter und vertreten außerhalb ihrer selbst liegende Sachen oder Sachverhalte, die sie bedeuten. Die Verwendung des Zeichenbegriffs setzt also das Vorhandensein einer vom Zeichen abhebbaren Bedeu-

---

[44] U. Eco, Einführung in die Semiotik, München 1972, S. 75.
[45] E. v. Savigny, Die Philosophie der normalen Sprache, Frankfurt 1969, S. 28.
[46] Hier können nur einzelne Aspekte herausgegriffen und grob skizziert werden. Es sei daher

tung voraus. Dabei ist zu unterscheiden, ob ein Musikwerk insgesamt [47] als Zeichen verstanden werden soll oder ein einzelner Klang oder eine komplexere Struktur. Nun ist aber offenkundig, daß der Musik eine durchgehende Bedeutungsschicht im Sinne zeichenhafter Stellvertretung für außermusikalische Sachverhalte fehlt, sieht man von bestimmten Signalen und Zitaten, von rhetorischen Figuren, deskriptiver Laut- und Tonmalerei und Formen der Zahlensymbolik und Tonbuchstaben-Chiffren ab. Die den sprachlichen Morphemen entsprechenden kleinsten musikalischen Sinnträger sind durch Höhe und Dauer bestimmte musikalische Gestalten, Strukturen oder Figuren (im Extremfall kann ein einzelner Klang als Struktur gelten), die kein außermusikalisches Designat besitzen. Ausnahmen bilden spezielle akustische Signale (z. B. Jagdsignal, Warnsignal, Erkennungsmelodie, Sendezeichen etc.), denen bestimmte Denotate entsprechen. Auch eine originär musikalische Struktur kann zu einem Signal werden. Die Melodie aus Bachs h-Moll-Messe „Et in terra pax" erhält als Sendezeichen solchen Signalcharakter, indem sie als Erkennungszeichen auf diesen Sender hinweist. Die Bedeutung der so verwandelten, säkularisierten Sakralmelodie ergibt sich wie bei den Begriffen der Sprache aus ihrem Gebrauch als Erkennungszeichen, der aus dem Verwendungszusammenhang gelernt wird. Darüber hinaus dürfte diese Melodie auch den ursprünglich mit ihr verbundenen Text als Botschaft vertreten, aber nicht so, daß die Töne „Friede auf Erden" bedeuten, sondern daß die Melodie im wörtlichen Sinne die sprachlichen Begriffe vertritt, die wiederum die Friedensbotschaft als Signifikat haben. Dabei ist für das Signal die immanente musikalische Struktur sowie die kompositorische und ästhetische Qualität der Melodie völlig belanglos, d. h. das Sendezeichen und der Themenkopf der Chorfuge von Bach sind zwar in ihrer klanglichen Substanz (Tonhöhenrelation und Rhythmik) identisch, haben aber verschiedene Bedeutungen, weil sie in einem je verschiedenen Verwendungszusammenhang stehen und eine andere Funktion erfüllen. Im ersten Fall ist das akustisch Gegebene der Melodie eindeutig auf einen außermusikalischen Bezugspunkt gerichtet (den Sender, die Textwörter mit ihren Designaten) und somit ein klangliches Analogon zum lautsprachlichen Zeichen. Im anderen Fall handelt es sich aber um eine autonome musikalische Gestalt, die musikimmanenten Strukturgesetzen unterliegt (tonale oder reale Themenbeantwortung, Kontrapunkte etc.), also um ein ästhetisches Objekt, das keine semantische Funktion im Sinne der Sprache erfüllt, das denotatsfrei ist, dem deswegen aber noch nicht eine wie auch

---

auf einführende Arbeiten in die Thematik der Semiotik der Musik und die Informationstheorie verwiesen:
U. Eco, Einführung in die Semiotik, München 1972;
A. A. Moles, Informationstheorie und ästhetische Wahrnehmung, Köln 1971;
T. Kneif, Was ist Semiotik der Musik? in: NZ 1974, S. 348—353;
P. Faltin, Die Bedeutung von Musik als Ergebnis sozio-kultureller Prozesse, in: Mf 1973, S. 435—445.
P. Faltin/H.-P. Reinecke (Hrsg.), Musik und Verstehen, Köln 1974.
[47] Faltin geht vom Zeichencharakter eines komplexen Werkes aus. Die Zugehörigkeit zu einem bestimmten Kulturkreis und die Verwurzelung in einer bestimmten Tradition lassen gewisse syntaktisch-strukturelle Merkmale „einen bestimmten, verbal nicht auszudrückenden Bewußtseinszustand repräsentieren oder, wie Eco sagen würde, eine ‚kulturelle Einheit' bezeichnen, der gegenüber sich Mitglieder einer Gruppe einheitlich verhalten" (P. Faltin, Die Bedeutung von Musik als Ergebnis sozio-kultureller Prozesse, a.a.O., S. 443).

immer geartete Bedeutung abgesprochen werden kann. Versucht man, die Bedeutung musikalischer Zeichen zu bestimmen, so liegt eine Gefahr im uneinheitlichen und undifferenzierten Gebrauch des Zeichenbegriffs selbst. Es gilt aber deutlich zu unterscheiden zwischen 1. einer allgemeinen *konnotativen Bedeutung* von Musik, 2. einer möglichen *denotativen Bedeutung* eines musikalischen Klanges (Zeichens) und 3. der *syntaktischen Funktion* der Klänge und Akkorde im musikalischen Zusammenhang, die nach Riemann die „Bedeutung" der Akkorde ausmacht.

1. Die konnotative Besetzung musikalischer Strukturen ergibt sich aus ihrem Gebrauch (Wittgenstein). Daher ist die Frage nach einer musikalischen Semantik in eine Frage musikalischer Pragmatik umzuformulieren und durch sie zu fundieren (Dahlhaus) [48]. „Der pragmatische Ansatz ist neben dem phonologischen der modernste in der Theorie der Tonsprache." [49]
Komplexe musikalische Gestalten, aber auch einzelne melodische, harmonische, dynamische oder klangliche Konstellationen können bestimmte, aber undifferenzierte Affekte und emotionale Zustände konnotieren (Freude, Angst, Erregung, Spannung etc.), eine bestimmte Aura (modern, altmodisch, sakral, pathetisch etc.) oder räumliche Verhältnisse (laut = nah, leise = entfernt, hoch = oben, tief = unten etc.). Solch konnotative oder „suggestive" Bedeutungen gründen auf einem bestimmten kulturhistorischen Hintergrund musikalischen Denkens und Hörens und ergeben sich zu einem großen Teil aufgrund eines speziellen Verwendungsbereiches und einer besonderen Verwendungsweise. H. Pauli spricht in anderem Zusammenhang von „besetzten Elementen", deren inhaltliche Besetzung konnotativer Art ist. „Bestimmte musikalische Elemente sind über Jahrzehnte, oft Jahrhunderte hinweg häufig und in immer gleichem Zusammenhang verwendet worden — so häufig und so gleichsinnig, daß sie schließlich als Zeichen für eben diesen Zusammenhang einstehen, d. h. diesen Zusammenhang als ihren Inhalt den Hörer in jedem beliebigen anderen Kontext assoziieren lassen." [50]
Trommelwirbel und das Tremolo tiefer Streicher kommen so zu ihrer Unheil verkündenden Bedeutung, das schmetternde Dreiklangs-Signal der Hörner konnotiert die Aura von Wald und Jagd, Pauken und Trompetenklänge verweisen auf Prunk und Festlichkeit.

2. Eco erkennt auch den Zeichen syntaktischer Systeme wie der Musik Denotationen zu, indem er den Peirce'schen Begriff des Interpretans einführt, welches ein Zeichen ist, das das erste vertritt oder definiert. [51]

---

[48] C. Dahlhaus, Fragmente zur musikalischen Hermeneutik, in: C. Dahlhaus (Hrsg.), Beiträge zur musikalischen Hermeneutik, Regensburg 1975, S. 165 (Studien zur Musikgeschichte des 19. Jahrhunderts, Bd. 43).
[49] Ebd.
[50] H. Pauli, Avantgarde und Volkstümlichkeit, in: zfmth 1975, S. 7.
[51] „Der Begriff des Interpretans ist gerade in seinem Reichtum und seiner Ungenauigkeit fruchtbar, weil er uns zeigt, wie die Kommunikation vermittels eines Systems kontinuierlicher Kommunikationen durch das Verweisen von Zeichen zu Zeichen — wie eine Asymptote, die die kulturellen Einheiten niemals ‚berührt' — die kulturellen Einheiten umschreibt, die andauernd als Gegenstand der Kommunikation vorausgesetzt werden" (U. Eco, a.a.O., S. 78).

„Um zu bestimmen, was das Interpretans eines Zeichens ist, muß man es mittels eines anderen Zeichens benennen, das seinerseits ein anderes Interpretans hat, welches mit einem weiteren Zeichen benannt werden kann und so fort. Es würde sich hier ein Prozeß unendlicher Semiose eröffnen . . .“ [52]

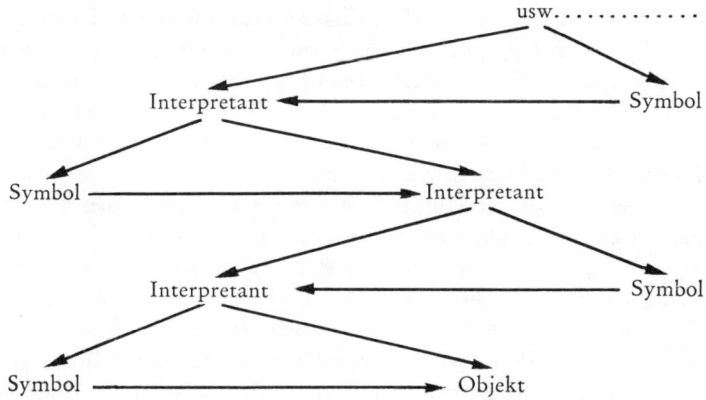

Nach Chr. Hubig, Musikalische Hermeneutik und musikalische Pragmatik, in: C. Dahlhaus (Hrsg.), Beiträge zur musikalischen Hermeneutik, Bosse, Regensburg 1975.

So denotiere das physikalische Signal eines bestimmten Instrumentaltones (z. B. c) einerseits eine bestimmte „Position im musikalischen System, die durch verschiedene Transpositionen aufrecht erhalten wird“, d. h. eine bestimmte „Tonigkeit“ oder „Helligkeit“ (Wellek), andererseits aber auch eine bestimmte „Position in der musikalischen Leiter, die unverändert bleibt“ [53] (z. B. Grundton oder Quinte). Damit ist aber nicht mehr ein Zeichen (Interpretans) gegeben wie beim chemischen Zeichen, das für den Namen einer Verbindung steht, sondern bereits eine syntaktische Funktion benannt.

3.   Die elementaren musikalischen Klänge und Strukturen erhalten eine je verschiedene Bedeutung gemäß ihrer Funktion im musikalischen Zusammenhang. Ein isolierter Ton ist sowenig auf Bedeutung gerichtet wie ein isolierter Sprachlaut; erst das Bezugsnetz eines Strukturzusammenhangs (Melodie oder Harmonie) verleiht ihm seine spezifische Bedeutung als Grundton oder Leitton, Terz oder Quinte, als Repercussa oder Finalis, Vorhalt oder Auflösung etc. In der funktionalen Kadenz erscheinen die Akkorde aufgrund ihrer Beziehung zueinander als T, S oder D. Dahlhaus hat auf diese prinzipielle Unterscheidbarkeit von akustisch Gegebenem und musikalischer Bedeutung hingewiesen: die Akkorde sind als physikalisch meßbare Phänomene das Präsente, ihre Zielstrebigkeit und Spannungsenergie als S, D, T in der funktionalen Kadenz ihre davon abhebbare Bedeutung, die sie repräsentieren.

„Setzt man . . . voraus, daß die unmißverständliche und durchgängige (nicht nur sporadische) Ausprägung eines Unterschieds zwischen Präsentem und Repräsentiertem genügt, um die Charakterisierung der Musik als ‚Sprache‘ zu rechtfertigen, . . . so ist der Terminus ‚Tonsprache‘ keineswegs bloß die vage Metapher, als die er oft geschmäht worden ist, sondern vielmehr eine

---

[52] U. Eco, a.a.O., S. 77.   [53] U. Eco, a.a.O., S. 107.

triftige Umschreibung des Sachverhalts, daß Musik, analog zur Sprache oder ‚als‘ Sprache ‚mehrschichtig‘ ist: daß das tönende ‚Material‘, das akustisch Gegebene, einen ‚Sinn‘ ausdrückt."[54]

Die zutreffende Unterscheidung von Präsentem und Repräsentiertem liegt aber auf einer anderen Ebene der Zeichenstruktur als die Zuordnung von Zeichen und Bezeichnetem (Signifikans und Signifikat) in der Sprache. Verweist dort das begriffliche Zeichen auf einen außersprachlichen Bezugspunkt, der als Objekt oder kulturelle Einheit beschrieben ist, so ist das musikalische Zeichen, da ihm kein Denotat entspricht, auf einen anderen musikalischen Bezugspunkt bezogen, z. B. auf eine Tonart. Während in der Regel zwischen sprachlichem Zeichen und Bezeichnetem eine eindeutige und feste Zuordnung besteht, hängt der Funktionswert eines Klanges immer vom musikalischen Zusammenhang ab und ergibt sich immer neu. Ob ein e-Moll-Akkord funktional als Tonika-Gegenklang oder Dominantparallele zu deuten ist, läßt sich erst schlüssig aus dem harmonischen Kontext bestimmen. Der Funktionsbedeutung eines Akkords als T oder D entspricht etwa die Funktion eines Wortes im sprachlichen Zusammenhang als Subjekt oder Objekt, Adverb oder Attribut etc., d. h. die musikalische Funktionsbedeutung steht nicht auf der Ebene des sprachlichen Designats, sondern auf der der Funktion der Wörter im Satz, die die Syntax regelt. Bei der Deutung der Funktion musikalischer Klänge handelt es sich also nicht um eine semantische Bedeutung, sondern um eine syntaktische Funktion. Solch funktionale „Bedeutung", wie sie sich als „musikalische Logik" im harmonischen Auflösungs- und Fortschreitungszwang darstellt, zielt auf eine eigene, immanente Sinnkategorie der Musik als eine von der strukturellen Ebene abhebbare eigene Schicht, die aber keine semantische im eigentlichen Sinne ist. Dahlhaus folgert daher, daß „Musik lediglich strukturell (durch das Zwei-Schichten-Schema als solches) ein Analogon zur Sprache darstellt"[55], wobei sich das Paradoxon ergibt, „daß der Sprachcharakter der Musik an ein Moment geknüpft ist, zu dem es in der Wortsprache keine Entsprechung gibt", weil die syntaktische Schicht nicht „das durchgängige Korrelat einer semantischen bildet"[56].

Somit ergibt sich zusammenfassend folgender Vergleich zum Zeichenbegriff und zur Zeichenstruktur der Sprache: Die Musik denotiert nichts außer ihr Liegendes, d. h. sie bezeichnet oder vertritt keine Entität außerhalb ihrer selbst, verfügt aber über geschichtlich vermittelte und durch Hörgewohnheit eingeschliffene konnotative Bedeutungen. Der semantischen Valenz des sprachlichen Lexems, die sich in einer arbiträren, aber durch Konvention festgelegten Relation von Signifikans und Signifikat ausdrückt, steht auf anderer Ebene die strukturelle syntaktische Valenz der Funktionsbedeutungen musikalischer Klänge gegenüber. Der Spaltung des Zeichenbegriffs in Signifikans und Signifikat entspricht somit auf syntaktischer Ebene die Unterscheidung von „Präsentem" und „Repräsentiertem" (Dahlhaus). Eco kennzeichnet Musik daher als ein semiotisches System, das „rein syntaktisch und ohne semantische Dichte"[57] ist. Diese

[54] C. Dahlhaus, Das Verstehen von Musik und die Sprache der musikalischen Analyse, a.a.O., S. 40.
[55] C. Dahlhaus, Terminologisches zum Begriff der harmonischen Funktion, in: Mf 1975, S. 202.
[56] C. Dahlhaus, Fragmente zur musikalischen Hermeneutik, a.a.O., S. 167.
[57] U. Eco, a.a.O., S. 106/7.

„partielle" Analogie verbindet das musikalische Zeichensystem mit dem sprachlichen, läßt Musik — zumindest strukturell — sprachähnlich erscheinen.

sprachliche Zeichen	außersprachlicher Bereich	musikalische Zeichen	außermusikalischer Bereich
SIGNIFIKANS (Bezeichnung, Ausdruck)		„PRÄSENTES" (akustisch Gegebenes)	
SIGNIFIKAT (Sinn, Bedeutung = semantische Valenz)	DENOTAT (Objekt, Sachverhalt d. außersprachlichen Wirklichkeit	„REPRÄSENTIERTES" (Funktion = strukturelle, syntaktische Valenz)	

Wenn Musik somit als Zeichensystem beschreibbar ist, ist weiter zu fragen, ob die musikalischen Zeichen kommunikative Funktion haben. In den Sprach- und Sozialwissenschaften bedeutet Kommunikation einen Austausch von Nachrichten (Informationen, Gedanken) durch Zeichensysteme.

„Eine Kommunikation findet statt, wenn eine Nachricht vom Sender an den Empfänger durch Zeichen mitgeteilt wird und wenn der Empfänger unter der Voraussetzung eines mit dem Sender gemeinsamen Codes sich gegenüber der mitgeteilten Nachricht entsprechend verhält." [58]

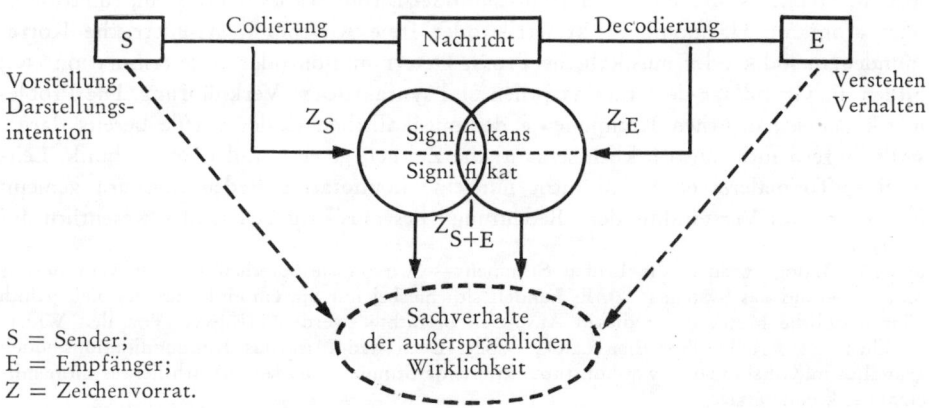

Grundsätzlich läßt sich dieses Kommunikationsmodell auch auf die musikalische Vermittlung anwenden [59], wenn man als Botschaft nicht nur eine semantische, außermusi-

[58] P. Faltin, Die Bedeutung von Musik als Ergebnis sozio-kultureller Prozesse, a.a.O., S. 485.
[59] Jedoch nicht im Sinne Ruwets, der die Stufen Sender („Subjekt"), Empfänger („Objekt") und Nachricht („Sachverhalt") innerhalb eines Musikstückes erkennt. „Nehmen wir ein einfaches Beispiel, etwa eine zweistimmige Invention von Bach: wir finden dort die beiden Glie-

kalische, sondern auch eine ästhetische, musikimmanente annimmt, die auf der Logik
der syntaktischen Beziehungen, der Redundanz des strukturellen Gefüges, den Proportionen der musikalischen Form und der Beschaffenheit des musikalischen Materials
und seiner Verarbeitung gründet. „Die Botschaft hat eine ästhetische Funktion,
... wenn sie als sich auf sich selbst beziehend (autoreflexiv) erscheint, d. h. wenn sie
die Aufmerksamkeit des Empfängers vor allem auf ihre eigene Form lenken will." [60]
Im Unterschied zu verbaler Kommunikation richtet sich die Vorstellung des Senders
(d. h. des Komponisten oder Interpreten) nicht auf Sachverhalte, sondern auf die
musikalische Form und Struktur selbst, um „etwas zu sagen, auszudrücken, einen Gedanken auszudrücken, der nicht anders auszudrücken ist als in Tönen" [61]. Mit „musikalischen Gedanken", die ein „Denken in Tönen" bedeuten, ist mehr gemeint als bloß
ein Synonym für melodische Phrase. Aber die musikalischen Gedanken artikulieren
sich in der melodischen Phrase, in der Satzstruktur, in der harmonischen Spannung,
der polyphonen Verschränkung usw. wie die begrifflich fixierten Gedanken in Wörtern
und Sätzen. Die kompositorische Intention richtet sich auf einen musikalischen Sachverhalt, der selbst der Träger der Bedeutung ist.[62]
Kommunikation zwischen Sender und Empfänger basiert auf einem zumindest teilweise gemeinsamen Zeichenvorrat; der musikalische Code wird erst verständlich, wenn
er Zeichen verwendet, deren phonetische, syntaktische und semantische Struktur dem
Hörer (Empfänger) bekannt ist. In musikalischer wie sprachlicher Kommunikation
überlagern sich mehrere verschiedenartige Codes. Den primären musikalischen Code
bildet der Vorrat an Tönen und Klängen bzw. an akustischem Material, das kompositorisch strukturiert ist. Die musikalischen Parameter definieren den Code phonolo-
gisch; Struktursysteme (z. B. diatonisches oder chromatisches Tonsystem, funktionale
oder atonikale Harmonik, Taktmetrik oder freie Rhythmik, symmetrische Korrespondenzmelodik oder musikalische Prosa, Determination oder Indetermination etc.)
bilden die Grundlage der grammatischen und syntaktischen Verknüpfung. Die Problematik der semantischen Komponente des musikalischen Codes wurde bereits dargestellt. Sofern nicht ausdrücklich semantische Zeichen gesetzt sind (Tonsymbolik, Leitmotive, Tonmalerei etc.) und nicht nur eine konnotative Bedeutungsaura gemeint
ist, beruht das Verständnis der „Bedeutung" des musikalischen Codes wesentlich auf

---

der des Dialogs wieder, die beiden Stimmen — wovon sie sprechen — sich verändernde
Motive — und das System (...). Es handelt sich hierbei nur um ein einfaches Beispiel, jedoch
könnte jegliche Musik unter diesen Auspizien betrachtet werden" (Ruwet, Von den Widersprüchen der seriellen Sprache, a.a.O., S. 62). Doch damit ist das Kommunikationsmodell
gründlich mißverstanden; zwei kontrapunktierende Stimmen können aus sich heraus nicht miteinander kommunizieren.
[60] Eco, a.a.O., S. 145/6.
[61] A. Webern, Der Weg zur Neuen Musik, Wien 1960, S. 17.
[62] Gieselers Feststellung in: Komposition im 20. Jahrhundert, Celle 1975, S. 115, daß in musikalischer Kommunikation die Stufe des „Bezeichneten oder Bedeuteten" wegfalle oder mit
dem Zeichen verschmelze, ist insofern mißverständlich, als sie nicht zwischen der Bedeutung
des Zeichens und einem außerhalb des Zeichens liegenden Denotat trennt. Das Fehlen des
Denotats bedingt aber nicht den Verlust der Bedeutung. Gieselers Folgerung: „Zurück bleibt
ein System von einzelnen Phonemen, also ein System klingender Phänomene oder Laute ohne
Bedeutung", ist daher unzutreffend.

der Erkenntnis der syntaktischen Ordnungsprinzipien und Beziehungen. Hier prägt sich eine für jede Epoche spezifische und musikalische „Idiomatik" aus, die durch Gewöhnung, Umgang und Erziehung vermittelt, „gelernt" und „verstanden" wird. Das Auftreten ungewohnter, neuer Figuren (Klangstrukturen) schwächt sogleich das kommunikative Moment der Musik, bis sie als Zeichen einer kulturellen Einheit anerkannt, verstanden und in den musikalischen „Sprachgebrauch" übernommen werden. Die Verständnisbarrieren gegenüber einer als „neu" gekennzeichneten Musik haben darin ihre Ursache. Kneif entwickelt hier sein Modell der Opposition von „musikalischer Figur" und „Gegenfigur". Die musikalische Figur, die „weder etwas bedeuten, noch eine Struktur sein" will, die aber „für einen persönlichen, lokalen oder geschichtlichen Stil charakteristisch ist" [63], erhält dennoch eine strukturelle und funktionale Bedeutung, die sich nicht nur aus dem jeweiligen musikalischen Zusammenhang ergibt, sondern auch wesentlich von dem gesamtmusikalischen Kontext einer Stilepoche abhängt; d. h. die musikalischen Figuren werden mit musikalischen, historischen und sozio-kulturellen Bedeutungselementen besetzt und unterliegen infolge der Erweiterung des Repertoires und eines ästhetischen wie informationstheoretischen Abnutzungsprozesses einem allmählichen Bedeutungswandel, der dem der Sprache durchaus analog ist. Hier setzt Kneifs These an, daß jede eingeschliffene Idiomatik aus einer Reaktion („Gegenfigur") auf eine entwertete Figur entstanden und nur von dieser her zu verstehen sei.

„Gegen die ästhetische und informationstheoretische Entwertung eingeschliffener Wendungen wird das Mittel der Gegenfigur eingesetzt: diese nimmt auf eine Figur Bezug, indem sie deren absichtsvolle Modifizierung bildet. ... die Akkordfolge T-S-D wird nicht mit T fortgesetzt, sondern mit der Tonikaparellele. ... Auch Gegenfiguren verbrauchen sich im Zuge ihrer kompositorischen Ausbeutung und werden selber zu Figuren zweiten, dritten ... n-ten Grades. Der harmonische Trugschluß, ursprünglich als eine Überraschung gedacht, wird zum Gemeinplatz, zu einer berechenbaren Redundanz, die ästhetisch wirkungslos bleibt." [63]

Dies bedeutet aber, daß dem wirklichen Verständnis der kompositorischen Intention der Bedeutungswandel des musikalischen Codes entgegensteht. Der Dissonanzspannung des D_7 der Einleitung zu Beethovens 1. Sinfonie kommt im 18. Jahrhundert eine gänzlich andere Bedeutung zu, als sie im 20. Jahrhundert nachvollziehbar ist. Eine analoge Spannungsintensität und überraschende Wirkung aufgrund der ungewöhnlichen Syntax (D_7 als Anfangsakkord) ließe sich heute vermutlich nicht einmal mehr mit einem scharf akzentuierten Halbtoncluster oder einem Quartenakkord erreichen.

„Die grundsätzliche Verstehbarkeit hat indes in die Einsicht umzuschlagen, daß wir keine Musik wirklich verstehen können, ausgenommen die jeweils aktuelle, ... Denn wir durchschauen nicht mehr die Bedeutung musikalischer Zeichen, die willkürlich, auf Grund einer flüchtigen und nirgends fixierten Übereinkunft einmal mit jener Bedeutung erfüllt worden waren. ... Die Intentionsfülle der musikalischen Bedeutungen und Gegenfiguren ändert sich unvergleichlich rascher als diejenige der Begriffe einer Sprache." [64]

Die Anwendung des Kommunikationsmodells auf Musik wird möglich durch die Definition der Information als ästhetischer Information und der Bedeutung der Zeichen

---

[63] T. Kneif, Bedeutung, Struktur, Gegenfigur. Zur Theorie des musikalischen „Meinens", in: MuB 1972, S. 504.
[64] Ebd., S. 506.

als struktureller syntaktischer Funktion. Darüber hinaus ist einzuschränken, daß bei musikalischer Kommunikation der Informationsaustausch in der Regel nur in *einer* Richtung fließt und nicht wie bei sprachlicher Kommunikation wechselseitig ist. Dies trifft lediglich auf freie Improvisationsverfahren zu, bei denen ein Musiker auf eine musikalische Gestalt oder einen Klangprozeß entsprechend reagiert. Die Vertrautheit mit einem bestimmten Idiom erlaubt es, eine musikalische Frage angemessen oder falsch zu beantworten, eine Phrase zu variieren oder zu kontrastieren oder aus einem Repertoire von Klängen die auszuwählen, die einen Komplex verstärken, stören oder unberührt lassen. In solch musikalischem Verhalten verwirklicht sich nonverbale Kommunikation. Doch in der überwiegenden Mehrzahl des Umgangs mit Musik vollzieht sich der Informationsfluß nur vom Komponisten/Interpreten zum Hörer, der die musikalische Information entsprechend der Verschmelzung seines Verständnis- und Erwartungshorizonts mit dem Aussagehorizont der Komposition und dem Grad der Informationsdichte der musikalischen Struktur aufnimmt und darauf psychisch (durch Gestimmtheit, Ablehnung, Interesse etc.), intellektuell (durch Erkenntnis, Verständnis, Bewertung, Einordnung) oder motorisch (durch Bewegung, Muskelanspannung etc.) reagiert. Die Reaktionsweise (verbaler Bericht, Ausruf, Buh-Ruf, Pfeifen, Klatschen, Gestik, Mimik etc.) wird aber nicht mehr analog codiert und verläßt die Ebene musikalischer Kommunikation.

2.2 Phänomenologische Analogien zwischen Musik und Sprache

2.2.1 Strukturelle Analogien

Musik ist wie jedes andere Kommunikationsmittel ein System mit exakt definierter Infrastruktur, d. h. sie beruht auf internen Gesetzmäßigkeiten, die die Bildung von Strukturgefügen aus einzelnen isolierten Elementen und ihrem Zusammenschluß zu übergeordneten Sinnzusammenhängen ermöglichen. Aus der Tatsache, daß Komponieren „ein Arbeiten des Geistes in geistfähigem Material" (Hanslick) darstellt, resultiert die spezifische Sprachfähigkeit der Musik; da sie als System grundsätzlich nach der Sprache vergleichbaren Strukturprinzipien im allgemeinen wie in der musikalischen Oratorie auch im besonderen organisiert und zum Ausdruck fähig ist, gilt sie allgemein als sprachähnlich. Ihren Sprachcharakter dokumentiert Musik somit im prosodischen Gesang melodisierter Rede ebenso wie ohne diese allein aufgrund ihres (Zeichen-) Systemcharakters, aufgrund struktureller und formaler Entsprechungen wie ihres klanglich gestischen Ausdrucks- und Darstellungscharakters.

Die im Sprachgebrauch verwendeten Bezeichnungen wie musikalischer Satz (Vordersatz — Nachsatz; Hauptsatz — Seitensatz), Periode, Thema u. ä. entspringen nicht terminologischer Verlegenheit und sind mehr als bloß metaphorische Schnörkel, sondern verweisen auf der Sprache strukturell und tendenziell Analoges. Daß wir von musikalischer Grammatik und Syntax zu sprechen gewohnt sind, beruht auf Entsprechungen in der Sache selbst und ist historisch legitimiert. „So kommt es, daß — nachdem schon während des Mittelalters eine große Zahl von grammatischen und rhetorischen Termini in die Musiklehre Eingang gefunden hatte — die Zahl der Übernahmen im 16./17. Jahrhundert ins kaum Übersehbare anwächst. Dabei aber handelt es sich nicht um Notlösungen und Krücken, sondern um das Werden und begriffliche Durchdringen einer Art von Musik, die in der Tat der Grammatik, Rhetorik und Poetik ‚zu vergleichen‘ ist."[65] Von jeher galt Musik als der Sprache verwandt. In Begriff und Wesen der musica poetica, wie die Kompositionslehre seit der ersten Hälfte des 16. Jahrhunderts in Deutschland bezeichnet wurde (auch Melopoiia)[66], ist die Nähe der Musik zu Poetik, Grammatik und Rhetorik bewahrt. Die musica poetica stand als dritter Teilbereich genau zwischen der musica theor(et)ica und der musica practica, d. h. dem mathematisch-physikalischen und auch spekulativen Moment der Musik einerseits und dem auf Praxis bezogenen andererseits, indem sie sowohl der Grundlage der musica theorica bedurfte als auch zugleich als Kunst durch die explicatio textus und Affektdarstellung den sprachlichen Disziplinen verbunden war. Als Muster einer in Regeln faßbaren Kunstlehre galt im 16. Jahrhundert die Rhetorik. „Die Musica war aber allen sprachlichen Disziplinen überlegen durch die Fundierung in der theorica, die den göttlichen Ursprung der Musik bezeugte und die nach Maß, Zahl und Gewicht bestimmte, im musikalischen Satz zur Anschauung gelangende göttliche Ordnung offenbarte; allen mathematischen Disziplinen war sie dadurch überlegen, daß sie gleichzeitig eine Kunst war."[67] Indem Musik sich hinsichtlich ihrer kunstvollen Verfertigung eng an die Prinzipien der Grammatik und Rhetorik anschloß, übertrug sie rhetorische und grammatische Elemente in die musikalische Struktur (z. B. musikalisch-rhetorische Figuren, die Gegenstand der musica poetica waren) und deren Bezeichnungen (periodus = Satz; incisiones = Satzglieder; inventio — dispositio — elaboratio; flosculi, flores, figurae etc.).

Diese strukturelle Orientierung bewirkte eine Art von Musik, die — wenn auch zunächst primär im Vokalen — als „in Töne gefaßte Sprache" (Dahlhaus) verstanden wurde.

„Wie die grammatische Struktur der Sprache hat die Komposition Interpunktionen, Satzglieder, Sätze, Perioden, die mit prosodischer Richtigkeit und deklamatorischer Deutlichkeit zu ‚pronunzieren‘, mit improvisatorischer Ausschmückung, oratorischer Eindringlichkeit und Dynamik vorzutragen, zu ‚executieren‘ sind. Wie das Machen einer Rede besteht das Komponieren in der Erfindung (Inventio), Anordnung (Dispositio), Ausarbeitung und Ausschmückung (Elaboratio, Decoratio) des musikalischen Satzes. Die Komposition muß wie eine Oratio in

---

[65] H. H. Eggebrecht, Heinrich Schütz, Musicus poeticus, Göttingen 1959, S. 47.

[66] Der Begriff erscheint erstmals in Listenius, Musica, Wittenberg 1537. Darin definiert er musica poetica: „consistit enim in faciendo sive fabricando, hoc est, in labore tali, qui post se etiam artifice mortuo, opus perfectum et absolutum relinquat." Vgl. auch
H. Faber, Musica poetica, Braunschweig 1548;
G. Dreßler, Praecepta musicae poeticae, Magdeburg 1563;
J. Burmeister, Musica poetica, Rostock 1606;
J. Nucius, Musices poeticae sive de compositione cantus . . ., Neiße 1613;
J. A. Herbst, Musica poetica, Nürnberg 1643;
Chr. Bernhard, Tractatus compositionis augmentatus. Die Kompositionslehre Heinrich Schützens in der Fassung seines Schülers Chr. Bernhard, eingel. und hg. von J. Müller-Blattau, Leipzig 1926;
J. G. Walther, Praecepta der musicalischen Composition, Weimar 1708.

[67] M. Ruhnke, Art. „musica theorica, practica, poetica", in: MGG Bd. 9, Kassel 1961, Sp. 956.

Einrichtung und Stil nicht nur ihrem Gegenstand, sondern auch den jeweiligen Umständen von Zuhörerschaft, Ort und Zeit Rechnung tragen. Sie hat wie eine Rede Eingang, Mitte und Schluß (Exordium, Medium und Finis, oder detaillierter etwa: Exordium, Narratio, Propositio, Confirmatio, Confutatio, Peroratio). Wie ein Werk der Eloquentia soll sie Elegantia, Exornatio, Decorum besitzen. Sie wird wie eine kunstvolle Rede ausgeschmückt durch Figuren, die zugleich den Ausdruck steigern: Wiederholungen zum Beispiel können wie beim Sprechen emphatisch, Antithesen kontrastierend, Pausen überraschend wirken. Und wie ein Orator kann der Komponist seine Gedanken variieren und sinnt er auf Mittel, die seiner Komposition Abwechslung und Mannigfaltigkeit (varietas) verleihen."[68]

So sind vornehmlich die rein musikalischen Figuren ohne primäre Wortausdeutung und Affektdarstellung (Kircher[69]: figurae principales) dem Form- und Formelbestand grammatischer Wortfiguren der Rhetorik entnommen und stellen eine formale Übertragung von Redefiguren auf die Musik dar. Unger[70] bezeichnet daher diese Gruppe der musikalisch-rhetorischen Figuren auch als grammatische Figuren. Zu ihnen zählt z. B. die *Anaphora*, die (rhetorisch) „eine absatzmäßige Wiederholung des Anfangs eines Kolon oder eines Komma . . . (/x. . ./x. . .)"[71] darstellt und der musikalisch etwa eine ostinate Baßführung oder eine Häufung von Wiederholungen entsprechen. Das *Polysyndeton* ist sprachlich als „stetige Setzung einer beiordnenden Konjunktion vor den Gliedern der Synonymie und der koordinierenden Häufung"[72] definiert. Die musikalische Übertragung besteht aus der emphatischen Wiederholung von ähnlichen Gliedern eines Melodieabschnitts oder dem Festhalten an einer bestimmten melodischen Floskel. Zur Definition des *Polyptoton* in der Rhetorik heißt es bei Lausberg, daß die Theoretiker mit dieser Figur „nur die flexivischen Veränderungen am Nomen und am Pronomen erfassen, und zwar vornehmlich die Casus-Veränderungen . . ."[73] Musikalisch stellt das Polyptoton die Wiederholung einer Tongruppe oder eines Kopfmotivs auf verschiedenen („Flexions")-Stufen dar. Alle Wiederholungsfiguren (Anaphora, Paronomasia, Polyptoton, Palillogia) beruhen auf der Identität elementarer Formprinzipien sprachlicher wie musikalischer Grammatik: Reihung und Wiederholung (Pleonasmus), Variierung und Kontrastierung, Wiederaufnahme und Analogiebildungen (Parallelismus).

War der Gegenstand der Musica Poetica primär die Vokalmusik, so wurden die strukturellen Analogien auch auf die Instrumentalmusik übertragen. Matthesons Kennzeichnung der Instrumentalmusik als eine „Klang-Rede" rechtfertigt diese durch ihre Ableitung von der Rhetorik und Grammatik und leitet so zugleich einen Prozeß der Emanzipation der Instrumentalmusik ein. Weil es mit der Musik „fast eben die Bewandniß habe, als mit der Rede-Kunst" (Der Vollkommene Capellmeister, 9. Hauptstück, § 2), greift Mattheson auf „die liebe Grammatic sowol, als die schätzbare Rhetoric und werthe Poesie" (§ 3) zurück. So handelt der Abschnitt „Von den Ab- und

---

[68] Eggebrecht, Heinrich Schütz, Musicus poeticus, a.a.O., S. 46.
[69] A. Kircher, Musurgia universalis, Rom 1650.
[70] H. H. Unger, Die Beziehungen zwischen Musik und Rhetorik im 16.—18. Jh., Würzburg 1941, Fig. Tab. II, S. 92/93.
[71] H. Lausberg, Handbuch der Literarischen Rhetorik, München 1960, § 629.
[72] Ebd. § 686, z. B. „es brauset und siedet und wallet und zischt".
[73] Ebd. § 641.

Einschnitten der Klang-Rede" von den „Incisionen, welche man auch distinctiones, interpunctationes, posituras u.s.w. nennet" (§ 1), und ist gänzlich orientiert an Paragraphus, Periodus und Gelencke (Commate) als den Gliedern der Sätze in Sprache und Musik, ferner an den Formen der Parenthesis, Frage, Exclamation und der Gliederung durch Punctum, Comma, Colon, Semicolon, die vornehmlich durch Klauseln und Kadenzen wie durch den Tonfall der Melodie dargestellt werden. So repräsentiert die phrygische Kadenz in der musikalischen Rhetorik des 16. bis 18. Jahrhunderts eine rein grammatische Norm für die musikalische Frage. Primär sind Matthesons rhetorische Formen jedoch von der Art der Gliederung und Stimmführung der Melodie her bestimmt, nach der sich die Grundstimme (Baß) zu richten habe wie „der Knecht nach dem Herrn" (§ 32). Ihre musikalisch-grammatische Gliederung erhebt sie in den Stand, „Ton-Sprache" im Sinne der „Klang-Rede" zu sein.

Forkel entwirft in seiner Einleitung zur „Allgemeinen Geschichte der Musik" (Leipzig 1788) ausdrücklich eine allgemeine, über die Prinzipien der Rhetorik hinausweisende „musikalische Grammatik", die die allgemeinen Vorschriften enthält, „nach welchen einzelne Töne gebildet, verbunden und geschrieben werden, so wie die Grammatik jeder Sprache, aus den verschiedensten Lauten des Alphabets erst Sylben, dann Worte, und endlich Sätze oder ganze Gedanken bilden lehrt" (§ 30). Diese allgemeine musikalische Grammatik, die Lehre von den Tonarten, von der Harmonie und dem Rhythmus (Prosodie, Rhythmopoeie) wie Akustik, Kanonik (d. h. Einteilung der Klänge nach den physikalischen Grundlagen) und musikalische Zeichenlehre (Notation, musikalische Orthographie) wird durch „musikalische Rhetorik" ergänzt. Nur noch der Name und die darunter kurz behandelte musikalische Figurenlehre bewahren den Geist der Tradition der musica poetica und musikalischen Oratorie. Inhaltlich handelt es sich bereits um eine allgemeine musikalische Syntax, die auch die Periodologie, Affektenlehre, Stil- und Gattungslehre, Vortragslehre und Ästhetik behandelt. So wird von ihm „musikalische Rhetorik" als musikalische Syntax für „unläugbar die höhere und eigentliche Theorie der Musik" erachtet, wie sie bis dahin „noch kaum dem Namen nach bekannt" war (§ 69).

Nicht mehr auf der Grundlage der musiksprachlichen Gliederung und Melopoeie, sondern im Gefolge der „immanenten Logik der Harmoniefolgen" [74] greift H. Riemann den Begriff der musikalischen Grammatik und Syntax auf und versteht alle seine musiktheoretischen und musikästhetischen Arbeiten zur Lehre von den tonalen Funktionen der Harmonie, zu Metrik und Rhythmik, Dynamik, Agogik und Phrasierung [75]

---

[74] H. Riemann, Geschichte der Musiktheorie im IX. bis XIX. Jahrhundert, Berlin ²1920, Kap. Musikalische Logik, S. 473.
[75] Vgl. etwa:
Über das musikalische Hören. Phil. Diss. Göttingen 1874 (als Buch unter dem Titel: Musikalische Logik, Leipzig 1873);
Vereinfachte Harmonielehre oder Die Lehre von den tonalen Funktionen der Akkorde, London/New York 1893;
Musikalische Syntaxis, Grundriß einer harmonischen Satzbildungslehre, Leipzig 1877;
System der musikalischen Rhythmik und Metrik, Leipzig 1913;
Katechismus der Phrasierung, Leipzig 1890;
Die Phrasierung im Lichte einer Lehre von den Tonvorstellungen, ZfMw I/1918/19.

als Bausteine der Entwicklung einer Art musikalischer Grammatik, „welche ähnlich wie eine sprachliche Grammatik in den Begriffen ‚Subjekt‘, ‚Prädikat‘ usw. in den harmonischen Begriffen Tonika, Dominante, Subdominante und den rhythmischen Begriffen ‚schwere und leichte Zeit‘, ‚schwerer und leichter Takt‘, ‚Vordersatz, Nachsatz‘ usw. die Elemente aufweist und handhaben lehrt, über welche die musikalische Logik verfügt, um musikalische Sätze zu bilden" [76]. Damit ist die Analogie von der bloß strukturellen auf die funktionale Ebene der Syntax gehoben: der Funktion eines Akkordes im Satz als Tonika oder Dominante ist die syntaktische Funktion eines Wortes als Subjekt oder Objekt vergleichbar. Riemanns Begriff der „harmonischen Bedeutung der Töne" [76] bezeichnet also keine semantische Funktion, sondern eine syntaktische (insofern ist Riemanns Begriff der Bedeutung in semiotischem Kontext unbrauchbar). Sprachähnlichkeit beruht nicht nur auf formalen Entsprechungen der Gliederung, sondern auf den logischen Strukturen einer intentionalen Funktionalität.

Vom Frühbarock bis zur Spätromantik verwirklicht sich Musik innerhalb des grammatischen Systems funktionaler Tonalität. Mit der Auflösung der Tonalität zu Beginn dieses Jahrhunderts hat sich die Musik zunächst auch ihrer formtragenden und zusammenhangstiftenden Syntax begeben. Kennzeichnend ist daher, daß in der frühen Phase der Atonalität Formen zu aphoristischen Miniaturen schrumpfen, wenn nicht ein Text komplexere Formen trug und mit seiner syntaktischen Ordnung auch für die musikalische einstand (vgl. den großen Anteil an Vokalkomposition im Werk Weberns). Aus der Tatsache, daß eine allgemein verbindliche und vertraute syntaktische Grundlage aufgegeben wird und an ihre Stelle aleatorische, experimentelle, offene und prozessuale Formkonzeptionen treten, resultieren die Hör- und Verständnisschwierigkeiten der Neuen Musik. In dem Maße, wie klangliche Statik und statistische Strukturprinzipien in die sukzessive Gerichtetheit musikalischer wie sprachlicher Zeitabläufe eingreifen und Zeit nicht als gerichteter Vollzug, sondern als zyklische „Wiederholung von immer gleichen Mustern und Energieverläufen" [77] verstanden wird, begibt sich Musik eines prinzipiellen und elementaren Moments der Sprachlichkeit und wird zugleich wieder frei, Sprache auf ihre Weise zu amalgamieren, Sprache in Musik im doppelten Sinne aufzuheben.

Der konkrete Nachweis sprachanaloger Strukturen in absoluter Instrumentalmusik ist so lange mit dem Odium einer fixierten Überinterpretation behaftet, wie nicht zwischen Sprache als System und Text als Konkretion präzise unterschieden wird. Nur auf der Ebene grammatischer Systeme lassen sich musik- und sprach-theoretische Analogien und Vergleiche aufstellen, ohne daß deswegen generelle Unterschiede aus dem Blick geraten müssen. Wenn daher im weiteren versucht wird, am Einzelbeispiel das allgemein Formulierte zu konkretisieren und zu verdeutlichen, bedeutet das nicht, daß Musik formal als Sprache genommen wird, sondern nur, daß Musik wie Sprache als System bestimmten grammatischen Gesetzmäßigkeiten unterliegt, die — selbst bei Differenzen im Zeichencharakter der einzelnen Systeme — miteinander vergleichbar sind.

---

[76] H. Riemann, Ideen zu einer „Lehre von den Tonvorstellungen", JbP 1914/15, Leipzig 1916, S. 1.
[77] J. Fritsch, in: H. G. Schürmann, Lockerung von Phantasie oder Energieverläufe in der Zeit, in: Musica 1/1976, S. 25.

Als Grammatik bezeichnet man das Regelsystem, das sicherstellt, „daß mit Hilfe einer endlichen Menge von Grundelementen (. . .) und Regeln beliebig viele neue Sätze gebildet werden können. Eine Grammatik ist demnach zugleich eine Theorie über die Eigenschaften der (unendlichen) Menge von Sätzen einer Sprache. . . . Die syntaktischen Regeln bestimmen die Form der Strukturen, in die die Grundelemente eingehen und durch die sie zu neuen Sätzen verknüpft werden können." [78] Dieses Regulativ bildet für die Musik die allgemeine Musik- und Harmonielehre, die für eine Epoche oder innerhalb eines Stils allgemeine Verbindlichkeit besitzen, z. B. die Form der Kadenzierung, Behandlung und Auflösung von Dissonanzen, die metrischen Verhältnisse, Prinzipien der Phrasierung, Koloristik, Agogik, Dynamik etc. Eine Stilkopie ist daher möglich, wenn man nicht nur die Idiomatik, d. h. bestimmte typische Wendungen, Manieren, Klänge etc. benutzt, sondern sie auch entsprechend den syntaktischen Bedingungen der Zeit einsetzt. Ein Mannheimer Seufzer oder crescendo wird erst eingebunden in die zeittypische Harmonik, Melodik, Agogik etc., d. h. auf der Basis der musikalischen Syntax des Rokoko zum stilspezifischen Erkennungszeichen. In tonaler Musik begründet der Zusammenschluß der einzelnen musikalischen Elemente im hörenden Bewußtsein die Anschauung einer musikimmanenten inneren Logik (Riemann). Die einzelnen musikalischen Momente bestehen nicht nur im Augenblick ihres Erklingens, sondern das beziehende Denken des Hörers schließt das eben Vergangene mit ein und bildet aus dem Verständnis des Gehörten und der Vertrautheit mit den grammatischen Normen der Epoche bestimmte Erwartungen in bezug auf das unmittelbar Nachfolgende.

In der Art der Erfüllung (z. B. erwartete Dissonanzauflösung) oder Täuschung (z. B. Trugschluß, unvorhergesehene Modulation) dieser Erwartung wird das Wirken der immanenten musikalischen Logik auf der Basis einer verbindlichen musikalischen Syntax sinnfällig. D. h. die Logik bei der Verknüpfung der Elemente und Strukturen zu sinntragenden Gestalten ist der formalen Logik des syntaktischen Sprachsystems vergleichbar. Bildung und Handhabung des Dreiklangs als eines Strukturgefüges regelt die elementare Musiklehre (musikalische Grammatik); seine musikalische Funktion als Tonika, verkürzten Dominant-Septakkord oder Neapolitaner zu bestimmen ist erst infolge seiner Einbettung in den syntaktischen Satzzusammenhang möglich. Diese Abhebbarkeit der strukturellen Disposition von der syntaktischen Funktion widerlegt das gegen die Sprachähnlichkeit vorgebrachte Argument, daß in der Musik Struktur und Sinn identisch seien. Ein Septimakkord ist mehr und etwas anderes als die Summe von drei Terzen: er präsentiert sich vielmehr als eigenständige, übersummenhafte, komplexe Gestaltqualität [79] mit einem nicht aus seinen Bestandteilen erklärbaren Span-

---

[78] G. Klaus, Wörterbuch der Kybernetik, a.a.O., S. 239.
[79] Nach Chr. v. Ehrenfels sind die Gestaltqualitäten (Komplexqualitäten) Übersummativität und Transponierbarkeit; durch Wellek erweitert in:
1. Abgesetztheit gegen bzw. Einbettung in einen Grund,
2. Geschlossenheit oder Einheitlichkeit,
3. Gegliedertheit,
4. Gerichtetheit (nicht umkehrbares) Zeit-Gefälle.
Vgl. A. Wellek, Musikpsychologie und Musikästhetik, Frankfurt 1963, S. 20.

nungsmoment. Hierin ist eine weitere strukturelle Analogie zur Sprache zu erkennen, nämlich die Fähigkeit, aus einzelnen Elementen neue übergeordnete Gestalten zu bilden (Superzeichenbildung). Auch die Wortbildung vollzieht sich im Zusammenschluß von Grund- und Hilfsmorphemen zu neuen übergeordneten Einheiten mit neuer semantischer Bedeutung. Das Phänomen der Superzeichenbildung ist — bei aller Problematik der Anwendung des Zeichenbegriffs auf Musik — hier eindeutig wirksam und manifestiert sich in den Komplexqualitäten musikalischer Gestalten: der punktierte Rhythmus, das intervallgeprägte Motiv, ein Akkord oder eine Akkordverbindung, eine melodische Phrase, ein musikalischer Satz, ein komplexes Werk stellen solche komplexqualitative Zeichen dar.

Am offenkundigsten und kompositorisch wirksamsten tritt die Parallelität der grammatischen Systeme von Musik und Sprache in der Art ihrer Gliederung zutage. Zäsuren gliedern den musikalischen Satz in einzelne Satzglieder; eine hierarchische Stufung der Schlußbildung (Ganzschluß — Halbschluß — Trugschluß, Vorhaltsbildungen etc.) verleihen ihnen ein unterschiedliches Gewicht, signalisieren Abschluß (Punkt) oder Offenheit (Komma), Frage und Antwort. Überwiegend formale Kriterien gelten für die Bestimmung von Vordersatz und Nachsatz einer musikalischen Periode; in ähnlicher Weise ist auch der sprachliche Nebensatz formal definiert und nicht inhaltlich vom Hauptsatz unbedingt unterschieden. Daß der Nachsatz der musikalischen Periode nicht bloß wegen seiner Stellung hinter dem Vordersatz als solcher wirkt, macht die — in der Grammatik bekannte — Umstellprobe deutlich. Die Entwicklung der abendländischen Musik, die sich primär in der an Sprache gebundenen Vokalmusik vollzog, übernahm so die sprachliche Gliederung und bewahrte sie auch in der Instrumentalmusik.

Eine Gegenüberstellung musikalischer und sprachlicher Gestalten soll noch einmal im einzelnen die wirksamen Analogien erhellen. Die strukturelle Analogie im sprachlichen Vers und in der musikalischen Periode gründet auf analogen syntaktischen Ordnungen.

1. W. A. Mozart: Menuett aus der Sinfonie C-Dur (Jupiter-Sinfonie) KV 551:

Vordersatz und Nachsatz sind durch das unterschiedliche Gewicht und ihre unterschiedliche Fähigkeit der melodischen Spannungslösung und Schlußwirkung deutlich voneinander abgehoben und verhalten sich wie Haupt- und Nebensatz. Das musikalische „Komma" wird dabei nicht durch die Zäsur der Achtelpause bewirkt, sondern durch die weibliche Endung auf dem Quart-Sext-Vorhalt, die weniger fest und endgültig wirkt als die vollständige Kadenz mit männlicher Endung. Dennoch bildet jede Melodiehälfte ein geschlossenes Gebilde. Die harmonische Spannung Tonika—Dominante, Dominante—Tonika hält den Melodiebogen des Vordersatzes als Ganzes zusammen, unterstützt durch die einheitliche Dynamik. Der zweitaktige Instrumentationswechsel und die viertaktige melodische Sequenz schaffen weitere interne Einheiten und verdeutlichen das dualistische Prinzip des kontrastierenden motivischen Materials: Chromatik und legato gegen die staccato-Figur. Symmetrische Bildungen mit korrespondierender Rhythmik, Melodik, Instrumentation, Dynamik und Artikulation prägen nicht nur den Vordersatz, sondern auch die Periode als ganze. So entspricht der Sequenz des Vordersatzes die wörtliche Wiederholung des in zwei Takten verdichteten motivischen Materials; dem motivischen Dualismus entspricht der dynamische (p — f), lagenmäßige (mittlere Lage — hohe Lage), klangfarbliche (einzelne Instrumente — tutti) und harmonische (Tonikabereich — Dominantbereich). Der Funktionswechsel der Dominante G zur neuen Tonika im Nachsatz wird erst ex posterior erkennbar und im rückwärtsgerichteten beziehenden Denken funktionalen Hörens erfaßbar. Auch der der musiktheoretischen Terminologie unkundige Hörer wird den Anfangsklang des Nachsatzes im nachhinein als „Tonika" erleben; außerhalb des syntaktischen Systems funktionaler Tonalität würde sich dieses Verständnis desselben Klanges nicht einstellen können.

2. H. v. Hofmannsthal, Reiselied (1. Strophe):

Wasser stürzt, uns zu verschlingen,
Rollt der Fels, uns zu erschlagen,
Kommen schon auf starken Schwingen
Vögel her, uns fortzutragen.

H. von Hofmannsthal, Gedichte und lyrische Dramen, hg. v. H. Steiner, S. Fischer, Frankfurt/M. 1952.

Die lyrisch gebundene Sprachform Hofmannsthals ist in diesem Gedicht gekennzeichnet durch Reim (klangliche Entsprechung in der Wortmelodie) und regelmäßige Metrik (vierhebige Trochäen). Der Kreuzreim schafft Entsprechungen und schließt je zwei Verspaare enger zusammen: a b // a b. Überdies können die Verse 1 und 2 als parallel gebauter Nebensatz mit Infinitivkonstruktion gedeutet werden, dem der Hauptsatz mit Infinitivkonstruktion in den Versen 3 und 4 folgt. Durch die Infinitive sind die Verse 1, 2 und 4 noch einmal unterteilt, doch setzt das Enjambement von Vers 3 zu 4 ein deutliches Gegengewicht gegen die Gegliedertheit der ersten Strophenhälfte. Formal wäre dieser Text charakterisiert durch

1. die regelmäßige Metrik (Trochäen),

2. die Symmetrie der Satzkonstruktion und

3. strukturelle und klangliche Korrespondenzen (Reim, Parallelismus).

MUSIKALISCHE PERIODE
W. A. Mozart: Menuett aus der Sinfonie C-Dur KV 551

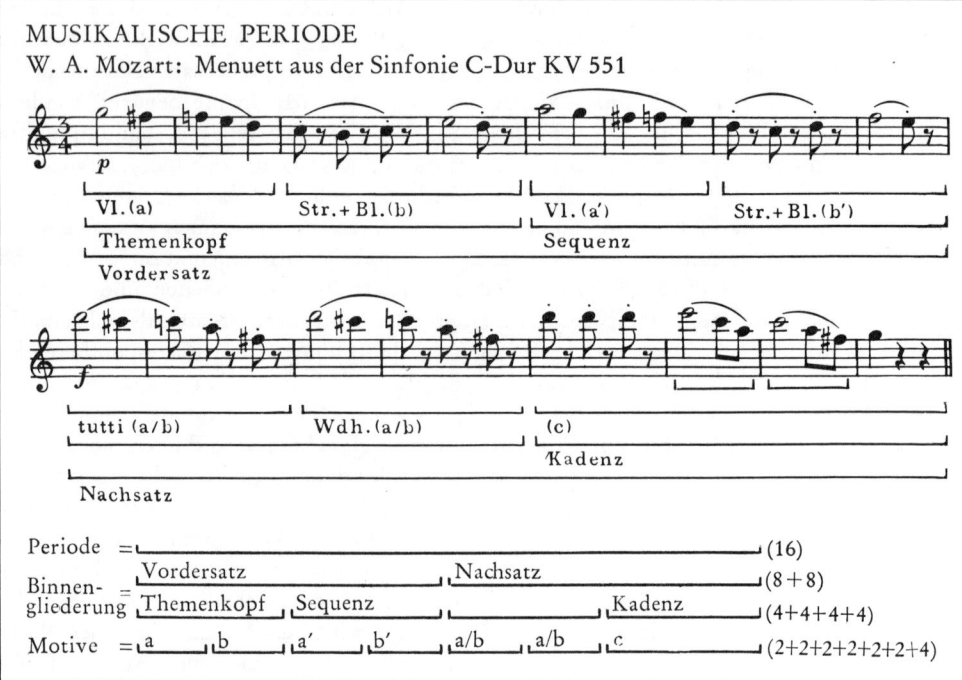

Stellt man daneben das Mozart-Thema, fallen die strukturellen Parallelen ins Auge; es ist ebenfalls charakterisiert durch

1. regelmäßige Taktmetrik,
2. streng symmetrische Anlage und
3. melodische (motivische), harmonische, dynamische, klangfarbliche und vor allem rhythmische Korrespondenzen.

Die Quadratur der Periodenstruktur (Wagner) klassischer Themen fußt im wesentlichen auf den metrischen und motivischen Entsprechungen. Die künstlerische Leistung liegt in der Art der Ausfüllung einer durch Takt und Kadenzschema (bzw. durch Metrum und Reimschema) gesetzten Norm. Hat der Hörer die gewählte Norm erfaßt, vollzieht sich der Melodie- (bzw. Sprach-)fluß gemäß seiner Erwartung und erscheint logisch konsequent, andernfalls unlogisch und unorganisch. Insofern sind die musikalische Periode und der sprachliche Vers durchaus verwandt (vgl. Gegenüberstellung).

Hält man diesem Typus die „Melodie" aus Schönbergs 5. Orchesterstück op. 16 entgegen, wie sie sich aus der auf alle Orchesterinstrumente aufgeteilten, den ganzen Satz durchziehenden Hauptstimme ergibt[80], so zeigt sie ein völlig konträres Bild.

---

[80] Vgl. die Ausführungen bei J. Maegaard, Studien zur Entwicklung des dodekaphonen Satzes bei A. Schönberg, Copenhagen 1972, Bd. 2, S. 278 ff.

SPRACHLICHER VERS
H. v. Hofmannsthal, Reiselied

Wasser stürzt, uns zu verschlingen,
Rollt der Fels, uns zu erschlagen,
Kommen schon auf starken Schwingen
Vögel her, uns fortzutragen.

Strophe	=				
Satz-struktur	=	Nebensätze (NS)		Hauptsatz (HS)	
Verse	=	Reim: a	b	a	b
syntakt. Elemente	=	NS + Infin. NS + Infin.		HS + Infin.	

3. A. Schönberg: 5. Orchesterstück op. 16 „Das obligate Rezitativ"

Hauptstimme, zit. nach J. Maegaard, Studien zur Entwicklung des dodekaphonen Satzes bei A. Schönberg, Wilhelm Hansen, Kopenhagen 1972, Notenbeilage, S. 38.

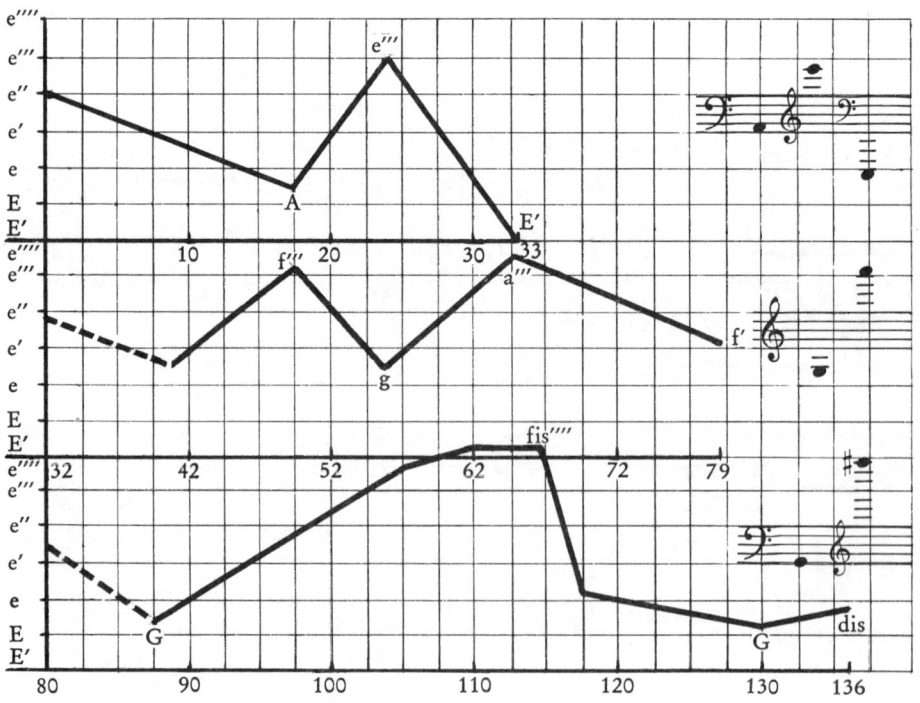

Melodiestruktur in op. 16,5.

Die Melodie ist metrisch nur scheinbar einem durchgehenden ³/₈-Takt unterworfen; nach dem melodischen Duktus und der inneren Rhythmik ergibt sich aber eine metrisch unregelmäßige, oft unbestimmte Kontur. Danach wäre der Anfang deutbar als

oder

Die Überlagerung mit den übrigen Orchesterstimmen und ihrer metrischen Struktur verunklaren das Bild weiter. Die Melodie ist kaum eindeutig zu gliedern. Markante Zäsuren fehlen ebenso wie eine gliedernde motivische Entfaltung oder kadenzielle Harmonik. Dennoch sind in der Gesamtanlage der weitausladenden Melodie drei größere Bögen auszumachen [81], die sich aber nicht mit der Tektonik der übrigen Stimmen des polyphon dichten Satzes decken. Der erste tektonische Einschnitt der Satzstruktur liegt im hämiolisch auskomponierten Ritardando bei Ziffer 4 (T. 40); der erste Melodiebogen aber läuft an seinem tiefsten Punkt in T. 32/33 (BTb) aus, überlagert von einem neuen Ansatz (T. 32) in den Violen. Ein neuer melodischer Aufschwung hebt dann erst wieder mit T. 41 in EH, Klar. und Vc. an, der bis T. 79 oder 83 reicht. Nach einer in entgegengesetzter Entsprechung zum Ende des ersten Abschnitts gehaltenen quasi-accelerando-Bewegung

beginnt der letzte Strukturabschnitt. Eine übergeordnete, formbildende Gestalttendenz prägt den Melodieverlauf ohne wirksame und durchgehende motivische oder rhythmische Entsprechungen.

Die Melodie ist somit als korrespondenzlos und atektonisch zu beschreiben, indem sie fortwährend neue Gedanken in einem metrisch ungebundenen Strom entwickelt, weswegen Maegaard sie als „atonale und ametrische Prosodie" [82] bezeichnet.

---

[81] „Es wird ... ersichtlich, daß die Melodiekurve fast klassische Proportionen hält. Sie verläuft in drei Großbögen: T. 1—33, T. 32—79 und T. 80—136; ungefähr 3:5:5. ... Nach dieser Formel sind die Bögen gebaut: hoch-tief-noch höher-tief" (J. Maegaard, a.a.O., S. 284).
[82] Ebd. S. 290.

Der Titel „Das obligate Rezitativ" verweist auf Sprachliches. Jedoch handelt es sich in keiner Weise um eine Imitation des rezitativischen Sprachgestus oder die Stilisierung einer rezitativischen Satzweise, sondern um die Übertragung der formalen Freiheit ungebundener Rede (Deklamation, Rezitation) auf der Grundlage musikalisch verbindlicher und kompositorisch strikt ausgeführter (obligater) Gestaltung.[83] Das Prinzip dieses metrisch freien, zäsurlosen, gleichsam atektonischen Stils deckt sich mit Schönbergs Anschauung einer „musikalischen Prosa"[84]. Stellt man Schönbergs musikalischer Prosa einen Abschnitt sprachlicher Prosa gegenüber, wird deutlich, in welch hohem Maße der Prosacharakter der Musik wiederum auf den metrischen Verhältnissen beruht. Beziehungsreichtum und Entwicklungsvielfalt lassen sich in der freien Form der Prosa eher verwirklichen als unter dem Zwang eines rhythmisch-metrischen Schemas.

4. H. Broch, Der Tod des Vergil (Anfang):

„Stahlblau und leicht, bewegt von einem leisen, kaum merklichen Gegenwind, waren die Wellen des Adriatischen Meeres dem kaiserlichen Geschwader entgegengeströmt, als dieses, die mählich anrückenden Flachhügel der kalabrischen Küste zur Linken, dem Hafen Brundisium zusteuerte, und jetzt, da die sonnige, dennoch so todesahnende Einsamkeit der See sich ins friedvoll Freudige menschlicher Tätigkeit wandelte, da die Fluten, sanft überglänzt von der Nähe menschlichen Seins und Hausens, sich mit vielerlei Schiffen bevölkerten, mit solchen, die gleicherweise dem Hafen zustrebten, mit solchen, die aus ihm ausgelaufen waren, jetzt, da die braunsegeligen Fischerboote bereits überall die kleinen Schutzmolen all der vielen Dörfer und Ansiedlungen längs der weißbespülten Ufer verließen, um zum abendlichen Fang auszuziehen, da war das Wasser beinahe spiegelglatt geworden; perlmuttern war darüber die Muschel des Himmels geöffnet, es wurde Abend, und man roch das Holzfeuer der Herdstätten, soft die Töne des Lebens, ein Hämmern oder ein Ruf von dort hergeweht und herangetragen wurden."

Hermann Broch, Der Tod des Vergil, Suhrkamp, Frankfurt/M. o. J.

Brochs Text läßt die analogen Prinzipien literarischer und musikalischer Prosa in der metrischen Ungebundenheit des freien Sprachflusses deutlich hervortreten, der, in dauernder Wandlung begriffen, ständig weiterströmt, dabei in großen Bögen immer wieder die Satzkonstruktion aufgreift und fortführt, sich jedoch nie wiederholend, ohne formelhafte Assonanzen und metrische Analogien.
Der erste Hauptsatz „Stahlblau und leicht, ..., waren die Wellen ... entgegengeströmt", dem ein Temporalsatz mit eingeschobener attributiver verkürzter Partizipialkonstruktion folgt („die Flachhügel zur Linken [habend]"), wird in einem zweiten Hauptsatz fortgesetzt, dem wiederum mehrfach Temporalsätze subordiniert sind, so daß er erst im zweiten Ansatz sich entfalten kann: „und jetzt, da ..., da ..., ... jetzt, da ..., da war das Wasser spiegelglatt geworden; ..." Die Vielfalt der Gestaltungsformen durch die Verzögerung der eingeschobenen Temporalsätze in einer grammatisch einfachen Subordinationskette, die durch keine starren Formen und regelmäßigen Zäsuren gehemmt wird, erwächst demselben prosaischen Prinzip wie die „unendliche Melodie" der musikalischen Prosa.

---

[83] Vgl. dazu C. Dahlhaus, „Das obligate Rezitativ", in: Mel/NZ 3/1975, S. 193 ff.
[84] Siehe auch Kap. 2.1.4, Abschnitt „Musikalische Prosa".

Melodische Affinitäten zum Vers oder zur Prosa prägen eine musikalische Typologie, die sich formal im *musikalischen Versprinzip* der klassischen Periodik oder in der freien *musikalischen Prosa* im Sinne Schönbergs verwirklicht. Und in dem Maße, wie letztere sich von der sprachlichen, an Sprache orientierten Syntax befreit, wird sie aus sich heraus beredt.

2.2.2 Inhaltliche und kommunikative Analogien

Die Feststellung, daß Musik als Sprache tauge, weil sie Ausdruck von Emotionen und Vorstellungen zulasse, ist ein Allgemeinplatz und so verschlissen, daß diese Aussage zur Banalität schrumpft. Will man inhaltliche und kommunikative Analogien zwischen Musik und Sprache aufzeigen, d. h. solche, die von phonetischen und syntaktischen Ähnlichkeiten abgehoben auf der Ebene der Vermittlung, des Bedeutens und Meinens liegen, so muß man innerhalb des musikalischen *Ausdrucks* differenzieren und diesen Begriff insgesamt von dem der *Bedeutung* abheben. Der musikalische *Ausdruck*, die Ausdrucksfähigkeit und Ausdrucksintensität der Musik, ist auf Stimmungs- und Gefühlsqualitäten bezogen, die entweder als Gehalt der Musik dargestellt (abgebildet, porträtiert) werden oder die durch Musik im Hörer ausgelöst werden sollen; dagegen bezeichnet der Begriff der *Bedeutung* eine spezifische semantische Kategorie, die auf definierbaren, eindeutigen und durchgehend repräsentativen Bezugsmomenten beruht. Von semantischen Qualitäten der Musik zu reden schließt demnach ein, einen sprachanalogen Zeichencharakter musikalischer Strukturen anzuerkennen, die zeichenhaft auf bestimmte außerhalb ihrer selbst liegende Sachverhalte verweisen. Solche musikalischen Zeichen mit eindeutig semantischer Funktion sind alle Signale und Erkennungszeichen: Titelmusik („Indikativ"), bedeutungtragende (Leit-)Motive und Figuren in programmatisch gebundener und allgemein deskriptiver Musik. Der Ausdrucksgehalt solcher Zeichen stellt eine eigene Qualität dar und ist für die Bedeutung des Zeichens ganz irrelevant, wenngleich eine kausale Beziehung zwischen dem Ausdrucksgehalt des Zeichens und seiner Bedeutung bestehen kann. Musikalischer Ausdruck und musikalische Bedeutung sind gleichermaßen von der klanglichen Erscheinungsform der Zeichen und ihrer syntaktischen Struktur abzuheben, obwohl das eine (der Ausdruck) von dem anderen (der Erscheinungsform) abhängen kann.

Das Verständnis des Begriffs des musikalischen Ausdrucks im Sprachgebrauch des 18./19. Jahrhunderts ist vornehmlich als ästhetisches Prinzip der Interpretation zu verstehen, was Spielanweisungen wie „con espressione" oder „con una certa espressione parlante" (Beethoven, Bagatelle op. 33, 6) deutlich machen. C. Ph. E. Bachs Forderung, daß ein Musiker „nicht anders rühren" könne, „er sey dann selbst gerührt"[85], ist als ein grundsätzliches Phänomen der musikalischen Reproduktion auch in Hanslicks formalästhetischer Konzeption nicht ausgeschlossen: „Der Act, in welchem die unmittelbare Ausströmung eines Gefühls in Tönen vor sich gehen kann, ist nicht sowohl die Erfindung eines Tonwerkes, als vielmehr die Reproduktion desselben. ... Dem *Spieler*

---

[85] Versuch über die wahre Art das Klavier zu spielen, a.a.O., S. 85.

ist es gegönnt, sich des Gefühls, das ihn eben beherrscht, unmittelbar durch sein Instrument zu befreien und in seinem Vortrag das wilde Stürmen, das sehnliche Ausbrennen, die heitere Kraft und Freude seines Innern zu hauchen. ... Eine Subjectivität wird hier unmittelbar in Tönen *tönend* wirksam, nicht blos stumm in ihnen formend." [86] Musikalischer Ausdruck im allgemeinen Sinn ist also primär auf Interpretation gerichtet und damit subjektabhängig, wogegen musikalische Bedeutung auf die immanente Struktur gerichtet und somit objektabhängig ist.

Zur weiteren Differenzierung des Ausdrucksbegriffs in der Musik sei noch einmal auf Bühlers Unterscheidung der Darstellungsfunktionen der Sprache zurückgegriffen.[87] Er unterscheidet in seiner Sprachtheorie „Ausdruck", „Appell" und „Darstellung", die auch als Modell der Beschreibung musikalischer Ausdrucks- (und Sprach-)Funktionen dienen können.[88] Die auf antiker Tradition fußende mittelalterliche Anschauung, daß die Musik Affekte auslöse und beim Hörer verschiedene Gemützstände hervorrufe („musica movet affectus, provocat in diversum habitum sensus") [89] und dadurch zur Katharsis führe, macht deutlich, daß die Musik im Sinne der Affektenlehre auf ein durch sie hervorgerufenes Verhalten (Auslösung) gerichtet ist; der Gefühlsausdruck der Musik ist danach dem subjektiven Gefühlseindruck gleichgesetzt, den sie erregt. Demgegenüber verstand die Nachahmungsästhetik des 18. Jahrhunderts Ausdruck als Darstellung von Gefühlen und Leidenschaften. „Musikalische Gefühlscharaktere werden ... primär gegenständlich aufgefaßt. Der Eindruck des Ernsten, Trüben oder Matten wird unwillkürlich dem Tongebilde selbst als Eigenschaft zugeschrieben. Das melodische Motiv drückt zunächst, bei unbefangener Wahrnehmung, nicht Mattigkeit aus und versetzt auch nicht in eine matte Stimmung, sondern erscheint selbst als matt." [90] Ausdruck erscheint so als dem Tongebilde anhaftende Charaktereigenschaft, die durch die Übertragung einzelner Merkmale der emotionalen Gefühlsregungen auf musikalische Bewegungen zustande kommt. Von solch gegenständlich objektivierender Ausdruckshaltung abzugrenzen ist die explizite Ausdrucksästhetik des 18./19. Jahrhunderts (Schubart, C. Ph. E. Bach), nach der Musik nichts als „Tonleidenschaftlicher Ausdruck eines Gefühls" (Forkel, § 2), „wirklicher Erguß des Herzens", also Kundgabe von Gefühlsregungen sei. Objektivierende *Darstellung* und subjektabhängige *Kundgabe* bezeichnen die beiden Aspekte einer inhaltsorientierten Ausdrucks- und Gefühlsästhetik.

Im Hinblick auf die Funktionen musikalischen Ausdrucks ist eine zumindest partielle Analogie zu den Darstellungsfunktionen der Sprache augenscheinlich. Hat es musikalischer Ausdruck aber primär mit Gefühlsqualitäten zu tun, geht die Darstellungsfunktion der Sprache von konkreten begrifflichen Bedeutungen aus; es ist daher zu fragen, in welcher Hinsicht man auch von quasibegrifflichen musikalischen Bedeutun-

[86] E. Hanslick, Vom Musikalisch-Schönen, a.a.O., S. 57.
[87] Vgl. K. Bühler, Kritische Musterung der neueren Theorie des Satzes, in: Indogermanisches Jahrbuch 6/1918, S. 1—20; ders., Sprachtheorie. Die Darstellungsfunktion der Sprache, Stuttgart ²1965.
[88] Darauf hat Dahlhaus in seiner Musikästhetik, Köln 1967, S. 30 ff., hingewiesen.
[89] Isidorus von Sevilla (um 570—636), Etymologiarum sive originum libri XX, Buch III.
[90] C. Dahlhaus, Musikästhetik, a.a.O., S. 30.

gen ausgehen kann. Musik als strukturiertes Sinngefüge wird allenthalben als sinnbehaftet und bedeutungstragend erfahren. Allerdings verwirklichen sich Sinn und Bedeutung innerhalb des begriffslosen Materialbereichs der Musik; und gerade die Begriffslosigkeit des Gegenstandes macht es unmöglich, die begriffslose Bedeutung begrifflich zu fixieren. Hier kann der Versuch weiterhelfen, das aus der Linguistik entlehnte Modell der Zeichenstrukturen auf Musik anzuwenden, um die Tragfähigkeit des Bedeutungsbegriffes zu erproben und ihn zugleich zu präzisieren.

In der Art soziokulturell vermittelter *konnotativer Besetzungen von Elementen, Zeichen und Zeichenstrukturen* ist Musik durchaus sprachähnlich als bedeutungstragendes System, aber in ihrem Materialbereich und ihrer Vermittlungsfunktion begriffslos. Wie jeder Begriff (z. B. /Maus/) über sein Denotat hinaus auch allgemeine Gefühlsmomente und Assoziationen wachruft (z. B. Angst, Ekel, Märchengestalt etc.), sind auch die musikalischen Elemente mit diffusen bis präzisen affektgeladenen (z. B. Freude, Erregung, Exaltation etc.), situativen (assoziierte Aura: z. B. Orgelklang = Sakrales), räumlichen (Höhe-Tiefe, Nähe-Ferne etc.) oder motorischen (Marsch, Tanz etc.) Bedeutungsfeldern umgeben. Vornehmlich musikalische Rhythmen lassen hinsichtlich ihrer konnotativen Bedeutung eine relativ einhellige Beurteilung erkennen.[91] Problematischer verhält es sich mit der Übertragung des objektbezogenen denotativen Bedeutungsbegriffs auf Musik. Da sie von Natur aus denotatslos ist, d. h. ein Ton keine außerhalb liegende Entität als Zeichen vertritt, scheint der linguistische Bedeutungsbegriff unangemessen. Auch der Versuch, die Trennung zwischen akustisch-phonetisch Präsentem und dessen syntaktischer Funktion als durchgehende Abhebbarkeit zweier Schichten dem Verhältnis von Signifikans und Signifikat (Designat) in Parallele zu setzen[92], kann nicht die Problematik der Verwendung des funktionalen Bedeutungsbegriffs für den semantischen verdecken. Doch ist eine denotative semantische Dimension der Musik nicht generell verschlossen: Ton- und Lautmalerei, Signale und Erkennungszeichen, Struktursymbole und Zitate verwenden musikalisches Material mit begriffsähnlicher Bedeutung. Übernimmt man daher den sprachlichen Zeichenbegriff, um interne und externe musikalische Bedeutungen zu erfassen, so sind nach ihrem Objektbezug 1. ikonische, 2. symbolische und 3. ästhetische, autonome Zeichen zu unterscheiden.

1. *Ikonischen* Charakter weisen alle abbildenden Zeichen auf, die mindestens über ein gemeinsames Merkmal mit dem darzustellenden Sachverhalt oder Objekt verfügen. Onomatopoetischen (lautmalerischen) Wortbildungen entsprechen musikalische Laut- und Tonmalerei als eigentlich ikonische Zeichen. Der im Paukenwirbel eingefangene Donner pastoraler Musik stimmt im dumpf grollenden Klangcharakter mit dem natürlichen Donner überein und zeichnet ihn lautmalerisch nach; ein sprachliches Analogon ist J. Joyces Donnerwort: „Bababadalcharaghtakamminarronnkonnbronntonnerronntuonnthunntrovarrhounawnskawntoohoohoordenenthurnuk" (Finnegans Wake). Optische Phänomene (Blitz) behalten ihren zeitlichen oder räumlichen Bewegungsablauf bei. Die eklatante Differenz zum realen Sachverhalt (Donner, Blitz) macht deutlich,

---

[91] Vgl. H. de la Motte-Haber, Ein Beitrag zur Klassifikation musikalischer Rhythmen, Köln 1968.
[92] Vgl. C. Dahlhaus, Terminologisches zum Begriff der harmonischen Funktion, a.a.O., S. 202.

daß die ikonischen Zeichen als ästhetische Gebilde echte Zeichenfunktion wahrnehmen und nicht bloß Realität reproduzieren.

2. Das *Symbol* hat „als frei selektierbares Zeichen weder eine abbildende noch eine anzeigende, unmittelbare Beziehung zum Objekt"[93]. Die Zuordnung von Zeichen und Bedeutung ist arbiträr, aber innerhalb einer Kulturtradition für eine Epoche verbindlich und fest. Musikalische Symbolzeichen sind bedeutungstragende Motive (Leitmotive), Figuren (affektausdeutende rhetorische Figuren) und Strukturen mit symbolischem Sinn (Zahlensymbolik, Solmisationsverfahren und Buchstabenverschlüsselungen). Dabei ist die Zuordnung von musikalischem Motiv, Figur oder Struktur zu ihren Bedeutungen in der Regel singulär, d. h. nur für ein einzelnes Werk gültig und nicht durchgehend für diese Bedeutung repräsentativ. Sie ist auch nicht begrifflicher Art, wenngleich sie begrifflich (durch Titel, Zusätze, Erläuterungen) benannt sein kann. Strauss' Till-Eulenspiegel-Thema bezeichnet nicht den Namen „Till", sondern schließt das gesamte konnotative und denotative Bedeutungsfeld ein, das sich in dem Namen als sprachliches Symbol verdichtet. Dabei kann die Bedeutung des musikalischen Zeichens nur wirksam werden auf der Grundlage der Kenntnis des sprachlichen Zeichens. Darüber hinaus ist das musikalische Zeichen immer zugleich auch autonome musikalische Struktur, der die semantische Dimension nur akzidentell ist; als Thema eines Variations-Rondos erhält es seine immanente Sinnfälligkeit und Bedeutung aus dem musikalischen Zusammenhang. Solche konkreten denotativen Zuordnungen von musikalischem Symbol und außermusikalischem Sachverhalt erfolgen durch willkürliche Setzung des Komponisten; ihr Verständnis setzt ihre Kenntnis voraus. Dagegen beruhen semantische Konnotationen musikalischer Elemente auf „erworbenen Konventionen" (Lissa) und subjektiven wie kollektiven Dispositionen. In den meisten Fällen musikalischer Inhaltsdarstellung erschließt sich die Bedeutung semantischer musikalischer Zeichen aber nicht allein aus ihrer abbildenden (ikonischen) Ähnlichkeit oder der Setzung eines Symbols, sondern ergibt sich *aus dem musikalischen Kontext*. Eine an sich indifferente musikalische Figur kann in einem speziellen Sinne bedeutungsvoll werden, wenn sie plötzlich in veränderter Funktion auftritt. Indem konventionalisierte Erwartungsstrukturen unterlaufen werden, wird die Abweichung von der etablierten Norm als absichtsvolles Ausdrucksmittel verfügbar, bzw. läßt sich umgekehrt feststellen, daß gesteigerter Ausdruck die Norm sprengt. Vor dem Hintergrund des Normalen (d. h. allgemein Verbindlichen, Konventionellen) werden die Abweichungen als Abweichungen beredt; im Durchbrechen syntaktischer Konventionen werden diese frei zur Aufnahme quasi-semantischer Funktionen. So wird es möglich, Sachverhalte, Vorstellungen und Vorgänge in der musikalischen Struktur, d. h. auf der Ebene der Syntax, *nach*zubilden, ohne sie im ikonischen Sinne *ab*zubilden; die musikalische Syntax wird zum Bedeutungsträger.[94] Der ikonischen *Ab*bildung sei daher die strukturelle

---

[93] M. Bense, Semiotik, in: Lexikon der germanistischen Linguistik, Studienausgabe I, Tübingen 1973, S. 16.

[94] Chr. Hubigs Feststellung, daß „im musikalischen System ,Semantik' und ,Syntaktik' vollkommen ineinander integriert und daher nicht voneinander zu scheiden sind" (Zum Problem der Vermittlung Sprache-Musik, in: Mf 1973, S. 193), gilt aber nur in absoluter Musik; die semantische Bedeutung eines Leitmotivs ist von seiner syntaktischen Struktur und Funktion durchaus

*Nach*bildung (Strukturentsprechung) gegenübergestellt, bei der begrifflich vermittelte Inhalte syntaktisch durch analoge musikalische Strukturzusammenhänge nachvollzogen werden. Dabei ist jedoch nur die Möglichkeit der Darstellung, nicht die Darstellung selbst sprachähnlich. Dies sei an einem Beispiel verdeutlicht.

Die Einleitung zu Haydns „Schöpfung" breitet „Die Vorstellung des Chaos" im reinen Instrumentalsatz ohne sprachliche Vermittlung aus. Das vorzeitliche Chaos wird aber nicht deskriptiv dargestellt oder assoziativ stimmungshaft beschworen, sondern Chaos wird als Absenz erkennbarer Ordnungsfaktoren strukturell, d. h. melodisch (keine thematische Entfaltung, statt dessen liegende Klänge und Figurationen), harmonisch (Dissonanzreichtum durch Häufung von Vorhaltsbildungen, überraschende Fortschreitungen, Trugschlußwirkungen und daraus resultierende harmonisch klangliche Instabilität) und rhythmisch-metrisch (kein klar erkennbar gegliedertes Zeitmaß, durch Überbindungen verschleierte Taktmetrik) nachvollzogen. Dies vermögen schon die Anfangstakte zu belegen (s. Notenbeispiel S. 80 f.).

Ein gedehnter, leerer Oktavklang hält zunächst Tongeschlecht und Metrum im Unbestimmten. Erst der allmähliche Akkordaufbau im 2. Takt definiert die Tonart c-Moll. Das frei einsetzende ‚as' wirkt darin einerseits als Sextvorhalt und prägt andererseits sogleich die noch nicht entfaltete Tonika in ihren Gegenklang (As-Dur) um. Das nachfolgende ‚h' im Cello zusammen mit der frei hinzutretenden Septime ‚f' (Vl. I) macht das ambivalente ‚as' des 2. Taktes zum Nonenvorhalt des D_7, der über die hochalterierte Septime ‚fis' die harmonische Spannung zur Tonika verstärkt, indem sie verzögert wird; der Trugschluß (T. 5) im Tutti-Akkord zerstört sogleich die aufgebaute Erwartung. Bevor sich die Tonika stabilisieren kann (T. 1/2), wird sie bereits umgeprägt, dann hinausgeschoben und schließlich im Trugschluß verfehlt. Solch harmonische Labilität wird durch eine indifferent bleibende Taktmetrik, die zunächst keine qualitative Stufung erkennen läßt, noch verstärkt. Der zweite Aufschwung (ab T. 6) wiederholt den anfänglichen Prozeß noch einmal. Dabei kommt es zur Überlagerung zweier harmonischer Entwicklungsstränge, die wiederum die Ambivalenz und Labilität erhöhen: die Auflösung des Vorhaltes in T. 7 nach C-Moll wird in T. 8 übergehalten, während gleichzeitig ein As-Dur-Dreiklang aufsteigt (analog zum Umschlagen der Tonika in ihren Gegenklang in T. 2). Das labile c-Moll strebt einerseits über die Doppeldominante D-Dur zu einem erwarteten G-Dur oder g-Moll, führt tatsächlich aber über den As-Dur-Akkord in die Parallele Es-Dur, die nach der dominantischen Vorbereitung wieder trugschlüssig wirkt. Die Tonika selbst bleibt so zwischen Gegenklang und Parallele ausgespart. Die Absenz des tonikalen Zentrums und die klangliche Indifferenz und Labilität lassen die musikalische Struktur aus sich heraus als „chaotisch" erscheinen.

Dennoch dürften dem heutigen Hörer ohne Kenntnis des im Titel gegebenen Hinweises auf den Inhalt keinerlei sinnfällige Verbindung zur Darstellung von Chaos erkennbar sein; eher könnte die Musik als festlich erhaben, würdevoll und verhalten beurteilt werden. Das Vorwissen um den dargestellten Inhalt wird aber dazu verleiten, subjektive Assoziationen in die Musik zu projizieren und Klängen Bedeutungen

---

zu trennen. Bei strenger Nachbildung als Symbolzeichen wird die abhebbare begriffsbezogene semantische Dimension der musikalischen Aussage durch die Syntax vollzogen.

Erster Teil.

1. Einleitung.

Die Vorstellung des Chaos.

Josef Haydn.
1732-1809.

Flauto I. II.

Oboe I. II.

Clarinetto I. II. in B.

Fagotto I. II.

Corno I. II. in Es.

Clarino I. II. in C.

Timpani in C. G.

Trombone {alto. tenore.

Trombone basso e Contrafagotto.

Violino I.

Violino II.

Viola.

Uriel.

Raphael.

Soprano.

Alto.

Tenore.

Basso.

Violoncello.

Basso.

N° 955.

80

J. Haydn, Die Schöpfung, 1. Einleitung „Die Vorstellung des Chaos", Edition Eulenburg, London 1925.

Analyse T. 1—9 (Klavierauszug):

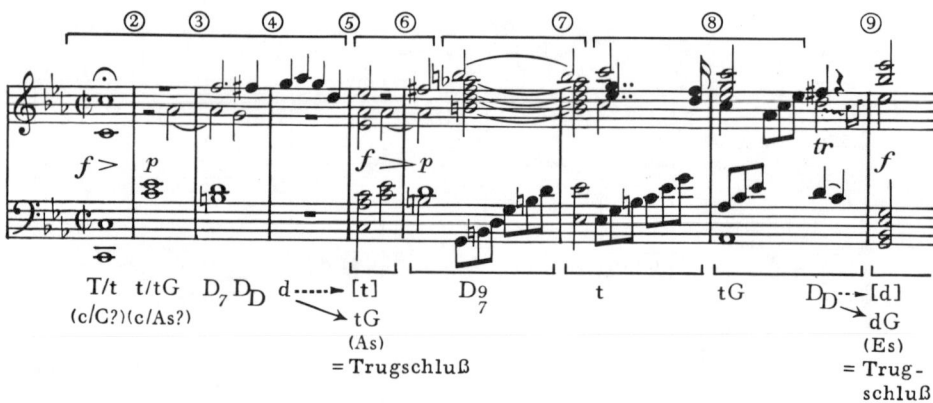

zu unterlegen, die sie von sich aus nicht haben. Die bedeutungsvolle Andersartigkeit der syntaktischen Bezüge der musikalischen Struktur hebt sich erst von der Idiomatik sonstiger zeitgenössischer Musik ab, wie sie etwa die symmetrisch geformten periodischen Themen klassischer Sonaten- und Sinfoniesätze repräsentieren, deren Verständnis in der Erfüllung konventionalisierter Hörererwartungen liegt. Die musikalische Struktur der Einleitung zur „Schöpfung" mußte in ihrer Zeit bei aller kompositorischen Strenge und logischen Konsequenz als ganz „gegen die Ordnung"[95] etablierter Erwartungen konzipiert empfunden werden. Die semantische Qualität des Begriffs „Chaos" erscheint gespiegelt in der syntaktischen Struktur; die semantische Funktion ist in der syntaktischen aufgehoben. Darin liegt der prinzipielle Unterschied begrifflichen und musikalischen Bedeutens und zugleich ein generelles Verständnisproblem. Erst die Erkenntnis der syntaktischen Strukturen erschließt den musikalischen Sinn. Diese sind aber in ungleich höherem Maße historischen Wandlungsprozessen unterworfen. An der Schwelle von optimalem zu totalem Verständnis einer Struktur oder Figur etablieren sich neue Konventionen und innovieren neue Semiose-Prozesse. T. Kneif hat dieses allgemeine Phänomen zutreffend als die Ablösung von Figur und Gegenfigur beschrieben.[96] Da hierbei jede Gegenfigur einmal wieder zur etablierten Figur wird, ergibt sich ein sprachanaloger, ständiger Bedeutungswandel musikalischer Strukturen, was die Schwierigkeiten des Verstehens musikalischer Bedeutungen im inner- und außermusikalischen Bezugsnetz begründet. „Denn wir durchschauen nicht mehr die Bedeutung musikalischer Zeichen, die willkürlich, auf Grund einer flüchtigen und nirgends fixierten Übereinkunft einmal mit jener Bedeutung erfüllt worden waren. Und gleichfalls wissen wir nicht, welche Figuren es sein mochten, die das Musikwerk einst, im Augenblick seiner Aktualität, ansprach, aber nicht aussprach — Figuren also, denen sich das Werk als eine beziehungsvolle Gegenfiguration entgegensetzte. Verstehen aber hätte sich hier als

---

[95] Zelter in der Besprechung der Leipziger Allgemeinen Musikzeitung 1802, zit. bei H. Schenker, Haydn: Die Schöpfung. Die Vorstellung des Chaos, in: Das Meisterwerk in der Musik, Ein Jahrbuch von H. Schenker, München 1926.
[96] Siehe Kap. 2.1.7, Anm. 63.

Vergleich zwischen gewohnt und neu, Redundanz und Information, zwischen Figur und Gegenfigur zu vollziehen. Die Intentionsfülle der musikalischen Bedeutungen und Gegenfiguren ändert sich unvergleichlich rascher als diejenige der Begriffe einer Sprache." [97]

Dem musikalischen Bedeutungswandel steht eine relative Konstanz konnotativer Bedeutungszuordnungen gegenüber. Am Schluß der Einleitung zur „Schöpfung" von Haydn tritt bei den Worten „und es ward Licht" ein plötzlicher Wechsel nach C-Dur ein, dessen Wirkung satztechnisch, dynamisch und farblich noch verstärkt wird. Diese konnotative Bedeutungsdimension des Dur-Dreiklangs hat sich bis in die Gegenwart erhalten, wenngleich Abnutzungs- und Trivialisierungserscheinungen unverkennbar sind. Penderecki lehnt sich im Schlußabschnitt des 1. Teils der „Kosmogonia" („in medio vero omnium residet sol et facta est lux") unverkennbar an die entsprechende Klangstruktur in Haydns „Schöpfung" an. Der im fff aufstrahlende Es-Dur-Akkord schafft nach dem 20stimmigen Cluster einen strukturellen Kontrast mit quasi-sprachlicher Bedeutung (Sonne, Licht). Trivialisiert erscheint der Dur-Dreiklang dann als Topos im deutschen Schlager, wenn von Trost und aufgehender Sonne die Rede ist. Die erhabene ästhetische Wirkung des plötzlich durchbrechenden Dur-Akkords bei Haydn [98] ist zum verfügbaren Klischee verkommen.

3. Der Verzicht auf eine konnotative oder denotative Bedeutungsdefinition musikalischer Zeichen machte die Einführung des Begriffs des *„autonomen Zeichens"* (Mukařovský) [99] notwendig. Es ist als Zeichen mit ästhetischer Funktion autoreflexiv, d. h. nur auf seine eigene Gestalt bezogen und ohne semantische Valenz. Durch die pragmatische Gebrauchstheorie, die die semantische Dimension allein im Gebrauch der Zeichen erkennt, ist die theoretische Konstruktion des ästhetischen Zeichens ohne Verweischarakter (Zeichen ohne Zeichenfunktion) einerseits aufgehoben, klärt aber das Form-Inhalt-Problem der Musik nicht. „Es werden den ‚musikalischen Symbolen' keine musikunabhängigen Entitäten mehr als deren Bedeutungen zugeordnet (...); es wird ebenfalls eine akustische Struktur nicht als bloße ‚Form' oder ‚Selbstbedeutung' eines Zeichens betrachtet, sondern der Verständigungsakt wird außerhalb dieser antideskriptiven Kategorien vollzogen. Das Gewicht verlagert sich auf die Funktion der melodischen, harmonischen, rhythmischen und klanglichen Entitäten." [100] T. Kneif [101] grenzt daher „musikalische Zeichen" mit „musikalischer Bedeutung" (das sind objektbezogene ikonische und symbolische Zeichen) gegen „Figuren" und „Strukturen" ab, die immanent und ohne Objektbezug auf der Ebene der syntaktischen Funktionen verstehbares musikalisches Meinen ermöglichen. Einen Sonderfall immanenter und zugleich objekt-

---

[97] H. Schenker, a.a.O., S. 506.

[98] In einem zeitgenössischen Bericht über die Aufführung am 27. 3. 1808 heißt es: „Bey der unmerklich vorbereiteten, plötzlich überraschenden, und in den hellsten und glänzendsten Akkorden einherschreitenden Stelle: es ward Licht! brachen die Zuhörer, wie gewöhnlich, in den lautesten Beyfall aus. Haydn machte eine Bewegung mit den Händen gen Himmel und sagte: 's kommt von dort!"

[99] Kapitel aus der Ästhetik, Frankfurt 1970, S. 146.

[100] P. Faltin, Der Verstehensbegriff im Bereich des Ästhetischen, in: P. Faltin/H.-P. Reinecke (Hrsg.), Musik und Verstehen, a.a.O., S. 64.

[101] T. Kneif, a.a.O., S. 501 ff.

gerichteter musikalischer Bedeutung stellen Zitate und präfabriziertes musikalisches Material in Collagen dar. Eine zitierte musikalische Wendung ist in der neuen Umgebung ein Zeichen, das für das Werk und den Zusammenhang, aus dem es stammt, steht. Die musikalischen Bedeutungen des Kontextes, aus dem das Zitat stammt, gehen in den neuen Zusammenhang ein und bilden dort „semantische Enklaven" (Kneif). So werden im zweiten Teil von Pendereckis „Utrenja" liturgische Melodien der russisch-orthodoxen Kirche wörtlich zitiert; damit sind zugleich das rituelle Deklamieren als Stilform und die Aura des kirchlichen Ritus gegenwärtig. Dagegen wird in der Collage präfabriziertes musikalisches Material nicht als *Zeichen für etwas,* sondern als *Objekt* verwendet, das nur präsentiert wird, ohne zu repräsentieren. Kuckucksruf und Wachtelschlag werden in Beethovens Pastoral-Sinfonie instrumental stilisiert dargestellt; die musikalischen Gestalten, die auf die Vogelstimmen verweisen, sind ikonische Zeichen. Die vom Tonband eingeblendeten echten Tierstimmen in Schnebels „madrasha 2" sind aber nicht mehr Zeichen für Tierstimmen, sondern diese selbst und werden als autonome akustische Objekte in die musikalische Struktur als neues Material eingebracht. Kann man davon ausgehen, daß das Zitat ein semantisches Feld im musikalischen Kontext bildet, so entsteht Bedeutung in der Collage erst infolge der Positionen und Funktionen, die die montierten Objekte in der Gesamtheit der Collage erhalten, d. h. die ins Werk genommenen Objekte erhalten ihre Bedeutung im neuen Kontext; das Zitat bringt sie mit ein.

Musik beruht auf zeichenhaften und nicht-zeichenhaften Phänomenen. Sind in begrifflicher Sprache die ästhetischen Funktionen aber den semantischen untergeordnet und können sie nicht vollends ersetzen, so sind in der Musik die nicht-zeichenhaften ästhetischen Funktionen das Primäre und Eigentliche; außermusikalische Bedeutungen sind den musikalischen Gebilden immer nur akzidentell, nie essentiell. Autonomes musikalisches Verstehen ist daher auch nicht von semantischen Implikationen allein abhängig, sondern von objektiven Konventionen, innerhalb derer sich das Funktionieren des musikalischen Systems vollzieht, und von subjektiven Dispositionen des Hörers: die musikalischen Klanggebilde treffen auf Erwartungsmuster, die auf Tradition und Konvention beruhen, und werden an ihnen gemessen.[102]

Insofern beruht das Verstehen der Musik auf den gleichen Voraussetzungen und vollzieht sich analog den Gesetzmäßigkeiten der verbalen Sprache, ist aber dadurch von ihr geschieden, daß begriffliches Verstehen sich auf der Ebene konventionalisierter semantischer Strukturen vollzieht, während musikalisches Erfassen in der Erkenntnis und in dem Nachvollzug konventionalisierter syntaktischer Strukturen mit ästhetischer Funktion und nur partieller semantischer Fixierung gründet. Dabei ist musikalisches Verstehen ein begriffloses Erfassen immanenter Zusammenhänge. Das Verbalisieren von Musik zum Zwecke der Verständigung über Musik bedeutet bereits eine Stufe der Transposition in ein anderes Zeichensystem. „Musik ist in ihrem Jenseits von Begriffen nur ein Paradigma von Kunst überhaupt, Sinnorganisation zeichenloser oder in ihrer Verstehbarkeit entzeichlichtes Zeichen, nicht anders als die Worte der Dich-

---

[102] „Der Kenner vergleicht das Gehörte mit den Gesetzen und Regeln, die ihm geläufig sind" (Hegel, Ästhetik, Bassenge-Ausgabe, Frankfurt o. J.).

tung." [103] Erst auf der Meta-Ebene sprachlicher Interpretation vollzieht sich eine Vermittlung von Musik (= künstlerischer Objektbereich) durch Sprache (= reflektorische Meta-Ebene). Sie ist grundsätzlich möglich infolge der Parallelen in der Pragmatik, d. h. von Parallelen in der Funktionalität der Zeichen für den mit ihnen umgehenden Menschen.[104]

2.2.3 Klangliche und gestische Analogien

Sprache und Musik berühren sich am augenscheinlichsten auf der Ebene des Klanges; innerhalb der Totalität akustischer Schallereignisse bildet artikulierte Sprache einen Sonderfall und läßt sich in das Kontinuum des musikalischen Klangreservoirs mit einbeziehen. Dabei ist die Analogie zwischen Ton und Vokal, Geräusch und Konsonant mehr als nur metaphorische Umschreibung: sie gründet auf dem periodischen (Ton/Vokal) bzw. aperiodischen (Geräusch/Konsonant) Schwingungsverlauf, auf dem harmonischen (Ton/Vokal) bzw. unharmonischen (Geräusch/Konsonant) Teiltonaufbau. Diese prinzipielle Gemeinsamkeit der elementaren Klangstruktur ermöglicht eine direkte Inbeziehungsetzung von musikalischem und sprachlichem Laut und hat kompositorische Konsequenzen für die Sprachkomposition in der Neuen Musik, in der der Sprachlaut selbst zum kompositorischen Material werden kann. Die phonetische Lautanalyse ergibt für jeden Vokal ein bestimmtes charakteristisches *Frequenzspektrum* mit einer klangkonstituierenden Teiltonzusammensetzung sowie ein spezifisches *Formantspektrum* [105], d. h. einen charakteristischen Verstärkungsbereich von Teiltonschwingungen innerhalb des Frequenzspektrums, der unabhängig vom jeweiligen Grundton unverändert an der gleichen Stelle bleibt. „Die menschliche Stimme enthält eine unerwartet große Anzahl von Teiltönen. Die dunklen Vokale U und O unterscheiden sich von den helleren durch eine geringere Anzahl ihrer Teiltöne. Alle Teiltöne gehören der harmonischen Reihe an, sind ganzzahlige Multipla der Schwingungen des Grundtons. Die Intensitätsmaxima (Formanten) liegen unabhängig von der Höhe des Grundtons stets in der gleichen Gegend des Tonreiches." [106] Die Formanten, die somit wesentlich die spezifische Vokalfärbung verursachen, liegen für:

U = zwischen 200 und   400 Hz
O = zwischen 400 und   600 Hz
A = zwischen 800 und 1200 Hz
E = zwischen 400 und   600 Hz und zwischen 2200 und 2600 Hz
I = zwischen 200 und   400 Hz und zwischen 3000 und 3500 Hz

---

[103] H. H. Eggebrecht, Über begriffliches und begriffsloses Verstehen von Musik, in: P. Faltin/H.-P. Reinecke (Hrsg.), Musik und Verstehen, a.a.O., S. 48.
[104] Vgl. Chr. Hubig, a.a.O., S. 193.
[105] Die Formanten bezeichnen den Abschnitt im Frequenzspektrum, der aufgrund der Eigenresonanz verstärkt wird und unabhängig vom Grundton die Klangfarbe mitbestimmt. Der Übergang zwischen den Intensitätsmaxima und geringerer Verstärkung einzelner Teiltöne verläuft gleitend, so daß der Formant nur das Zentrum einer Formantregion betrifft. Vgl. dazu Eimert/Humpert, Das Lexikon der elektronischen Musik, Regensburg 1973, Art. „Formant", „Frequenzspektrum", „Vokalformant", „Vokale", „Vokaltheorien".
[106] Eimert/Humpert, a.a.O., S. 381 (Art. „Vokaltheorien").

Die Konsonanten stecken demgegenüber ein Feld zwischen kurzem Knacken (Explosiv-laute 0,04 — 0,05 sec) und dem weißen bis farbigen Rauschen der Zisch- und Reibe-laute (Frikativa) ab und bilden so eine differenzierte Skala an Geräuschen.

Aus Zahl und Lage der Formantregionen resultiert eine natürliche Vokalität instru-mentaler Klangfarben. Elektronische Verfahren haben sie beliebig komponierbar ge-macht. Die Möglichkeit der Verstärkung einzelner Frequenzabschnitte innerhalb eines beliebig herstellbaren Klanges erlaubt es, einen kontinuierlichen Übergang zwischen Sprachlaut und Instrumentalklang zu erzeugen und kompositorisch zu fassen. Im Ver-hältnis von Sprache und Musik reißt Stockhausen mit seiner elektronischen Komposi-tion „Gesang der Jünglinge" (1955/56) „utopische Perspektiven" (Schnebel) auf und antizipiert spätere Verfahren der vokalen und instrumentalen Sprachkomposition, indem er die Klangstrukturen von Musik und Sprache in ein gemeinsames Klang-kontinuum einschmilzt: die Vokalspektren gesungener Töne besetzen bestimmte Positionen des elektronisch total verfügbaren Klangkontinuums, d. h. Vokale, Halb-vokale und Nasale vertreten Töne entsprechender Farbe, Explosivlaute und Frika-tiva bilden Geräusche verschiedener Konsistenz und Helligkeit; und umgekehrt ver-weisen Töne auf Vokale, erscheinen synthetische Geräuschkomplexe als konsonantische Sprachlaute. „In einer gewählten Skala elektronisch erzeugter Klänge werden einzelne Stufen durch gesungene Sprachlaute besetzt. Nur dann wird eine einheitliche Klang-familie erlebt, wenn an gegebener Stelle gesungene Laute wie elektronische Klänge, elektronische Klänge wie gesungene Laute erscheinen können." [107]

N? 8   Personnages à longues oreilles

C. Saint-Saëns: Le Carnaval des animaux, Personnages à longues oreilles, Editions Durand, Paris 1922.

In drastischer Weise nutzt C. Saint-Saëns die Vokalität konventioneller Instrumentalklänge zu lautmalenden Zwecken; in seinem „Carnaval des Animaux" tönt das I-A der
Esel in den Violinen infolge der Wahl charakteristischer Frequenzbereiche, die in ähn-
lichem Verhältnis zueinander stehen wie die Formantspektren der Vokale a und i.
Die Analogie der spektralen Struktur von musikalischem Klang und sprachlichem Vokal machen das Feld zwischen den Polen Musik und Sprache komponierbar, lassen
Sprache in Musik und Musik in Sprache übergehen. So kann einerseits das Sprechen
als Lauterzeugungsakt selbst „als Stimme eines musikalischen Zusammenhangs" fungieren (Schnebel, „Glossolalie", Introduktion Ziff. 6), und andererseits „liegt es nahe,
es auch umgekehrt zu probieren und die Instrumentalpartien ... nun ihrerseits in
Richtung Sprache auszuarbeiten." [108] Insofern ist Schnebels „Glossolalie" „im Musik
und Sprache gemeinsamen Terrain" [109] des Klanges angesiedelt. Während der gesamten
Introduktion ist es *eine* Funktion des Instrumentalparts, die Artikulationsprozesse des
Sprachklangs zu verstärken und ergänzen („Sie hören in den folgenden Beispielen
ohnehin Instrumentales gleich mit"; „Musik als quasi Sprachliches"). Dabei ist der
Vorwurf pleonastischer Verdopplung so lange nicht ganz von der Hand zu weisen,
wie Instrumente Sprachaktionen nur begleiten und *hinter* den gesprochenen Text zu-
rücktreten. Der Pleonasmus-Vorwurf, der der Textvertonung jeglicher Art, vornehmlich der Oper anhaftet, trifft aber dort nicht zu, wo vokale Klangfarben als eigenständige Qualitäten komponiert sind. Als Vorstufe hierzu ist der Einsatz der Frauen-
stimmen in Debussys 3. Stück der Nocturnes („Sirènes") oder in Milhauds „Choéphores" zu sehen. In Ligetis „Clocks and Clouds" sind die Lautfelder des als vokale
Instrumente genutzten Chores mit der Satzstruktur kongruent und dienen so der
klanglichen Vokalität des Satzes.
Eine quasi-phonetische Korrespondenz von textabhängigem Vokalfeld [110] und Klang-
und Satzstruktur zeigt auch der Beginn seines „Lux aeterna", worin infolge von Silbendehnung und mehrmaliger Wiederholung des Wortes „lux" ein Klangzentrum auf dem
dunklen „u" entsteht, dem ein durch e' getrübtes Klangzentrum f' entspricht. Die
Frequenz der Töne e' (329 Hz) und f' (349 Hz) liegt dabei genau im Bereich des Vokal-
formanten des „u" (200—400 Hz); d. h. die Stimmen singen nicht nur „u", sondern
klingen „u", indem sie das Formantspektrum des Vokals ausfüllen. Die darin be-
schlossenen Möglichkeiten, solcherart die phonetische Gestalt eines Textes selbst zum
Gegenstand der Vertonung zu machen, wird im 4. Kapitel (4.2.4) zu untersuchen sein.

Die Übertragung des Typs gesanglicher Vokalisen auf das Instrument liegt in der
Natur des Klanges und besteht im Nachvollzug des kantablen Gestus der Vokalise.
So wird auch erklärlich, daß der syllabische Deklamationsstil des Rezitativs im Instru-
mentalrezitativ von realer Sprache abgelöst wird, ohne den Gestus des Sprachlichen,

---

[107] K. Stockhausen, Texte zu eigenen Werken, zur Kunst Anderer, Aktuelles, Bd. 2, Köln 1964,
S. 60.
[108] D. Schnebel, Denkbare Musik, Köln 1972, S. 385.
[109] Ebd. S. 386.
[110] P. op de Coul spricht von „Vokalzentren" in: Sprachkomposition bei Ligeti, in: R. Stephan
(Hrsg.), Über Musik und Sprache, Mainz 1974, S. 63 (Veröffentlichungen des Instituts für neue
Musik und Musikerziehung, Band 14).

der pathetischen Deklamation aufzugeben. Es ist dabei nicht bloß die formale Erhaltung metrisch freier melodischer „Rede" mit sparsam abzentuierender und gliedernder akkordischer Begleitung, die das Instrumentalrezitativ als solches erkennbar und unmittelbar verständlich werden läßt, sondern der darin beschlossene Sprachgestus, den das Rezitativ abbildet.

Musik — auch die absolute Instrumentalmusik — vermag klanglich-gestische Momente der Sprache aufzunehmen und in Klang und Gestus sich als Sprachliche zu entfalten. Ruwet versucht daher, die linguistische Methode der Beschreibung phonologischer Systeme auch auf die musikalische Klangschicht im allgemeinen zu übertragen; denn Musik stellt wie Sprache ein phonologisches System dar, dessen Elemente, die Phoneme, „an sich noch keine Bedeutung haben, sondern die Voraussetzung für das Aufleuchten von Bedeutungen sind"[111]. Konstitutiv für die Funktionsfähigkeit eines phonologischen Systems als Kommunikationsinstrument ist die *phonologische (distinkte) Opposition*, d. h. die lautliche Trennschärfe zweier Phoneme. Diese können Träger verschiedener Bedeutung werden, weil sie sich in mindestens einer Lautqualität charakteristisch voneinander unterscheiden, die konstant erhalten bleibt und nur innerhalb eines begrenzten Bereichs Varianten zuläßt. Die Begriffe „Riesen", „Rosen", „Rasen" erhalten ihre bedeutungsunterscheidende Differenzierung durch die phonologische Opposition von „i", „o" und „a". Die Toleranzbreite für Veränderungen dieser Lautbilder (etwa durch verschiedene mundartliche Färbungen der Vokale oder durch unterschiedliche Artikulationsarten, z. B. Zungenspitzen-r oder Gaumen-r) ohne Verlust der lautlichen Bedeutungsidentität bezeichnet die *fakultative Variante*. Jede musikalische Gestalt gründet analog dazu auf phonologischen Oppositionen, die durch die verschiedenen musikalischen Parameter definiert werden und deren fakultative Varianten sich je nach den gestaltbildenden Momenten unterscheiden.

So wird ein melodisches Motiv durch die Opposition der Tonhöhen gebildet und bleibt als Gestalt in gewissen Grenzen auch bei unsauberer Intonation noch verstehbar; Transposition und Veränderung der Klangfarbe beeinträchtigen in der Regel den Sinn der melodischen Gestalt nicht, wohl aber eine Nivellierung oder Umstellung der Tonhöhen. Da Musik wie Sprache zur Superzeichenbildung fähig ist, vermögen auch komplexe Gruppenstrukturen phonologische Oppositionen auszubilden, deren innerstrukturelle Elemente sich zu einer Gruppenqualität zusammenschließen. So kann die klangliche Opposition einzelner Laute eines Wortes für dessen phonetisches Klangbild unerheblich sein und im umgangsmäßigen Sprechen unbeachtet bleiben (was etwa der unreine Reim, der Abschleifungseffekt und das Verschlucken von Silben oder Lautpartikeln beweist); ebenso können auch musikalische Gruppenstrukturen als Ganzes Oppositionen ausbilden, die musikalisch für das „Verstehen" bedeutsam werden. Ruwets Kritik an der seriellen Sprache greift gerade an der Wirkungslosigkeit von Nuancenoppositionen an, die aus der Determination der Reihenorganisation resultieren.[112] Die Differenzierung einzelner Werte innerhalb komplizierter Dauernproportionen bei raschem Tempo kann nicht mehr als sinntragende distinkte Opposition wirksam werden. Ruwet führt hier als Beispiel den 5. und 6. Takt des Klavierstücks I von

---

[111] N. Ruwet, Von den Widersprüchen der seriellen Sprache, a.a.O., S. 64.
[112] N. Ruwet, a.a.O., S. 67 ff.

K. Stockhausen an. So berechtigt der kritische Ansatz an sich ist, greift er aber an Stockhausens dezidierter Gruppenkomposition zu kurz. Die 5. Gruppe dieses Klavierstücks (T. 5 und 6) konstituieren gar nicht Dauernoppositionen 7:8 und 11:12 oder die minimalen dynamischen Differenzen zwischen ff, sffz, fff, sondern die dadurch auskomponierte Beschleunigung „schließt diese Gruppe viel mehr, als die bisherigen, zum Gesamteindruck eines Tonschwarmes zusammen" [113]. Als Gruppenstruktur bildet sie eine dynamische Opposition zur 4. Gruppe (T. 4); in Anschlagsdichte, Tempo und übergeordneter Bewegungsrichtung ist ein spezifischer Gruppencharakter ausgeprägt, der distinkte Oppositionen mit anderen Gruppengestalten bildet und zugleich vielfältige strukturelle Bezüge zu ihnen aufweist, so daß hier tatsächlich bedeutungsunterscheidende Klangdifferenzierungen wirksam sind und nicht bloß Kontrastbildungen hervorgerufen werden.

K. Stockhausen: Klavierstück I, T. 4—7,
Universal Edition, Wien 1954.

Musik kann als Sprache gelten, nicht nur weil sie wie Sprache gegliedert ist oder sein kann, sondern weil auf der Ebene der Phoneme, der Grammatik und Syntax und partiell auch im Bereich der Semantik Parallelen und Analogien nichtmetaphorischer Art bestehen. Auf der Ebene des Klanges am deutlichsten mit Sprache verbunden, aber in der Fixierung zeichenhafter Bedeutung von ihr unterschieden, bildet Musik ein autonomes Zeichensystem, das zu vielfältigen Verbindungen mit Sprache und Text fähig ist. „Je mehr die lautklangliche Seite in einer Zeichenstruktur überwiegt, um so musikeigener ist sie; je mehr die wort-motivische Seite überwiegt (Klangverbindung mit festgelegten Bedeutungen), um so spracheigener ist sie; der Übergang ist fließend; und Sprache kann sich Musik, Musik kann sich Sprache nähern bis zur Aufhebung der Grenzen zwischen Klang und Bedeutung." [114] Vornehmlich experimentelle Verfahren der Neuen Musik haben das „gemeinsame Terrain" von Sprache und Musik kompositorisch erschlossen und ihre Grenzen überwunden.

[113] K. Stockhausen, Texte zur elektronischen u. instrumentalen Musik, Bd. 1, Köln 1963, S. 68.
[114] K. Stockhausen, Texte, Bd. 2, a.a.O., S. 61.

3 Musikalisierung der Sprache — Versprachlichung der Musik

Die artikulierte Sprache kann von vornherein als besonderer Fall musikalischer Strukturen erscheinen.

M. Butor

Das Verhältnis von Musik und Sprache scheint umkehrbar zu sein: Musik kann als Sprache, Sprache als Musik aufgefaßt werden je nach der Wahl des Aspekts. Die einfache Formel „Sprache als Musik" gilt aber nur infolge der gemeinsamen Verwendung des Sprachbegriffs einmal für das allgemeine System verbaler Zeichen, zum anderen für den konkreten Sprechakt. Musik als Tonkunst war seit alters eng mit den sprachlichen Disziplinen verbunden und ist als Sprache verstanden worden. Dies war möglich und berechtigt, weil die Musik gemeinsame Merkmale mit anderen Zeichensystemen aufweist. Zeitgeist und Ästhetik einer Epoche ließen unterschiedliche Eigenschaften der Musik in das kompositorische und rezeptorische Bewußtsein treten, so daß ihr Sprachcharakter je nachdem mehr aus ihren grammatischen Strukturgesetzen und syntaktischen Gliederungsfaktoren, aus ihrer Ausdrucks- und Darstellungsfähigkeit oder aus ihrer spektralen Klangstruktur abgeleitet erschien. So wie sich aber Musik im Klang als ihrer alleinigen Bestimmung und Seinsform verwirklicht, kann auch das Musikpotential der Sprache nur in ihrer klanglichen Realisierung, d. h. in ihren Schallbildern wirksam werden. So ist Musik in Analogie zum sprachlichen Zeichensystem als Sprache zu bezeichnen und artikulierte Rede, das Sprechen der Sprache, als Sonderfall musikalischer Strukturen zu deuten, sind einzelne Elemente der Sprache selbst musikalischer Natur.
Elementare phonetische Gemeinsamkeiten der Musik mit artikulierter Sprache wurden bereits im vorigen Abschnitt behandelt, so daß hier lediglich Aspekte sprachlicher Lautstilistik (3.1), die musikalischen Affinitäten literarischer Sprachmusik bzw. Sprachkomposition (3.2) sowie die sprachliche Gestaltung (Versprachlichung) musikalischer Form- und Strukturprinzipien (3.3) zur Sprache kommen sollen. Dabei verbietet es der Rahmen dieser Untersuchung, die komplexen literaturhistorischen Zusammenhänge und sprachwissenschaftlichen Phänomene ausführlich und umfassend darzustellen. Hier können bloß Orientierungspunkte als Anregung gesetzt werden.

3.1 Musikalische Elemente in artikulierter Rede (Systematischer Aufriß)

Im Unterschied zum schriftlich fixierten Text werden in artikulierter Rede musikalisch klangliche Elemente für die Verständigung wirksam. Sprechrhythmus und Versmetrum, Assonanz und Reim, Sprechtonhöhe und Sprechmelik, Sprechtempo und Lautstärke, Lautbildung, Lautfärbung und Stimmtimbre sind Klangqualitäten, die durch die Parameter Höhe, Dauer, Stärke und Farbe reguliert werden, und prägen die *Schallbilder* artikulierter Rede, die in der *Lautstilistik*[1] systematisiert sind. Die archaischen Ele-

---

[1] Vgl. F. Trojan, Der Ausdruck von Stimme und Sprache, Wien 1948.

mente der Lautproduktion, die sich von der bedeutungstragenden Wortsprache deutlich abheben läßt, hat Hofstätter[2] als „*Lautpantomime*" beschrieben, die zusammen mit bewegungsgestischen und mimetischen Signalen komplementär die verbale Kommunikation ergänzt und eine eigene Kommunikationsebene bildet.[3] Die allgemeine Sprachgeschichte, die Sprachentwicklung von Kindern, aber auch pathologische Ausfallerscheinungen Erwachsener zeigen, daß Lautierungsformen wie der Einsatz der Stimmregister (Brust- oder Kopfstimme), die Art faukaler Distanzen, die Stärke des respiratorischen Drucks u. ä. im Zusammenwirken mit dem Gesamtkomplex pantomimischer Aktionen, in den das Lautgeschehen einzubeziehen ist, ursprünglich selbständiger Ausdruck und unmittelbare Darstellung von Sachverhalten ist: sonore Vokalität und gedämpfte Lautstärke als Ausdruck der Ruhe, schrille Kopfresonanz als Zeichen von Erregung (Exaltation) etc. Gründet die Wortsprache auf Morphemen als kleinsten bedeutungstragenden Einheiten, deren Bedeutung durch den Gebrauch erlernt wird, so ist die Lautpantomime reine Handlung; „die Lautpantomime *ist,* sie bedeutet noch nicht."[4] Die empirische Erforschung des Verhältnisses von psychischer Gestimmtheit, Affekthaltung und physiologischer Lauterzeugung weitet die Phonetik zur Psychophonetik[5], die die psychologischen und physiologischen Bedingungen der Schallbilder untersucht.

Die *Sprechmelodik,* von Humperdinck (Die Königskinder, 1897) und Schönberg (Pierrot lunaire, 1912; die Glückliche Hand, 1913) als neues stimmliches Ausdrucksmittel bei der Textvertonung künstlerisch adaptiert und musikalisch stilisiert, ist eine komplexe musikalische Erscheinung artikulierter Rede. Sie basiert auf einer spezifischen Tonhöhenbewegung, die von gesungener oder instrumentaler musikalischer Melodik dadurch wesentlich unterschieden ist, daß sie ein kontinuierliches Steigen und Fallen ohne eindeutig fixierbare Intervalle und ohne längeres Verweilen auf einer Tonhöhe vollzieht.[6]

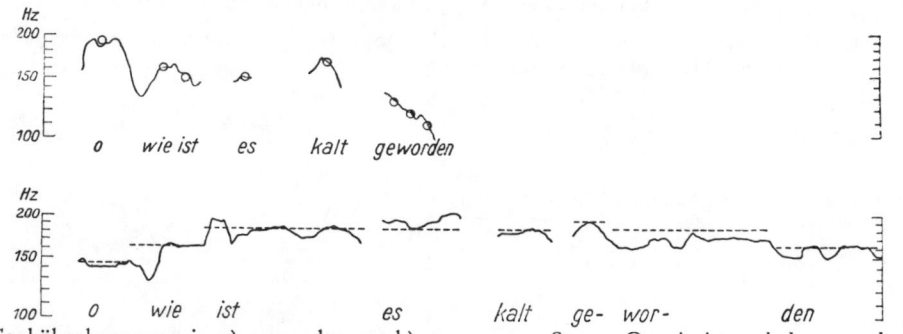

Tonhöhenbewegung in a) gesprochenem, b) gesungenem Satze „O, *wie ist es kalt geworden*" Nach O. v. Essen, Allgemeine und angewandte Phonetik, Akademie Verlag, Berlin 2̲1957.

[2] P. R. Hofstätter, Die Tiefendimension der Sprache, in: Universitas 1949, S. 33—39.
[3] Vgl. H.-P. Reinecke, „Musikalisches Verstehen" als Aspekt komplementärer Kommunikation, in: P. Faltin/H.-P. Reinecke (Hrsg.), Musik und Verstehen, Köln 1973, S. 258—275.
[4] P. R. Hofstätter, a.a.O., S. 39.
[5] Vgl. S. Ertel, Psychophonetik, Göttingen 1969.
[6] O. v. Essen, Allgemeine und angewandte Phonetik, Berlin 1953, S. 131 ff.

Kurze tonliche Emissionen gehen beim Sprechen unmittelbar in geräuschhafte Spektren verschiedener Helligkeit je nach der Mundstellung über. „In jedem Sprechakt ist ein Auf und Ab der Stimmhöhe zu beobachten; die Sprechtonhöhe verändert sich in weiteren oder engeren Grenzen mehr oder weniger lebhaft. Daß gewisse, oft wiederkehrende Tonhöhenbewegungen leicht stereotyp werden und sich damit konventionell verankern können, läßt sich begreifen. Auf diese Weise entstehen Tonhöhenbewegungen mit sprachlicher Valenz, wie z. B. in vielen Sprachen die Aufwärtsbewegung am Ende der Satzfrage." [7] Die Untersuchungen von Fónagy und Magdics [8] bestätigen den natürlichen Zusammenhang von bestimmten Normen der Sprechtonführung mit den ihnen zugehörigen Ausdrucksvalenzen.

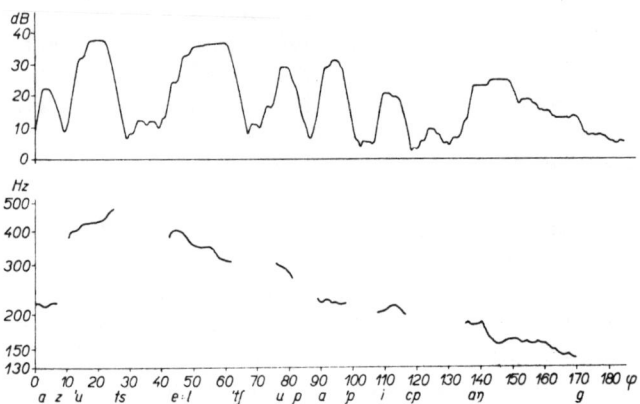

Lautdruckpegel (oben) und Tonhöhenkurve (unten) im Satze *Az útszél csupa pitypang* ‚Der Straßenrand ist voll Kettenblumen' in einem lyrisch-sentimentalen Legato gesprochen.

Nach I. Fónagy und K. Magdics, Das Paradoxon der Sprechmelodie, in: Ural-Altaische Jahrbücher, Vol. 34, Otto Harrassowitz, Wiesbaden 1962.

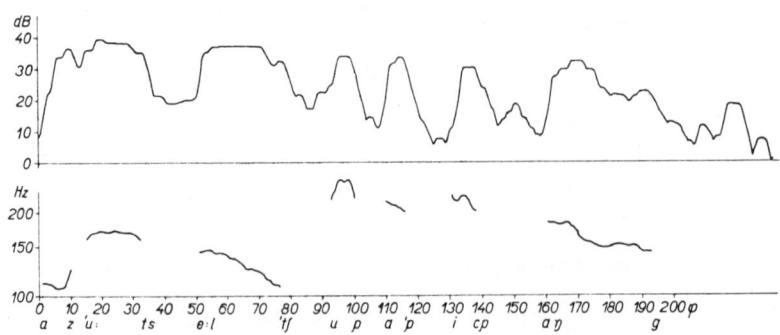

Der gleiche Satz in einem humorvollen, gemütlichen Ton gesprochen.

Nach I. Fónagy und K. Magdics, Das Paradoxon der Sprechmelodie, in: Ural-Altaische Jahrbücher, Vol. 34, Otto Harrassowitz, Wiesbaden 1962.

Neben einer syntaktisch gliedernden Funktion der Satzmelodie ist sie vornehmlich aus psychischen Gründen und physischen Reaktionen zu erklären. Heftige Erregung hat weite Intervallik (d. h. akzentuierte Hochtöne mit einer Distanz von einer Quinte und mehr zur übrigen Sprechlage) zur Folge (Fónagy/Magdics). Im Begriff der Exaltation ist diese Identität von Artikulationsart und psychischem Zustand noch enthalten. Ruhige, sanfte, zärtliche Regungen dagegen „spiegeln sich in einer mittelhohen Stimmlage, in einer sanften Wellenlinie der Tonhöhenkurve" [9]. Damit kommt der Sprechtonhöhe eine expressive Funktion zu; sie ist ein die verbalen Zeichen ergänzendes Ausdrucks- und Verständigungsmittel, das für die Vertonung (Melodisierung) von Texten auch im musikalischen Bereich von Bedeutung werden kann. Nur in Tonhöhensprachen (z. B. Chinesisch, westafrikanische Sprachen wie Ewe, Kpelle, Duala, Nama u. ä.) kommt der Tonhöhe auch wortunterscheidende und bedeutungsdifferenzierende Funktion zu. Maßgebend sind dabei die relativen Lagenunterschiede zwischen Hochton und Tiefton innerhalb der individuellen Stimmlage. So führt v. Essen an, daß „im Namahottentottischen das Wort //gub (// = lateraler Schnalz), tieftonig gesprochen die Bedeutung ‚Vater' (hat), mit Hochton bedeutet es ‚Klippbock'." [7]

Intensitätsverlauf (dynamische Akzentuierung) und *Dauernverteilung* der Sprechmelodik stehen in wechselseitigem Abhängigkeitsverhältnis. O. v. Essen hat nachgewiesen, „daß Akzententziehung einen Dauerverlust, Akzenterteilung eine Dauerzunahme zur Folge hat. ... Andere Untersuchungen haben gelehrt, daß die Dauer eines Vokals um so mehr zunimmt, je mehr er durch die Stärke hervorgehoben wird." [10]

In akzentuierenden Sprachen wie im Deutschen verbinden sich dynamische Akzente und Höhenunterschiede zur qualitativen Stufung von schwer und leicht, Hebung und Senkung. Ihre freie Folge in der Prosa wie die regelmäßige Abfolge im Versmetrum steht in unmittelbarer Verbindung zur musikalischen Taktmetrik. Nach Bücher [11] bildet der Arbeitsrhythmus die Grundlage für sprachliche und musikalische Qualitätsabstufung schwer — leicht. „Bei körperlicher Anstrengung schließen sich leicht die Stimmlippen gegeneinander, um die unterstützende Komprimierung der Lungenluft zu ermöglichen. So kommt es dann auch leicht und ungewollt zur Stimmbildung. Das periodisch wiederkehrende Arbeitsgeräusch reizt zudem zur Nachahmung, wodurch ein durch den Arbeitsrhythmus abgemessener Singsang entsteht, zu dem sich später, besonders bei kultischen Handlungen, das Wort als Tonträger hinzugesellt. ... Die rhythmische Bewegung der Arbeit ist der Ursprung des Liedes, der Tanz die Fortgestaltung." [12] Sprachliche und musikalische Akzentuierung (Metrik, Rhythmik) können daher als einander völlig analog bezeichnet werden. Die Differenzierung nach Längen und Kürzen in den quantitierenden klassischen Sprachen findet ihre Entsprechung eher

---

[7] O. v. Essen, a.a.O., S. 42.
[8] I. Fónagy/K. Magdics, Das Paradoxon der Sprechmelodie, in: Ural-Altaische Jahrbücher B. 35, Wiesbaden 1964; dies., Emotional patterns in language and music, in: Zeitschrift für Phonetik 16/1963.
[9] I. Fónagy/K. Magdics, Das Paradoxon der Sprechmelodie, a.a.O., S. 26.
[10] O. v. Essen, a.a.O., S. 111.
[11] K. Bücher, Arbeit und Rhythmus, Leipzig 1902.
[12] O. v. Essen, a.a.O., S. 128.

in den Längenproportionen modaler Rhythmik. „Metrische und musikalische Begriffe verbanden sich in der Renaissance in der Weise, daß die antiken Versfüße mit den an die Schlagzeit gebundenen rhythmischen Elementarbildungen der Musik koordiniert erscheinen. ... Rhythmische Elementargebilde in der Musik wurden fortan häufig als Ton- bzw. Klangfüße angesprochen ..." [13]

Im *Sprechtempo* verwirklicht sich die artikulierte Rede als in der Zeit gegliedertes Strukturgefüge. Im Tempo der Rede kommen wiederum bestimmte Affektqualitäten und psychische Zustände zum Ausdruck, so daß sprachliches wie musikalisches Tempo analoge Konnotationen aufweisen dürften. Die syntaktisch gliedernde Funktion von Zäsuren (Atempausen), die den Redefluß unterbrechen, ist in kantabler Ausdrucksmelodik übernommen und prägt ihren sprachlichen Gestus.

Schließlich kommen in *Lautfarbe* (z. B. vokalisches Formantspektrum) und *Stimmtimbre* klangfarbliche Momente zur Geltung. Wesentlichen Einfluß auf die Laut- und Stimmfarbe hat die Artikulationsart. Einerseits bildet die farbliche Komponente ein Reservoir für fakultative phonetische Varianten, die den Bedeutungsgehalt des Sprachzeichens nicht beeinflussen, andererseits kommt aber gerade der stimmlichen Artikulation als unmittelbarer, oft reflektorischer Reaktion auf psychische Erregungszustände (Tremolo der Stimme, Überluft [14] etc.) auch expressive Funktion zu. So können Farbvaleurs des Sprechens wie Klangfarben der Musik autonomen Eigenwert erhalten und als selbständiger Ausdruckswert eingesetzt werden. Dies geschieht in dadaistischen Lautgedichten ebenso wie in konkreter Poesie. D. Schnebel setzt in „Glossolalie" Mundarten und Dialekte zur Depravierung erhabener Sentenzen und Maximen ein.

Das Zusammenwirken aller klanglichen Komponenten der Lautpantomime prägt die Schallbilder der Sprache. Diese definiert Trojan als „meist unselbständig auftretende, phonisch-artikulatorische Zeichen, die ... in der Hauptsache existentielle Vorgänge im Zeichensender ausdrücken oder vorgeben; sie haben sich aus vorsprachlichen Rudimentärformen entwickelt." [15] Als Vorstufen zu Trojans Untersuchungen zur Lautstilistik im 19. Jahrhundert kann man Merkels [16] Schriften ansehen. Einige seiner Beobachtungen seien hier ihrer deutlichen Anlehnung an musikalische Phänomene wegen erwähnt. Der sprachliche Affektausdruck äußert sich seiner Meinung nach in der Lage des „Mitteltons" (d. h. der mittleren Sprechtonhöhe), in dem Dur-Moll-Charakter des Sprechens und in Weite und Verlauf der Intervallik der Sprechmelodie. „Alle sogenannten exzitierenden Affekte treiben nach Maßgabe ihrer Energie den Stimmton höher, alle deprimierenden Affekte und Stimmungen drücken ihn herab." [17] Eher kurios ist die Konstatierung von Dur-Moll-Charakteren des Sprechens, die auf einer mehr metaphorischen Übertragung musikalischer Begriffe samt ihrer populären ästhetischen Bedeutung für die Sprechhaltung beruht. Dennoch bestätigt Trojan: „Wenn sich nun in der

---

[13] F. Zaminer, Art. „Metrum", in: RiemannL, Sachteil, Mainz [12]1967, S. 569.

[14] Mit Überluft bezeichnet Trojan (S. 160) den Anteil der entweichenden Luft, der nicht zur Phonation verwendet wird.

[15] F. Trojan, Der Ausdruck von Stimme und Sprache, a.a.O., S. 45.

[16] C. L. Merkel, Anatomie und Physiologie der menschlichen Stimm- und Sprachorgane, Leipzig 1856; ders., Physiologie der menschlichen Sprache (Physiologische Laletik), Leipzig 1866.

[17] C. L. Merkel, Physiologie der menschlichen Sprache, a.a.O., S. 350.

Sprache auch nur Haupttonarten bestimmen lassen, so ist doch etwas von dem Gegensatz zwischen Dur und Moll in ihr aufzufinden ... Deprimierende Stimmungen äußern sich nach Merkel in Moll, desgleichen bedeutungsvolle Fragen, Sichwundern, versteckter Zweifel, Mangel an Aufrichtigkeit; ebenso zeigen Verneinungen, Wut, Zorn, Schmeichelei, Zärtlichkeit, Mitleid, Erbarmen, Staunen und Verzweiflung vielfach die kleine Terz. Dagegen sprechen sich Freude und Ruhe, Bestimmtheit und Gleichgültigkeit in Dur aus. Oft läßt sich auch eine sichere Entscheidung nicht treffen." [18]
Die Schallbilder gesprochener Sprache weisen in ihren einzelnen Bereichen durchaus musikalische Qualitäten und Analogien auf; damit wird die Lautpantomime des Sprechens in ihren musikalisch-phonetischen und semantischen Dimensionen sprachlich wie musikalisch komponierbar.

3.2 Sprachklang und Musik (literarhistorischer Aufriß)

Im griechischen Vers waren Sprache und Musik noch zur Einheit verbunden; im Begriff der μουσική (musiké) waren Wort und Schallbild, Dichtung und Musik, Klang und Bedeutung gefaßt. „Der griechische Vers war eine sprachliche und gleichzeitig eine musikalische Wirklichkeit. Das Verbindende zwischen Sprache und Musik, ihr Gemeinsames, war der Rhythmus" [19], der als festes Verhältnis von Längen und Kürzen dem Wort fest und unveränderbar eingeschrieben war. „Der altgriechische Vers war ein eigenartiges Gebilde, wofür kein abendländisches Analogon existiert. Er war, wenn man so will, Musik und Dichtung in einem und gerade deswegen nicht in Musik und Dichtung, in zwei getrennt greifbare Komponenten, zerlegbar." [20] Erst allmählich löste sich die Einheit in Prosa und Poesie einerseits und in Musik andererseits, und im Begriff der Musik ist diese Sprachverbundenheit bewahrt. Mit der Deutung des gemeinsamen Ursprungs von Musik und Sprache aus dem Natur- und Empfindungslaut weist die romantische Sprachphilosophie (Herder) auf diese Urentsprechung zurück. Romantische Lyrik beschwört die verlorene Identität im magischen Klang der Worte. Für Wagner manifestiert sich die Spaltung von Klang und Sinn im Widerspruch von Sprachakzent und Versakzent. [21] Den im Endreim gebundenen Vers sieht er als untaugliche Nachahmung der griechischen Prosodie an; Inhalt und Ausdruck können darin nicht kongruieren, weil im Deutschen der Sprachakzent nach der Bedeutung wechselt, der logische Sprachakzent also in der Regel nicht mit dem starren Versakzent zusammenfällt. Im Stabreim aber sieht er die Möglichkeit, den natürlichen Sprachakzent zu wahren und dennoch die Sprache als Organ des Verstandes zur Mitteilung an das Gefühl vermöge der Alliteration zu befähigen. Erst der Stabreim „verband ... dem sinnlichen Gehöre

---

[18] F. Trojan, a.a.O., S. 66.
[19] Th. Georgiades, Musik und Sprache. Das Werden der abendländischen Musik dargestellt an der Vertonung der Messe, Berlin-Heidelberg-New York, ²1974, S. 4.
[20] Ebd., S. 6.
[21] Vgl. R. Wagner, Oper und Drama, Leipzig 1852, 3. Teil. Die im Text vermerkten Seitenzahlen beziehen sich auf diese Ausgabe.

bereits Sprachwurzeln von entgegengesetztem Empfindungsausdruck (wie ‚Lust und Leid‘, ‚Wohl und Weh‘) und führte sie so dem Gefühle als gattungsverwandt vor" (S. 98). Die Musik vermag diese Verwandtschaft durch die Kraft der harmonischen Modulation auszudrücken. Erschließt also der Dichter durch den Stabreim die Gattungsverwandtschaft, so vermag erst der Musiker „die Urverwandtschaft der Töne für eine vollkommen einheitliche Kundgebung ureinheitlicher Empfindungen an das Gefühl zu verwenden" (S. 101). Dadurch, daß der im Stabreim gebundene Vers den logischen Sprachakzent mit dem Gefühlsausdruck verbindet, stiftet er die Verbindung zur Musik; sein Äquivalent ist die harmonische Verwandtschaft der Tonbeziehungen.

Der erste, dem Sprache nicht mehr allein zur Mitteilung und Darstellung von Gedanken taugte, sondern der im Wort Ausdrucksqualitäten nicht gedanklicher, sondern musikalischer Art spürte und Wörter in seiner Lyrik zur Sprach-Musik verwob, war Stéphane Mallarmé. Sein Aperçu „Verse macht man nicht mit Ideen, sondern mit Worten"[22] macht deutlich, welch suggestive Bedeutung für ihn die innere Musikalität des Wortklangs hatte. Die Wörter, aus denen er seine Lyrik „komponiert", lassen die Dinge, die sie bezeichnen, im Dunkel symbolischer Bedeutung; dennoch wahrt er die formalen metrischen und reimtechnischen Gesetze des Versbaus. „Mallarmé operiert mit Sprachklängen, kombiniert Laute, bildet mit Assonanzen und Alliterationen (bevor er noch Wagners Musikdramen kannte) Lautakkorde, weicht die Syntax durch ein geistvolles Spiel mit ‚valeurs‘ und ungewöhnlichen Epitheta auf, entrationalisiert und entlogisiert die Sprache und verknüpft die Worte durch empfindlich synthetische Operationen (...) so unlösbar mit den vorhergehenden und nachfolgenden, wie ein Komponist die einzelnen Töne einer Melodie zur Einheit bindet. ... Er plädiert für eine Poesie, bei der Vers und Wortmusik zur Einheit verschmelzen."[23] Dabei beruht die Musikalität solcher Wortmusik mehr auf einer immateriellen inneren Klangsuggestion als auf äußeren phonetischen Analogien. In einem Brief an Gosse schreibt er: „Ich mache Musik, und als solche bezeichne ich nicht die, welche durch euphonische Annäherung von Worten erreicht werden kann, diese Vorbedingung versteht sich von selbst; sondern das Transzendente (l’au-delà), das durch bestimmte Wortverteilungen magisch erzeugt wird; wo das Wort dem Leser nur noch als etwas materiell Vermittelndes gegenwärtig ist, wie die Tasten des Pianos. Ja, nur noch ein Geschehen zwischen den Zeilen und über den Blicken, in voller Reinheit, ohne Einmischung von Darmsaiten und Ventilklappen wie beim Orchester, ausschließlich schrifttümlich und lautlos."[24] Seine Poesie des (Ver-)Schweigens korrespondiert mit einer solcherart entmaterialisierten, entklanglichten, lautlosen, inneren Sprachmusik, nimmt die Experimente mit nur noch innerlich vorstellbarer imaginativer Musik bei Cage und Schnebel („MO-NO", „Silence") vorweg. In der Prosa der „Divagations" verwirklicht er eine Musik durch Sprechen. Die darin wuchernde polyphone Gleichzeitigkeit mehrerer Gedankenlinien „stellt eine Art ‚kontrapunktischer‘ Prosa"[25] dar, ist eine „Oper ohne Orchesterbegleitung, aber

---

[22] Überliefert von Valéry, zit. bei H. Friedrich, Die Struktur der modernen Lyrik, 3. erweiterte Auflage, Hamburg 1970, S. 106.
[23] H. Schmidt-Garre, Mallarmé in der Wagnerisme, in: NZ 1969, S. 517.
[24] Zit. bei H. Petri, Literatur und Musik. Form- und Strukturparallelen, Göttingen 1964, S. 77.
[25] H. Friedrich a.a.O., S. 117.

auch ohne Gesang, nur gesprochen"[26]. Die gedruckte Version des Gedichts „Un coup de dès" (1914) vermittelt durch die Verräumlichung der Gedichtsstruktur mittels Zeilenanordnung und Typographie die Vision einer graphischen Sprechpartitur.

Der Gedanke einer musique suggérée[27], einer sprachlich vermittelten Klangsuggestion, war in dem französischen Symbolismus insgesamt vorhanden. Die Vokale, als klingende Träger der Wortsilben für Assonanz und Reim konstitutiv, werden einer synästhetischen Lautsymbolik zugeordnet. René Ghil verfährt in seiner Poetik nach einer komplizierten Laut- und Rhythmustheorie, „wo die Worte die Noten sind". Seine Systematik der Vokale sei hier beispielhaft angeführt[28]:

Vokal A	= Orgel	= schwarz	= Ruhm, Tumult, die Finsternisse des Abgrunds
Vokal E	= Harfe	= weiß	= Heiterkeit, Souveränität
Vokal I	= Violine	= blau	= Leidenschaft, flehentliches Gebet
Vokal O	= Trompete	= rot	= höchste Macht, Ruhm, Triumph
Vokal U (eigentl. Ü)	= Flöte	= gelb	= Unbefangenheit, Lächeln

Rimbaud stellt die psychischen und synästhetischen Qualitäten in seinem Sonett „Vokale"[29] dar:

> A schwarz E weiss I rot U grün O blau — vokale
> Einst werd ich euren dunkeln ursprung offenbaren:
> A: schwarzer samtiger panzer dichter mückenscharen
> Die über grausem stanke schwirren · schattentale.
>
> E: helligkeit von dämpfen und gespannten leinen ·
> Speer stolzer gletscher · blanker fürsten · wehn von dolden.
> I: purpurn ausgespienes blut · gelach der Holden
> Im zorn und in der trunkenheit der peinen.
>
> U: räder · grünlicher gewässer göttlich kreisen ·
> Ruh herdenübersäter weiden · ruh der Weisen
> Auf deren stirne schwarzkunst drückt das mal.
>
> O: seltsames gezisch erhabener posaunen ·
> Einöden durch die erd- und himmelsgeister raunen.
> Omega — ihrer augen veilchenblauer strahl.

Zwei eng miteinander verbundene Momente der Musikalisierung der Sprache, die bis in die Gegenwart wirken, sind bei den Symbolisten bereits angelegt: die Bedeutung des Eigenwertes des Sprachlauts (1) und die Behandlung artikulierter Rede als gesprochene Musik (2).

1. Durch die synästhetische Lautsymbolik erhält der Laut unabhängig von der Begriffssemantik eine eigene Bedeutung und wird als Farbwert frei verfügbar. In den Lautkompositionen der Dadaisten (K. Schwitters „Ur-" oder „Lautsonate", H. Balls

---

[26] Zit. bei Schmidt-Garre, a.a.O., S. 518.
[27] Vgl. den Aufsatz von Schmidt-Garre, Musique suggérée, in: NZ 1969, S. 567—575.
[28] Zit. ebd., S. 573.
[29] Deutsche Übersetzung von S. George, in: Zeitgenössische Dichter, Übertragungen 2. Teil, Küpper, Düsseldorf-München 1967, S. 47.

„Karawane" u. ä.) und in einzelnen Formen der konkreten Poesie bilden die klanglichen Momente sprachlicher Schallbilder Material und Inhalt, hat sich die Lautpantomime verselbständigt. In seinen „Anmerkungen zur konkreten Poesie" legt Helmut Heißenbüttel die Grundlagen konkreter Poesie dar. „Das Sprachganze der gewohnten Oberflächenstruktur … verschiebt sich ins Graphische oder ins Musikalische. Was an Lautlichem zur gewohnten Sprechweise gehört, was herkömmlicherweise (…) in sie integriert erscheint, erhält ein besonderes und neues Schwergewicht, es wird als eigenständiges Mittel zur Textherstellung benutzt." [30] Die Erschaffung einer Sprache aus dem Klang hebt die Grenzen zur Musik teilweise auf und macht die Sprachakustik zu einer „Art von musikalischem Kompositionsbaustein" [30]. Ligeti geht schließlich in seinen „Aventures" und „Nouvelles Aventures" nicht mehr von einer natürlichen Sprache aus, auch nicht von ihrer Zertrümmerung oder Dekomposition, sondern er komponiert mit autonom musikalischen, vokalen und instrumentalen Mitteln nur die Lautpantomime einer imaginären Sprache. Diese ergibt sich mit und durch die musikalische Komposition; im Zusammenhang der Untersuchung von Textvertonung und musikalischer Sprachkomposition wird hierauf näher einzugehen sein. Hier seien die „Aventures" als Ergänzung zur primär literarischen Sprachkomposition erwähnt, weil sie sich mit deren Intentionen trifft. Die Tendenz der Entsemantisierung der begrifflichen Sprache zugunsten der Komposition ihrer Klangqualitäten findet ihre Entsprechung in der Semantisierung (Versprachlichung) der begriffslosen Musik durch die musikalische Komposition der sprachlichen Lautpantomime. Konsequent verfährt D. Schnebel, wenn er allein sprachliche Artikulationsprozesse („madrasha 2") und Atemverläufe („Atemzüge") als Relikte vokaler Sprachkompetenz kompositorisch verarbeitet.[31] Menge und Volumen des Atems, Dauer und Intensität des Atemausstoßes, die Rhythmik des Ein- und Ausatmens sowie die Geräuschlaute der Atemtätigkeit, wie sie auch für die schallbildlichen Signale der Sprache von Bedeutung sind[32], bilden das alleinige kompositorische Material. Das Ergebnis sind musikalisch strukturierte, semantisch stark besetzte Elemente sprachlicher Lautpantomime ohne Sprache. So heißt es in N. A. Hubers „Versuch über Sprache":

„Unser Schmerzausdruck beginnt mit lautem, hartem Stimmeinsatz
Aggressivität ist mit plötzlichem Glottisschlag verbunden, die letzten Silben sind übermäßig betont
Einatmen ist lustvoll
Schizophrene vermindern ihre Nasenresonanz
Aggressive atmen verstärkt aus
Unsere Angstneurosen äußern sich in einer Skala von verhauchter Heiserkeit bis zum inspiratorischen Flüstern
Träumer neigen zur Flachatmung
Sprachemotionen liegen im Spektrum der Signale
Extasen brauchen großes Atemvolumen
kollektive Emotionsschichten schaffen immer noch Gruppeneinheiten
Sprache manipuliert Musik?"

Nicolaus A. Huber, Versuch über Sprache, Bärenreiter, Kassel - Basel 1969.

2. Die onomatopoetischen und klangsuggestiven Wortbildungen stellen eine zentrale Schicht in James Joyce's „Finnegans Wake" und „Ulysses" dar. Sein spezifisch phantastischer Klangsinn erzeugt Lautklangsalven sprechenden Ausdrucks wie das zornige lukkedoerendunandurraskewdylooshoofermoyportertooryzooysphalnabortansporthaokansakroidverjkapakkapuk! Den Beginn des Sirenen-Kapitels des „Ulysses" hat Luciano Berio als Material seinem „Tema — Omaggio a Joyce" zugrunde gelegt.

> Bronze by gold heard the hoofirons, steelryringing
> Imperthnthn thnthnthn.
> Chips, picking chips off rocky thumbnail, chips.
> Horrid! And gold flushed more.
> A husky fifenote blew.
> Blew. Blue bloom is on the
> Gold pinnacled hair.
> A jumping rose on satiny breasts of satin, rose of Castille.
> Trilling, trilling: Idolores.
> Peep! Who's in the . . . peepofgold?
> Tink cried to bronze in pity.
> And a call, pure, long and throbbing. Longindying call.
> Decoy. Soft word. But look! The bright stars fade. O rose!
>   Notes chirruping answer. Castille. The morn is breaking.
> Jingle jingle jaunted jingling.
> Coin rang. Clock clacked.
> Avowal. Sonnez. I could. Rebound of garter. Not leave thee.
>   Smack. La cloche! Thigh smack. Avowal. Warm.
>   Sweetheart, goodbye!
> Jingle. Bloo.
> Boomed crashing chords. When love absorbs. War! War!
>   The tympanum.
> A sail! A veil awave upon the waves.

James Joyce, Ulysses, 11. Kapitel, Shakespeare and Comp., Paris 1924.

Das sprachliche Ausgangsmaterial beschreibt Berio: „Dieser Beginn (nicht der vollständige) stellt eine Art Ouvertüre dar, eine Themenexposition, welche die wirkliche und eigentliche Komposition des Kapitels präludiert. Aus dieser Anhäufung von Sonoritäten . . . wählt Joyce eine Reihe von fundamentalen Themen und isoliert sie vom Kontext als eine Abfolge von Leitmotiven, eigentlichen Zusammenhangs und diskursiven Sinns beraubt. Es sind Phrasen, die sich auch und allein in ihrer unmittelbaren *Musikalität* auflesen und goûtieren lassen: es handelt sich in gewissem Sinne um eine *Klangfarbenmelodie*, in welcher der Autor sich sogar auf die typischsten Kunstgriffe der musikalischen Aufführung beziehen wollte: Triller, appoggiatura, martellato, portamento, glissando. . . .

---

[30] H. Heißenbüttel, Anmerkungen zur konkreten Poesie, in: Text und Kritik, Heft 25, Stuttgart 1970, S. 19.
[31] Vgl. dazu D. Schnebel, Sprech- und Gesangsschule (Neue Vokalpraktiken), in: Denkbare Musik, Köln 1972, S. 444 ff.
[32] Zur Bedeutung des respiratorischen Drucks für die Schallbilder siehe Trojan, a.a.O., S. 127 ff.

Imperthnthn thnthnthn	Triller
Chips, picking chips	staccato
Warbling. Ah, lure!	appoggiatura
Deaf bald Pat brought pad knife took up	martellato
A sail! A veil awave upon waves	glissando" [33]

Sprechen als solches wird in Schnebels „Glossolalie" als Musik genommen. Die *musikalische* Konzeption einer „Musik durch Sprechen" (Schnebel) wird an späterer Stelle zu erörtern sein, hier soll die *sprachliche* Konzeption von musikalisierten Sprechverläufen betrachtet werden. Gesprochenes wird als Material „wie früher etwa eine Auswahl von Tonqualitäten" [34] genommen und nach musikalisch klanglichen Gesichtspunkten eingesetzt. „Es fungiert als Stimme eines musikalischen Zusammenhangs" (Part. S. 4). Höhe und Lautstärke, Tempo und Klangfarbe werden an verständlichen und fremden Sprechverläufen lautpantomimisch mit geräuschhaften Begleit- oder Störfaktoren wie Husten, Räuspern, Schneuzen demonstriert. „Hören Sie die Musik einer fremden Sprache" (Part. S. 6/7). „Wesentlich ist zunächst die spektrale Struktur von Gesprochenem, ausgedrückt durch die Koordinaten der musikalischen Parameter. So wird Gesprochenes abstrakt bestimmt durch Kategorien wie hoch — tief, vokalisch — konsonantisch, rasch — langsam, laut — leise. Dabei gerät man in den Bereich sprachlichen Ausdrucks: langsames Sprechen mag Bedächtigkeit anzeigen, sehr rasches Angst ausdrücken, starke Fluktuation der Sprechhöhe und -intensität Erregtheit signalisieren ... Soll Sprechen Musik sein, ist dem Rechnung zu tragen. Sprachliche Bestimmungen werden quasi musikalische: Ausdrucksvaleurs gleichsam Höhen. Bedeutungssphären Farbqualitäten, grammatische oder syntaktische Mechanismen musikalische Verknüpfungsformen, Dichtegrade sprachlicher Konstruktion Grade der Polyphonie." [35]
Dabei wird die Sprache selbst jedoch keineswegs entsemantisiert oder dekomponiert, sondern ihre internen strukturellen, grammatischen, syntaktischen und semantischen Bezüge bleiben erhalten, die Aussagen und Mitteilungen selbst sind „musikalisch zu kategorisieren" [35].
Eine eigenständige Art der Komposition sprachlichen Materials stellt Hans G Helms Buch „Fa:m'Ahniesgwow" dar, worin er in der horizontalen Gleichzeitigkeit mehrerer Sprechverläufe die Tendenz des dadaistischen Simultangedichts aufgreift und durch die horizontale und vertikale Strukturierung polyphone Sprachkomplexe erzeugt. So gelangt er zu einer kompositorischen und rezeptorischen Erschließung sprachlicher Bedeutungsfelder. Verfahren und Absicht umreißt Helms in seinem Aufsatz „Komponieren mit sprachlichem Material": „Man weiß heute, daß das einzelne Wort gewisse redundante Bestandteile enthält, die beseitigt werden können, ohne daß es unkenntlich und unverständlich würde. Man weiß, daß die Konsonanten fürs Verstehen von Sprache relevanter sind als die Vokale; daß die Konsonanten ein Bedeutungsfeld definieren, die Vokale eine spezifische Bedeutung innerhalb des Feldes. ... Wie dieses Wissen sich kompositorisch manifestiert, dafür ist mein Buch ‚Fa:m'Ahniesgwow' ein Exempel. Die

---

[33] L. Berio, Musik und Dichtung — eine Erfahrung, in: DB II, Mainz 1959, S. 39.
[34] D. Schnebel, Denkbare Musik, a.a.O., S. 385.
[35] Ebd., S. 384/385.

aus einer Anzahl benachbarter Bedeutungsfelder stammenden und verschiedenen Sprachen zugehörigen Materialien sind in einem Prozeß analytisch destruiert und zu neuen Bedeutungsfeldern komponiert worden. ... Ich habe natürlich nicht bloß mit den phonetischen und semantischen Aspekten der Worte gearbeitet, sondern gleichermaßen mit ihren grammatischen Implikaten. ‚Fa:m'Ahniesgwow' ist insofern kein um fremde Worte bereicherter deutscher Text. Das Buch ist im Niemandsland zwischen den Sprachgrenzen angesiedelt." [36] Die Struktur I/1 ist ganz auf den Klang hin konzipiert, ihr Verständnis ergibt sich nicht aus dem geschriebenen (gedruckten) Text, sondern entsteht allein in der phonetischen Realisation der acht simultanen Sprechverläufe, die der beigefügte Synchronisationsplan partiturmäßig („Stimmen" A — H) anordnet. Dennoch wird hier Sprache nicht wörtlich als Musik genommen, indem Sprachlaute gleich musikalischen Klängen wie in dadaistischen Lautgebilden autonom behandelt werden, sondern das begriffliche Potential der Sprache wird analog musikalischen Verläufen „komponiert", ohne aber die genuin sprachliche Ebene mit ihrer semantischen Valenz zu verlassen. Darauf hat G. Mich. Koenig in dem Nachwort zu „Fa:m'Ahniesgwow" ausdrücklich hingewiesen: „Die konstruktiven Momente haben so ım Klang sich gefunden, daß man fast geneigt sein könnte, ihn als Musik, als welche der Autor den Text gerade nicht konzipierte, zu analysieren. Daß aber selbst jene Partien, deren Semantik beim ersten Hören ... unzugänglich bleibt ..., gleichsam durchscheinend für einen subkutanen begrifflichen Vorgang sind, bestimmt den Text ganz jener Kunstform zu, der er im gleichen Maß sich widersetzt: der literarischen." [37] Koenig hat in seiner Analyse das Konstruktionsprinzip von Helms' Text ausführlich erläutert; Petri [38] bringt daraus einige Beispiele; hier mag eine Struktur das Prinzip der im Klang sich verwirklichenden literarischen Sprachkomposition andeuten:

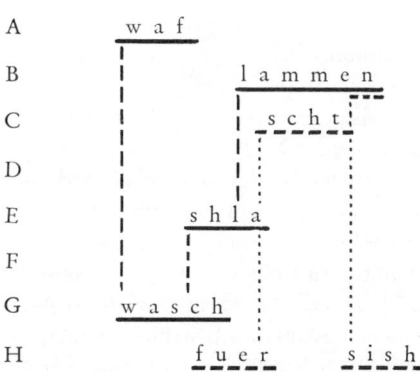

Die akustische Realisation läßt die sechs zum Teil simultanen Lautgebilde (Wortsegmente) im Klangresultat zu den Begriffen „waschlammen" (Waschlappen?), „waschen", „schlamm" (A/G + E + B) und in einem zweiten Komplex zu „fuer", „fuer(s)chten" und „sish" (sich) (H + C + Endung -en von B + H) zusammenfließen. Koenig deutet diese Struktur im Zusammenhang der „Geschichte" des gesamten Textes: „Die Begriffe sind so angeordnet, daß sie — in der Simultaneität der acht Spalten — sich ineinanderfügen und in die phonetische Struktur umschlagen. Das Schriftbild gibt über den Sinn — wenn man von vereinzelten Vokabeln absieht — nur wenig Aufschluß. Der Umschlag in den Klang indes beschwört die Situation; Wort-

[36] Hans G. Helms, Komponieren mit sprachlichem Material, in: Mel 1966, S. 142.
[37] G. M. Koenig, Nachwort zu „Fa:m' Ahniesgwow", Köln 1959, S. XX.
[38] H. Petri, Identität von Sprache und Musik, in: Mel 1965, S. 142. Dieser Aufsatz stellt eine erweiterte Fassung des gleichnamigen Kapitels aus Petris Buch (Literatur und Musik, 1964) dar.

bestandteile des semantischen ‚Gefüges ergeben die unartikulierten Laute eines Ertrinkenden und das Geräusch des Wassers. ... Sprache ist hier nicht das Medium der Mitteilung, sondern diese selbst." [39] In ähnlicher Weise sind auch in Helms' „Golem" strukturelle Parallelen zu musikalischen Konzeptionen dieser Jahre in der statistischen Feldkomposition und -rezeption etwa bei Stockhausen zu erkennen.

Überblickt man die Entwicklung der literarischen Nutzung des der Sprache inhärenten musikalischen Potentials, so ergeben sich folgende Aspekte. Die Verbindung von Wort und musikalischer Klanggestalt stellt sich bei den Griechen ursprünglich als natürliche Einheit dar, wie sie später noch die romantische Theorie vom Ursprung der Sprache und der Musik bewahrt. In Assonanz und Reim metrisch gebundener Poesie bleibt diese Einheit noch spürbar. Im französischen Symbolismus (Mallarmé, Verlaine, Rimbaud) erlangt die bewußte künstlerische Gestaltung der inneren Musik der Worte ein stärkeres Übergewicht, wird eine musique suggérée sprachlich geformt. Hier liegen die Wurzeln zur Verselbständigung der Lautpantomime als autonomem Klangwert seit Anfang des 20. Jahrhunderts. Parallel dazu beginnt die wissenschaftlich rationale Erschließung der kommunikativen Elemente der Sprache durch die Sprachwissenschaft (Linguistik, Semiotik) und die Psychophonetik und Lautstilistik die Zusammenhänge von Klang und Bedeutung akustischer Zeichen zu erhellen und lenkt die schöpferische Phantasie in neue Bahnen literarischer und musikalischer Sprachkomposition. So scheinen heutige Verfahren des künstlerischen Umgangs mit Sprache und Sprechen dem Versuch zu erwachsen, wieder „Sprache und Musik zu versöhnen, der Musik das Sema zurückzubringen, das sie einbüßte, als sie von der Sprache sich emanzipierte, und der Sprache das Melos, um das die Musik sie verarmte" [40].

3.3 Sprachliche Gestaltung von Musik
Versprachlichung musikalischer Strukturprinzipien

Die grundsätzliche Möglichkeit der Wirksamkeit musikalischer Strukturprinzipien auch in literarischen Formen bzw. ihre bewußte Übernahme oder Nachgestaltung beruht auf der Identität allgemeiner Form- und Strukturprinzipien. In der zeitlich gegliederten Struktur der Sprache sind die Formprinzipien der Wiederholung, Variierung oder Kontrastierung, der Reihung oder Entwicklung verbal ebenso gestaltbildend wie in der Musik. Die Variation einer Formulierung, die Permutation einer Wortfolge, die syntaktische Gliederbarkeit (Periodisierung), Motiv und Thema kennzeichnen strukturelle Gemeinsamkeiten. Die Wirksamkeit solch allgemeiner Form- und Strukturprinzipien hat Schnebel am Beispiel von Adornos Werk dargestellt.[41] Problematisch bleibt aber die literarische Übertragung oder Nachgestaltung musikalischer Formen wie Sonate und Fuge. Die Anwendung solcher Bezeichnungen auf literarische Texte verkennt elementare Unterschiede zwischen beiden Künsten und ist daher nur in einem sehr allgemeinen

---

[39] G. M. Koenig, a.a.O., S. XIII/XIV.
[40] Hans G Helms, Komponieren mit sprachlichem Material, a.a.O., S. 143.
[41] D. Schnebel, Komposition von Sprache — sprachliche Gestaltung von Musik in Adornos Werk, in: D. Schnebel, Denkbare Musik, a.a.O., S. 461—470.

und weiten Verstande möglich und weniger wörtlich als eher metaphorisch auf die sprachlichen Strukturen zu applizieren. So ist zu fragen, ob etwa das 11. Kapitel aus „Ulysses" von Joyce als „fuga per canonem" bezeichnet werden kann, wie in der Literatur vielfach geschehen (z. B. auch von L. Berio). Petri[42] faßt die Einleitung der Sirenenepisode des 11. Kapitels als „cantus firmus einer kontrapunktischen Variation" auf, was nur insofern weniger problematisch ist, als der Begriff der Variation weniger fest an eine musikspezifische Form gebunden ist und zugleich ein Formprinzip beschreibt. Dagegen sind das Verfahren der *Montage* und die künstlerische Struktur der *Collage,* beide ohnehin nicht musikalischen Ursprungs, sondern aus der Film- bzw. Fototechnik und aus der Bildenden Kunst entlehnt, ebenso gut mit sprachlichen wie mit musikalischen Mitteln zu realisieren. Collagetechniken eröffnen der Literatur dabei die Dimension der Vertikale, d. h. der Gleichzeitigkeit und Mehrschichtigkeit formaler und inhaltlicher Elemente, und erlauben es, „in den linearen Textablauf multiple Stimmführungen einzubauen"[43]. Als Beispiel dafür sei der Anfang von Heißenbüttels „Omatch für Mauricio Kagel" zitiert, dessen zweideutiger Titel schon ein Lautkonglomerat aus Kagels Werktitel „Match" und der phonetischen Gestalt des Wortes „Hommage" darstellt. Heißenbüttel benutzt darin verschiedene Werkeinführungen, Texte und Kommentare von Kagel (z. B. zu Match, Heterophonie, Musik für Renaissanceinstrumente) und verschachtelt diese ineinander zu „multiplen Verläufen", deren mehrfach wiederholte Wortgruppen eine „großräumigere Rhythmik"[43] ergeben:

„die Realisation immer erneuern inmitten des allgemeinen Einschwingungsvorgangs zur Collage aus gleichen Heterophonien Musik ein spezielles am Morgen des 1. August wurde mir plötzlich bewußt daß die Aufstellung einer Registerdisposition the fact that in large parts the music after 1950 a complex of transition problems zu hören das ist klar Einschwingungsvorgang nevertheless für Gitarre Kontrabaß und was mich interessiert ist Einschwingungsvorgang Musik nicht folgend der wohltemperierten erinnernd zu hören für Renaissanceinstrumente (65/66) Match für 2 Violoncelli und Schlagzeug Blockflöte und nicht die vorfabrizierte Systematik was mich interessiert zum Beispiel ist nicht folgend dem Marschbefehl der wohltemperierten ...“

Helmut Heißenbüttel, Omatch für Mauricio Kagel, in: Text und Kritik, München, H. 25.

Doch soll und kann hier nicht eine allgemeine Erörterung und umfassende Darstellung der Form- und Strukturparallelen in Musik und Dichtung gegeben werden, zumal dabei auf einschlägige Literatur verwiesen werden kann.[44]
Als Gegenpol zur Programmusik, bei der ein literarisches Sujet in Musik umgesetzt wird, soll hier der umgekehrte Versuch Jean Tardieus stehen, die musikalische Form der Sonate im Sprechen darzustellen, den er in dem Stück „Die Sonate und die drei Herren oder Wie spricht man Musik"[45] unternimmt. Die dazu benutzten Wörter und Sätze stellen einmal die Motive und Themen einer Sonate dar und benennen zugleich die darin stattfindenden musikalischen Ereignisse. „Die Herren erzählen sich im banal-

---

[42] H. Petri, Literatur und Musik, a.a.O., S. 39.
[43] Heißenbüttel, a.a.O., S. 20.
[44] Siehe das Literaturverzeichnis bei H. Petri, a.a.O.
[45] J. Tardieu, Die Sonate und die drei Herren, übersetzt von M. und P. Pörtner, in: Absurdes Theater, Sonderreihe dtv 52, München 1966, S. 111—119. Vgl. auch die Analyse bei H. Petri, Literatur und Musik, a.a.O., S. 46—48, die zu teilweise anderen Ergebnissen kommt.

sten Konversationston, was in einer Sonate, die sie im Konzert gehört haben, ‚geschehen‘ ist." Die Parodie einer Sonate wird in bezug auf die Form (1) und den Inhalt (2) sprachlich vollzogen: Der Ablauf der musikalischen Ereignisse einer Sonate wird in der (literarischen) Form einer (musikalischen) Sonate szenisch vorgeführt. In dieser Verschränkung liegt auch die verdeckte Komik dieses Stückes, nicht allein im „geistreichen Spiel mit einer Form" (Petri).

1. Der erste Satz „Largo" folgt erkennbar dem Typ der Sonatenform mit deutlich ausgeführter Exposition, kurzer Durchführung, Reprise und Coda. Die Großgliederung wird durch deutliche Zäsuren („Pause") kenntlich gemacht.

EXPOSITION	1. Thema:	„Es begann mit einer großen Wasserfläche am Abend."
	Überleitung:	Fragen: „war es . . .?" „gab es . . .?" „warum . . .?"
	Schlußgruppe = Variante des 1. Themas:	„eine große undeutliche Fläche am Abend"
	2. Thema:	„nach einer Weile . . . da geschah etwas"
	Überleitung:	Fragen: „etwas Schreckliches?" „etwas Stilles?" „etwas Lustiges?" „etwas Sanftes?"
	Schlußgruppe:	„wir erschraken überhaupt nicht"
	— PAUSE —	
DURCHFÜHRUNG	Verarbeitung der Thematik der Schlußgruppe:	„Warum sollten wir erschrecken?" „Ja, warum?" „weil . . .?" „weil . . .?" „weil . . .?"
	Reminiszenz 1. Thema:	„. . . von einer großen Wasserfläche am Abend."
	— PAUSE —	
REPRISE (?)	Wiederaufnahme des 2. Themas:	„Und dann: was geschah?"
	virtuose Steigerung:	„Es stieg sehr schnell"
	— PAUSE —	
CODA	1. Thema:	„Es war eine große Wasserfläche am Abend."

Daß Petri in seiner Analyse zu einer anderen formalen Gliederung kommt, zeigt nur die Begrenztheit der Übertragungsfähigkeit des Begriffs Sonate auf die Literatur. Infolge der Schwierigkeit der sprachlichen Konstituierung musikalischer Formteile muß es diesen an Eindeutigkeit mangeln. So weist Petri den umfangmäßig größten Teil des Satzes der Durchführung zu: die Proportionen von Exposition, Durchführung und Reprise (4:86:3 Textzeilen!) stellen dabei aber die musikalischen Verhältnisse auf den Kopf.

Die Aufstellung des „1. Themas" zeigt auch im Detail subtile Strukturparallelen zur Musik:

A: Erinnern Sie sich?

B: Ich erinnere mich. (zu C) Und Sie? (Pause)

C: Es begann mit einer großen Fläche.

B:　　　　　Ja, mit einer großen Wasserfläche.

C:　　　　　　　　　Einer großen Wasserfläche am Abend. (Pause)

B: Dann war Stille. (Pause)
Dann von neuem:
es war eine große Fläche.

C:　　　　　　　eine große Wasserfläche am Abend.

A: Ja, so begann es:
mit einer großen Fläche. (Pause)

Die Sprecher B und C exponieren nach einer kurzen Introduktion („erinnern Sie sich?") den ersten Gedanken, der durch Erweiterung seines Kerns („große Fläche — große Wasserfläche — große Wasserfläche am Abend") nach dem in Musik und Sprache wirksamen Prinzip der wachsenden Glieder zum ersten Thema ausgebildet wird. Eine Zäsur („dann war Stille [Pause]"), von Petri treffend als „mit Worten ausgedrückte Fermate" bezeichnet, trennt diesen „Vordersatz" von dem „Nachsatz" mit identischem Material („es war eine große Fläche ..."). Der Statik des „1. Themas" („Wasserfläche am Abend") tritt das dynamische Prinzip des „2. Themas" („da geschah etwas") gegenüber; Impuls für eine Reihe von Fragen. — Die Durchführung verarbeitet die Feststellung der Schlußgruppe, indem sie diese als Frage umformt und so gedanklich weiterführt („durchführt"). Ob der folgende Abschnitt schon als Reprise oder noch als Durchführung gelten kann, ist kaum sicher zu entscheiden; eindeutig bleibt die „virtuose Kadenz" (Petri), in die er mündet. Die der Steigerung dienenden musikalischen Dimensionen der Höhe („es stieg") und des Tempos („sehr schnell, schneller, noch schneller, sehr sehr sehr schnell") werden dabei begrifflich benannt und finden nur sekundär ihren Niederschlag in einem möglichen accelerando und steigender Sprechtonhöhe; Gestalt und Gehalt kämen so zur Deckung, im Sprechen würde das Gesprochene eingelöst.

Der folgende langsame Satz „parodiert" ein kantables „Andante" mit einer Reminiszenz an das „1. Thema". Das „Finale" trägt Züge eines Rondos („daraufhin ging alles rund") mit einem Maggiore-Abschnitt („wir lachten ... und wir sprangen") und einem Minore-Teil („es war lustig und nicht traurig. Ganz und gar nicht traurig"). Die Schlußkadenz (Petri: „Presto-Stretta") zeigt unverkennbare Züge einer authentischen Kadenz mit ihrem Spannungsgefälle von Dominante (Mor ...?) und Tonika (... gen!):

B: Morgen Morgen Morgen Morgen!

C: Morgen Morgen

B: Morgen

C: Morgen

A: Morgen

B: Mor ...?

C: ... gen!

(Pause)

B: Mor ...?

A: ... gen!

Während hier die Sprechtonführung von Frage und Antwort die Dominant-Tonika-Spannung wiedergibt, werden die musikalischen Elemente im allgemeinen wieder nur verbal benannt (z. B ein Fugato durch „Sie liefen vor mir her, ich versuchte Sie zu fangen, und plötzlich waren Sie's, der mich verfolgte").

2. Die Darstellung der musikalischen Form der Sonate vollzieht Tardieu unter Wahrung der Phonetik, Grammatik, Syntax und Semantik der Sprache. Indem reguläre Sätze benutzt werden, die die Musik nicht onomatopoetisch abbilden, sondern ihre Form aussagen, kommt dem Ausgesagten besondere Bedeutung zu. Die Sätze bezeichnen, wo sie nicht Bewegungen oder Gefühlsqualitäten benennen, die Begriffslosigkeit von Musik. Sie ist eine Sprache, aber man kann sie nicht in ein anderes System übersetzen, allenfalls ihre Formprinzipien anwenden. So bleibt der Gegenstand (das Subjekt) der Aussagen der drei Herren über die Sonate im Dunkel: „Es war undeutlich. Sehr undeutlich. Nichts war zu erkennen ... Übrigens gab's nichts zu sehen, ... weil es nichts zu sehen gab." Der Versuch sprachlicher Eingrenzung des Ungreifbaren mündet so in Tautologie („es gab nichts zu sehen, weil es nichts zu sehen gab"). Das Geschehen, das sich im „2. Thema" ankündigt, wird nur negativ umschrieben („nein ... nichts ... nicht ganz ... nicht ganz aber fast"). Der Versuch, Musik sprachlich zu fassen, kulminiert daher in der Feststellung des 2. Satzes: „Nun wir wußten, daß wir nahe daran waren zu wissen, was es zu wissen gibt, wenn es etwas zu wissen gibt."

Auf eine mögliche Variante zu Kagels „instrumentalem Theater" sei abschließend hingewiesen. Kagel versucht, durch die Einbeziehung des Visuellen, Gestischen und vielfältiger Aktionen „verschiedene Formen des Musizierens und des Geräuschmachens kompositorisch zu inszenieren. Es genügt nicht, musikalische Prozesse sichtbar zu machen, sondern musikalische Formen sollen vielmehr in der optischen Realisation wieder zu Musik werden."[46] Musik wird bei Kagel durch *visuelle* und *akustische Aktionen* veranstaltet. Auf dekorationsfreier Bühne werden bei Tardieu Formprinzipien der Musik *sprachlich* veranstaltet, durch Sprache in Szene gesetzt.

---

[46] M. Kagel, Zu Staatstheater, in: M. Kagel: Tamtam. Dialoge und Monologe zur Musik, München 1975, S. 89/90.

4 Textvertonung

*Eine Gefahr war zwar wieder, daß die Musik, entgegen ihrer latenten Ausdrucks-
kraft weit über alle bekannten Worte hinaus, als bloße Illustrierung literarischer
Phantasie-Beihilfen aufgefaßt wurde. Indes auch noch hier wie erst recht in allen höheren Textführungen dient der textliche Ausdrucksreiz einzig dem eigensten Anliegen der
Musik: Sprache sui generis zu sein, zu finden, zu werden.*

Ernst Bloch, Das Prinzip Hoffnung

Musikalische Vermittlung von Sprache findet in den verschiedensten Formen der Textvertonung statt, bei der Musik sich mit einem präformierten, als autonomes Sprachgebilde existierenden, in der Regel schriftlich fixierten Text im Sinne der „parole"
verbindet, d. h. ihn musikalisch bekleidet oder in Klang auflöst, ihn formal oder inhaltlich darstellt oder ihm ausdrucksmäßig entspricht. Die Analogien und stärker noch die
Divergenzen zwischen den beiden Ausdrucks- und Darstellungssystemen Musik und
Sprache ermöglichen eine künstlerisch sinnfällig sich ergänzende und nicht bloß tauto-
logisch verdoppelnde Verbindung von Wort und Ton und lassen schließlich die vollständige Amalgamierung von sprachlicher und musikalischer Struktur, von Sprachlaut
und Musik zu; sei es nun, daß ein artifizieller literarischer Text (lyrisch, episch oder
dramatisch) assoziativ stimulierend wirkt, d. h. musikalische Imaginationen auslöst
(Schönberg bekennt, daß er viele seiner Lieder, „berauscht vom Anfangsklang der
ersten Textworte, ohne mich auch nur im geringsten um den weiteren Verlauf der
poetischen Vorgänge zu kümmern . . ., zu Ende geschrieben" habe [1]); sei es, daß „eine
aus ganz anderen Sphären kommende Musikerregung . . . sich jenen Liedertext als
einen gleichnißartigen Ausdruck ihrer selbst" [2] wählt; sei es, daß Musik lediglich als
Medium der Vermittlung, als Transportmittel für Textworte fungiert, indem sie die
Sprache melodisiert, die Deklamation stützt und die Bedeutungsaura des Textes ver-
stärkt; sei es auch, daß sie darüber hinaus den Inhalt darzustellen versucht, einzelne
Bedeutungselemente strukturell nachbildet oder ihn deutend auslegt; sei es schließlich,
daß der Text nur ein formbestimmendes Moment abgibt oder selbst erst die materiale
Bedingung zur Komposition beinhaltet. Dabei mag einmal der Text, das Wort, eine
Vorrangstellung einnehmen („prima le parole, dopo la musica"), ein andermal „die
Poesie der Musik gehorsame Tochter seyn" [3] („prima la musica, poi le parole" [4]). Die
kompositorische Entscheidung im Streit des „prima la musica" mit dem „prima le

---

[1] A. Schönberg, Das Verhältnis zum Text, in: Der Blaue Reiter, hg. von W. Kandinsky und
F. Marc, Berlin 1912; Dokumentarische Neuausgabe von K. Lankheit, München 1965, S. 66.
[2] F. Nietzsche, Fragment über Musik und Wort (1871), in: Die Geburt der Tragödie, Werke
Bd. 1, Leipzig o. J.
[3] W. A. Mozart, Brief an den Vater vom 13. 10. 1781, in: Briefe und Aufzeichnungen, GA,
hg. von der Internationalen Stiftung Mozarteum Salzburg, ges. v. W. A. Bauer und O. E.
Deutsch, Bd. 3, Kassel 1963, Nr. 633.
[4] Titel eines „divertimento teatrale" von A. Salieri nach einem Text von G. B. Casti.

parole", wie er in Castis Libretto oder Richard Strauss' Konversationsstück „Capriccio" künstlerisch-dramatisch sublimiert erscheint, erfolgt einerseits auf der Grundlage der allgemeinen ästhetischen Norm des jeweiligen Zeitstils wie andererseits gemäß dem individuellen Sprachverständnis. Die Möglichkeiten und Verfahren im kompositorischen Umgang mit Texten ließen sich chronologisch verfolgen und systematisch nach Gattungen darstellen; eine streng historische wie gattungsspezifische Betrachtungsweise würde die spezifischen Ausformungen und Lösungen des Wort-Ton-Problems aufzuweisen haben, aus deren Summierung sich allgemeine Prinzipien der Textvertonung ableiten lassen. Die Einzelproblematik im Wort-Ton-Verhältnis der verschiedenen Epochen und Gattungen muß der jeweiligen Gattungsgeschichte (Geschichte des Liedes, der Messe, der Motette, der Kantate, des Rezitativs etc.) überlassen bleiben. Hier geht es vielmehr nur um eine systematische Übersicht über die kompositorischen Möglichkeiten, wie die Textdeklamation musikalisch integriert wird (4.1) und welche Textschichten (phonetisch — syntaktisch — semantisch) musikalisch zur Darstellung gelangen können (4.2). Dabei wird sich zeigen, daß der Begriff der Textvertonung ein nur historisch begrenzt anwendbarer ist, der auf neuere Verfahren oft nicht mehr zutrifft, weswegen P. Boulez im Hinblick auf das In-Musik-Setzen literarischer Texte vom „In-Verantwortung-Nehmen" des Textes durch die Musik spricht[5] und J. Häusler den Begriff der „Verklanglichung" vorzieht, weil dieser auch auf „Alltagsformulierungen, Schlagworte, ja Sprachmüll" anwendbar ist.[6]

4.1 Möglichkeiten der Textbehandlung

4.1.1 Textdeklamation

Freie Deklamation (Melodram)

Indem ein Text mit Musik verbunden oder musikalisch vermittelt wird, unterliegt seine Deklamation immanenten musikalischen Prinzipien, und sie entfernt sich in dem Maße vom natürlichen Sprachduktus, wie sie in die musikalische Struktur eingebunden und kompositorisch verbindlich ausgeführt ist. Im Melodram, wie es seit Rousseaus Scène lyrique „Pygmalion" (1762/70)[7] und Bendas Bühnenmelodramen „Medea" und „Ariadne auf Naxos" (1775) als selbständige, neue Gattung des Schauspiels in Mode kam[8],

[5] P. Boulez, Dichtung — Mittelpunkt und Ferne — Musik, in: Werkstatt-Texte, Frankfurt 1972, S. 161.
[6] J. Häusler, Einige Aspekte des Wort-Ton-Verhältnisses, in: R. Stephan (Hrsg.), Die Musik der 60er Jahre, Mainz 1972, S. 72 (Veröffentlichungen des Instituts für neue Musik und Musikerziehung Darmstadt, Bd. 12).
[7] Vgl. dazu E. Istel, J. J. Rousseau als Komponist seiner Lyrischen Szene „Pygmalion", Leipzig 1901 (Studien zur Geschichte des Melodramas, Bd. 1).
[8] Siehe H. Martens, Das Melodram, Berlin 1932 (Musikalische Formen in historischen Reihen, Bd. 11); ferner auch die Artikel „Melodram" und „Monodram" im RiemannL; M. Steinitzer, Zur Entwicklungsgeschichte des Melodrams und Monodrams, Leipzig 1918; R. Batka, Melodramatisches, in: Musikalische Streifzüge, Leipzig 1899, S. 215—257; W. Kienzl, Die musikalische Deklamation, Leipzig 1880.

Aus „Ariadne auf Naxos" Duodrama mit musikalischen Zwischensätzen

Der athenische Königssohn Theseus wird als Geisel des Königs Minos von Creta von dessen Tochter Ariadne aus dem Labyrinth des Dädalus errettet, flieht mit ihr auf die Insel Naxos, verläßt sie aber, um sie nicht der Wut seiner auf Naxos gelandeten griechischen Landsleute preiszugeben.

a. Theseus Abschied

Allegretto

G. Benda

Noch einmal?

Grausame! Welcher feind-sel'ge Dämon führte euch auf Naxos?

Allegro

Welche Furie entdeckte euch unsern Aufent-halt?

5

Andante

Dieser von den Unge-heuern des Meeres be-lagerte Felsen, dieser von Löwen bewohnte Wald war für unsere Liebe ein Elysium.

(Nachstehiger Überlegung, worin er einen heftigen Kampf zu erkennen gibt)

Ha Schande! Theseus! der Liebling, der Stolz Athens, der Befreier seines Vaterlandes, der Überwinder des Minotau-rus seufzt zu den Füßen eines Weibes!

10

Aller Widerstand ist vergebens! Man wird mich mit Ge-walt aus ihren Armen reißen!

Ermanne dich, verzärtelter Jüngling!

Fort Mitleid! Liebe, fort!

15

Allegro

Zerreiß diese dich entehrenden Bande!

20

Sei wieder Theseus!

109

G. Benda: Ariadne auf Naxos, Duodrama mit musikalischen Zwischensätzen, zit. nach H. Martens, Das Melodram, Vieweg, Berlin 1932.

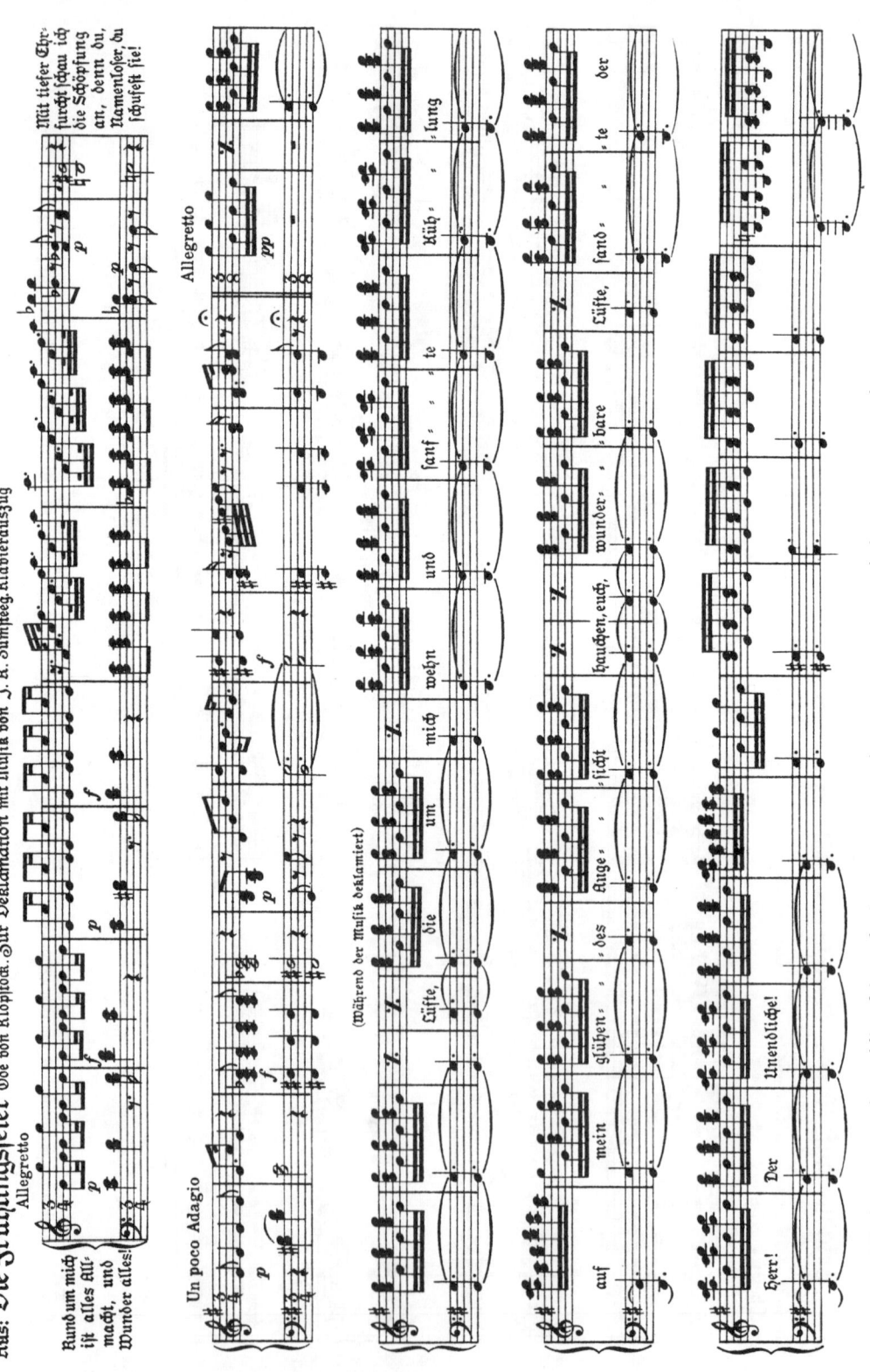

J. R. Zumsteeg: Die Frühlingsfeier. Klavierauszug, zit. nach H. Martens: Das Melodram, Vieweg, Berlin 1932.

als eigenständiges Ausdrucksmittel in die Oper (z. B. Kerkerszene in „Fidelio", Wolfsschluchtszene im „Freischütz") integriert und schließlich zu Beginn dieses Jahrhunderts durch Schönberg stilistisch verfeinert und expressiv gesteigert wurde, stehen ursprünglich Musik und Textdeklamation noch ohne formale Beziehung nebeneinander: das Orchester bzw. das Klavier begleitet den Text affektausdeutend oder tonmalerisch. Die Musik bereitet dabei entweder das gesprochene Wort vor (Rousseaus „Pygmalion") oder schmückt es nachträglich aus (Benda, vgl. Notenbeispiel S. 109).

Im Alternieren von Deklamieren und Musizieren bewahrt der Text seine volle Unabhängigkeit der Deklamation. Aber in dem Moment, wo Textvortrag und musikalische Begleitung gleichzeitig erfolgen (= Parakatalog: das Aulos-Spiel zu Dialog und Chor im antiken Drama), muß sich die Textdeklamation in Tempo und Rhythmus der Begleitung anpassen und erfährt so eine erste, im Rhythmisch-Metrischen liegende Integration in einen musikalischen Strukturzusammenhang, wie sie im „gebundenen" Melodram dann von Humperdinck weiterentwickelt wurde (vgl. Notenbeispiel S. 110).

In der bewußten allmählichen Überführung der prosodischen Merkmale der Sprache in Musik liegen neue schöpferische Impulse, doch wird die Textdeklamation noch nicht von der Melodieführung getragen, ist noch nicht gänzlich in die musikalische Struktur einbezogen; aber das Rezitieren und Deklamieren des Textes selbst wird musikalisiert.

Kompositorische Festlegung der prosodischen Elemente der Sprache (gebundenes Melodram)

In der ersten Fassung der „Königskinder" (1897) schreibt Humperdinck den genauen Deklamationsrhythmus und die ungefähre Stimmlage für die Sprechstimme vor und führt für diese Form des „gebundenen Melodrams" eine eigene Melodram-Notation („Sprechnoten") ein.[9]

E. Humperdinck: Königskinder. Klavierauszug, Max Brockhaus, Leipzig 1911, 2. Akt, Ziff. 172.

Über die ästhetischen Vorzüge solcher in die musikalische Komposition eingebundenen Deklamation schreibt er anläßlich Pfitzners Musik zu Ibsens „Das Fest auf Solhaug":

„Daß das Melodram hinsichtlich der engeren Verbindung von Wort und Ton noch einer ferneren Entwicklung fähig sei, daran ist wohl nicht zu zweifeln ..., und vielleicht ist die Zeit nicht

---

[9] Vgl. R. Stephan, Zur jüngsten Geschichte des Melodrams, in: AfMw 17/1960, S. 183—192.

mehr fern, wo die Deklamation auch äußerlich in die innigste Verbindung mit der begleiten-den Musik gebracht wird, eine Methode, die zwar der Freiheit des rezitierenden Schauspielers einige unbequeme Fesseln anlegen, auf der andern Seite aber auch die gemeinsame Wirkung von Rede und Melodie . . . auf ein hochgesteigertes Maß erheben dürfte." [10]

Richard Batka erkannte bereits als die besondere „declamatorische Kunstleistung" Humperdincks die Erfüllung der Forderung, musikalischen und deklamatorischen Ak-zent in einer Kunstform zu verbinden, ein Problem, das sich für Wagner in dem Dilemma zwischen Wortakzent und Versakzent stellte und das er allein durch den Stabreim für lösbar hielt. Humperdinck

„verfolgte darin [= im Melodram] die Idee, ein Mittelding zwischen Rede und Gesang zu schaffen, das sich ebenso bequem zum Singen erheben als zum Sprechen herabsinken konnte. Keineswegs aber war damit die den Vers in gleichförmiger Scansion singende Sprechweise der Schauspieler aus der Altweimarer Schule beabsichtigt, sondern eine aus dem Sinn der Worte zu reicher Rhythmik gleich dem Wagnerschen Sprechgesang belebte, die er dem Schauspieler gleich durch sogenannte Sprechnoten vorschrieb. Ja, nicht nur das Tempo der Rede wollte er, wie es Weber und Schumann zuweilen versucht hatten, bestimmen, sondern auch den Tonfall der Rede, den ganzen Ausdruck des Vortragenden, fixieren." [11]

Die so vorgezeichnete Sprechmelodie, die noch nicht die musikalischen Verbindlich-keiten des Gesangs eingeht, aber auch nicht mehr nur freie Rede ist, haben Schönberg und Berg als stilistisches Ausdrucksmoment eigener Art künstlerisch differenziert und ästhetisch verfeinert. Schönberg übernimmt in den Gurreliedern Humperdincks Zei-chen für Silbenlänge und Registerlage. In dem Einakter „Die glückliche Hand" op. 18 (1910—13) und dem „Pierrot lunaire" op. 21 (1912) verwendet er musikalisch ver-bindlicher erscheinende Tonhöhensymbole ♩ . In „Moses und Aron" (1932) kehrt er zu-nächst zu Humperdincks Melodramen-Notation zurück, um dann in den späteren, die Sprechstimme verwendenden Werken wie der „Ode an Napoleon" op. 41 (1943), dem „Überlebenden aus Warschau" op. 46 (1947) und dem 130. Psalm op. 50 B (1949) nur noch relative Lagenangaben zu verwenden.

A. Schönberg: Ein Überlebender aus Warschau, Boelke Bomart Publications, New York 1947.

A. Berg verwendet im „Wozzeck" (1921) und in „Lulu" (1935) folgende Differenzie-rungen melodramatischer Deklamation und Notation [12]:

a) natürlichen Sprechvortrag mit und ohne Orchesterbegleitung („ganz natürlich-realistisch geführte Konversation", Vorw. Wozzeck);

[10] Zit. bei O. Besch, E. Humperdinck, Leipzig 1914, S. 171.
[11] R. Batka, Melodramatisches, in: Musikalische Streifzüge, a.a.O., S. 251 ff.
[12] Vgl. R. Stephan, Zur jüngsten Geschichte des Melodrams, a.a.O., S. 189/190.

b) rhythmisch gebundenen Sprechvortrag:

Wozzeck

Dreht Euch! Wälzt Euch! War-um löscht Gott die Son-ne— nicht aus?

A. Berg: Wozzeck, Universal Edition, Wien, II, T. 514—519.

c) Sprechvortrag mit relativer Tonhöhenangabe:

Athlet

Bei ge-sun-den Gliedern drei Mo-na-te lang

Dr. Schön

„Hals durch - schnit-ten...“   „mit dem Ra - sier-mes-ser...“

A. Berg: Lulu, Universal Edition, Wien, S. 269.

d) gebundenes Melodram im Stil Schönbergs und Humperdincks:

Wozzeck

Siehst du den   lich-ten Streif da —

A. Berg: Wozzeck I, T. 227—228.

e) halb gesungen („mit etwas Gesangstimme“):

Marie

„Und knie-te hin zu sei-nen   Fü-ßen   und wein-te...“

A. Berg: Wozzeck III, T. 52—53.

Die Verbindung dieser Möglichkeiten schafft gleitende Übergänge zwischen Deklamation und Gesang:

1. Hand-
werksbursche

A-ber al-les Ir - di-sche   ist ei-tel   selbst das

Geld geht in Ver-we-sung ü-ber,   und meine See-le stinkt nach Brannte - wein.

A. Berg: Wozzeck II, T. 630—634.

Dabei bezeichnet Berg alle Formen, bei denen Tonhöhe und Rhythmus vorgezeichnet sind, unter Hinweis auf die Anweisungen zu Schönbergs „Die glückliche Hand“ und „Pierrot lunaire“ als „rhythmische Deklamation“ im Unterschied zum „gewöhnlichen Sprechen“.

Das Grundproblem der kompositorisch artikulierten Sprechmelodie im Sinne Schönbergs liegt in der Schwierigkeit, die Tonhöhenangaben beim Sprechen adäquat zu realisieren, ohne ins Singen zu verfallen. Der Klang gesprochener Sprache ist wesentlich vom Klangbild der geräuschhaften Konsonanten geprägt, die für die Verständlichkeit von entscheidender Bedeutung sind. Konsonanten haben aber im Gegensatz zu den Vokalen keine oder eine nur extrem kurze Resonanzzeit. Und sie stellen auch nur kurze Emissionen dar und verlassen die momentan erreichte Tonhöhe sofort wieder, so daß Sprechtonkurven grundsätzlich von Melodieverläufen unterschieden sind. Der Sprachartikulation widersprechen die gehaltenen Tonhöhen einer Melodie; Sprechtonhöhe und Gesangstonhöhe kongruieren nicht. Dunkel und widersprüchlich bleiben daher auch Schönbergs Aussagen zur Ausführung der Sprechmelodie:

„Die in der Sprechstimme durch Noten angegebene Melodie ist (bis auf einzelne besonders bezeichnete Ausnahmen) *nicht* zum Singen bestimmt. Der Ausführende hat die Aufgabe, sie unter guter Berücksichtigung der vorgezeichneten Tonhöhen in eine *Sprechmelodie* umzuwandeln. Das geschieht, indem er

I. den Rhythmus haarscharf so einhält, als ob er sänge, d. h. mit nicht mehr Freiheit, als er sich bei einer Gesangsmelodie gestatten dürfte;

II. sich des Unterschiedes zwischen *Gesangston* und *Sprechton* genau bewußt wird: der Gesangston hält die Tonhöhe unabänderlich fest, der Sprechton gibt sie zwar an, verläßt sie aber durch Fallen oder Steigen sofort wieder. Der Ausführende muß sich aber sehr davor hüten, in eine ‚singende‘ Sprechweise zu verfallen. Das ist absolut nicht gemeint. Es wird zwar keineswegs ein realistisch-natürliches Sprechen angestrebt. Im Gegenteil, der Unterschied zwischen gewöhnlichem und einem Sprechen, das in einer musikalischen Form mitwirkt, soll deutlich werden. Aber es darf auch nie an Gesang erinnern.“[13]

Die Fülle solcher einander einschränkender oder ausschließender negativer Umschreibungen läßt aber nicht deutlich werden, wie diese Mitte zwischen Gesangs- und Sprechton zu erreichen sei, ohne das eine oder das andere zu sein. Es bleibt zu fragen, ob diese Mitte eher durch Reduktion des Singens vom Sänger oder durch Musikalisierung der Deklamation durch den Schauspieler zu finden ist. Die „Pierrot“-Melodramen sind auf Anregung der Diseuse Albertine Zehme entstanden und ihr gewidmet, wenden sich also an einen Rezitator und nicht an den geschulten Sänger. Eine Wurzel des besonderen Stils und Charakters des „Pierrot lunaire“ liegt zweifellos im Typ des Chansons des literarischen Kabaretts, mit dem Schönberg durch seine Tätigkeit in Wolzogens Überbrettl in Berlin 1901 durchaus vertraut war.[14] Andererseits legt die strenge Kanonführung der Rezitationsstimme mit Viola und Klarinette im 17. Stück „Parodie“ die Vermutung nahe, doch an eine auch melodisch verbindliche Ausführung zu denken, was ein durch A. Berg 1913 mitgeteilter Brief zu den Gurreliedern stützt:

„Hier ist die Tonhöhennotation keinesfalls so ernst zu nehmen wie in den Pierrot-Melodramen. Keinesfalls soll hier eine gesangartige Sprechmelodie entstehen wie dort. Gewahrt bleiben muß durchaus der Rhythmus und die Tonstärke (entsprechend der Begleitung). Bei einigen Stellen, in denen es sich fast melodisch ausnimmt, könnte etwas (!!) musikalischer gesprochen werden. Die Tonhöhen sind nur als ‚Lagenunterschiede‘ anzusehen; das heißt die betreffende

---

[13] A. Schönberg, Vorwort zu „Pierrot lunaire“ op. 21.
[14] Als Kapellmeister hatte er nicht nur Brettl-Lieder einzustudieren und zu arrangieren, sondern er schrieb auch selber derartige Lieder.

Stelle (!!! nicht die einzelne Note) ist höher, respektive tiefer zu sprechen. Nicht aber Intervallproportionen."[15]

Später schließt er aber A. Jemnitz[16] und D. Ruyneman[17] gegenüber jede melodische Verbindlichkeit nachdrücklich aus. Bezüglich der Sprechstimme im „Überlebenden aus Warschau" schreibt er am 12. 11. 1948 an R. Leibowitz:

„Wie gesagt — niemals singen. Das ist sehr wichtig, weil durch Singen Motive entstehen, und Motive ausgeführt werden müssen. Motive erzeugen Verpflichtungen, die ich nicht erfülle . . ."[18]

Die Unsicherheit und Unklarheit über die Ausführung der Schönbergschen Sprechmelodien dokumentiert auf eindringliche Weise eine Untersuchung, die am Phonetischen Laboratorium der Universität Hamburg über die Sprechtonbewegung im „Pierrot lunaire" anhand von zwei verschiedenen Interpretationen der „Serenade" (Nr. 19) durchgeführt und bereits 1925 veröffentlicht wurde.[19] W. Heinitz[20] faßt das Ergebnis wie folgt zusammen:

„Die eine Sprecherin (ein exzentrischer Sprechtypus) bewegte sich durchwegs zwei bis vier Halbtöne über oder unter der Notierung. Immerhin zeigte sich in vier Fünfteln aller Fälle wenigstens noch gleichsinniger Wechsel der Auf- und Niederbewegungen der Notenreihe mit Schönberg. Die andere Sprecherin hatte bei der öffentlichen Aufführung unter Schönbergs Leitung ebenfalls sehr starken Erfolg. Die genaue Feststellung ihrer Sprechtonbewegung zeigte jedoch, daß sie überhaupt nur fünf Prozent der Tonhöhen des Notentextes genau wiedergab, und daß sie sich im Durchschnitt zwischen vier und sechs Halbtönen davon entfernte. In bezug auf die Melodierichtung zeigte sie nicht weniger als 35 Prozent *Gegenbewegung* zu der Schönbergschen Vorschrift."

Während Schönberg ursprünglich an der „guten Berücksichtigung der vorgezeichneten Tonhöhen" festhielt, betont er später — der Gefahr des Mißverstehens der Tonhöhenfixierung voll bewußt —, daß seine Tonhöhennotation nicht zu singen sei, also im eigentlichen Sinne keine Tonhöhennotation bedeute, sondern auf eine besondere Akzentuierung dramatisch expressiver Deklamation ziele. Wichtig ist in erster Linie der durch die Tonhöhe bedingte melodische *Akzent,* der oft auch an einen dynamischen gekoppelt ist.[21] So wird verständlich, daß und warum Schönberg zunächst auf der Forderung nach Einhaltung der Tonhöhen beharrt. „Es scheint, daß Schönberg, trotz gegenteiliger Beteuerung im Vorwort des Pierrot, mehr an den Intervallen des Schalldrucks als an denen der Frequenz interessiert ist, auch wenn er diese . . . als Tonhöhen notiert. Die Sprechmelodie des Pierrot lunaire ist hauptsächlich also ‚Akzentmelodie', welche mit den wenigen konventionellen Akzentzeichen eben nicht darstellbar wäre . . ."[22]

---

[15] A. Berg, A. Schönberg. Gurrelieder. Führer. Wien 1913, S. 93.
[16] Brief vom 15. 4. 1931, in: Briefe, hg. von E. Stein, Mainz 1958 (kurz: Briefe), Nr. 125, S. 160.
[17] Brief vom 23. 7. 1949, bei J. Rufer, Das Werk A. Schönbergs, Kassel 1959, S. 20.
[18] Briefe Nr. 217, S. 269.
[19] W. Heinitz, Die Sprechtonbewegungen in A. Schönbergs Pierrot lunaire, in: Vox. Mitteilungen aus dem Phonetischen Institut der Universität Hamburg, Hamburg 1925.
[20] W. Heinitz, Kunst, Sprechmelodie und Maschine, in: Musikblätter des Anbruch 8/1926, S. 36—38.
[21] Darauf hat zuerst W. Klüppelholz in seiner Kölner Dissertation „Sprache als Musik", Herrenberg 1976, hingewiesen.
[22] Klüppelholz, a.a.O., S. 31/32. Mit Recht weist Klüppelholz darauf hin, daß auch in Schön-

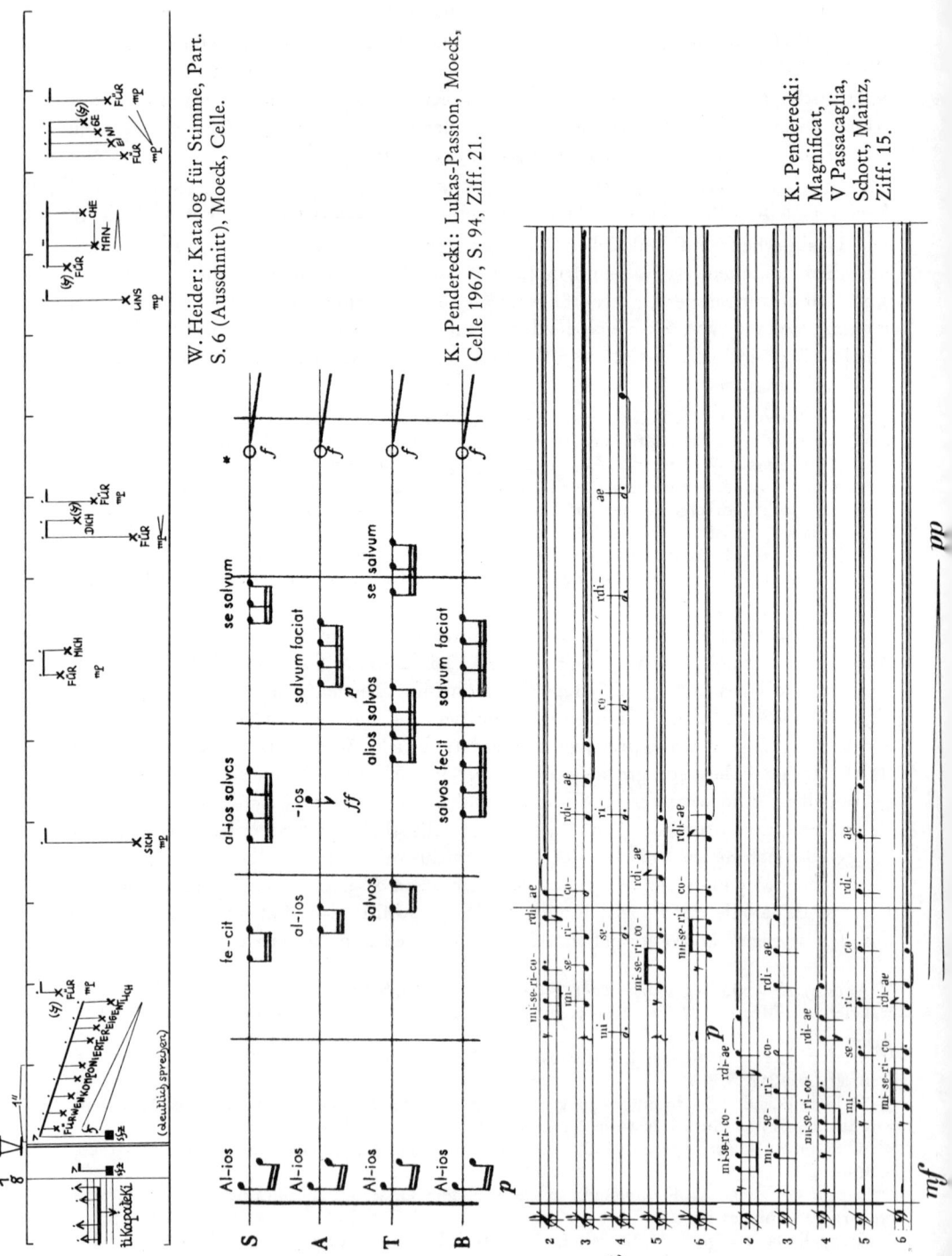

W. Heider: Katalog für Stimme, Part.
S. 6 (Ausschnitt), Moeck, Celle.

K. Penderecki: Lukas-Passion, Moeck,
Celle 1967, S. 94, Ziff. 21.

K. Penderecki:
Magnificat,
V Passacaglia,
Schott, Mainz,
Ziff. 15.

Die verschiedenen, relativ oder absolut notierten Tonhöhen bzw. Lagenangaben sind wohl in erster Linie auf die Akzenthöhe zu beziehen. Mit Bezug auf den „Überlebenden aus Warschau" weist Schönberg selbst darauf hin:

„...dies[e Sprechstimme] darf niemals so musikalisch ausgeführt werden wie meine andern strengen Kompositionen. Niemals darf gesungen werden, niemals darf eine wirkliche Tonhöhe erkennbar sein. Das heißt, daß nur die Art der Akzentuierungen gemeint ist."[23]

Daß Berg Schönbergs Sprechmelodie in ähnlicher Weise verstanden haben muß, läßt sich daran erkennen, daß er zwar auch Tonhöhen mitnotiert, aber ausschließlich von „rhythmischer Deklamation" spricht, also den melodischen Akzent dem rhythmischen subsumiert. Konsequent ist es dann auch, wenn in neueren Kompositionen, in denen die phonetischen Prozesse der Sprachartikulation zum eigentlichen Kompositionsmaterial werden können, jene phonetische Akzentuierung des Deklamationsrhythmus graphisch veranschaulicht wird (vgl. erstes Notenbeispiel auf S. 116).

Die deklamatorischen Möglichkeiten der Sprechstimme werden auch auf den chorischen Vortrag angewendet (K. Weill, W. Fortner, C. Orff, R. Wagner-Régeny u. a.). Verbunden mit differenzierten Artikulationsformen bilden sie die klangliche Grundlage einer Sprech- und Sprachmusik, die die verschiedenen Valeurs der Textdeklamation im Zwischenbereich zwischen natürlicher Rede und Belcanto ausnutzt. Penderecki benutzt außer dem natürlichen und dem metrisch skandierenden Textvortrag

HYMNOS ÉX ERÍNYÓN (Dies irae, Ziff. 1, S. 22)

alle Schattierungen zwischen tonloser, rhythmisch gebundener Deklamation (= sussurando 𝄻 oder ⊓⊓) und einem „quasi recitando" mit einer melodischen Kontur, die auf einer Linie notiert ist (vgl. zweites Notenbeispiel auf S. 116),
auf drei Linien Lagenunterschiede andeutet (vgl. drittes Notenbeispiel auf S. 116)
oder auf fünf Linien die melodische Akzentuierung präzisiert (vgl. Notenbeispiel auf S. 118).

Die feinen Grade der Abstufung in der Textdeklamation von Pendereckis Vokalwerken bewirken nicht eine Verfeinerung der ästhetischen Qualitäten der Deklamation, sondern stehen vielmehr im Dienste eines neuen Ausdruckspotentials zur realistisch suggestiven Textdarstellung. So erhalten die prosodischen Elemente der Textdeklamation ein Eigengewicht als autonome musikalische Qualität, so daß es möglich wird, sie „als Stimme eines musikalischen Zusammenhangs" (Schnebel), als Teil einer musikalischen Struktur fungieren zu lassen oder ihre vokale Gestik musikalisch und dramatisch zu verwerten (vgl. M. Kagels vier Melodramen „Phonophonie", 1963/64, s. Notenbeispiel auf S. 119).

In Tochs gesprochener „Fuge aus der Geographie" (1930) entstehen durch die rhythmische Skandierung einzelner Namen und die Überlagerung rhythmisch fixierter Strukturen charakteristische Klangfarbenfelder, die sich von den konkreten Namen lösen und als autonome musikalische Qualität wahrgenommen werden können. Ganz analog erzeugt Penderecki im Gloria des „Magnificat" (1973/74) durch die Schichtung periodisch

---

bergs Einstudierung des Pierrot mit Erika Stiedry-Wagner, die in einem Remake vorliegt, eine Berücksichtigung der genauen Tonhöhen nicht gegeben ist.
[23] Brief vom 12. 11. 1948, Briefe Nr. 217, S. 269.

CORI

118

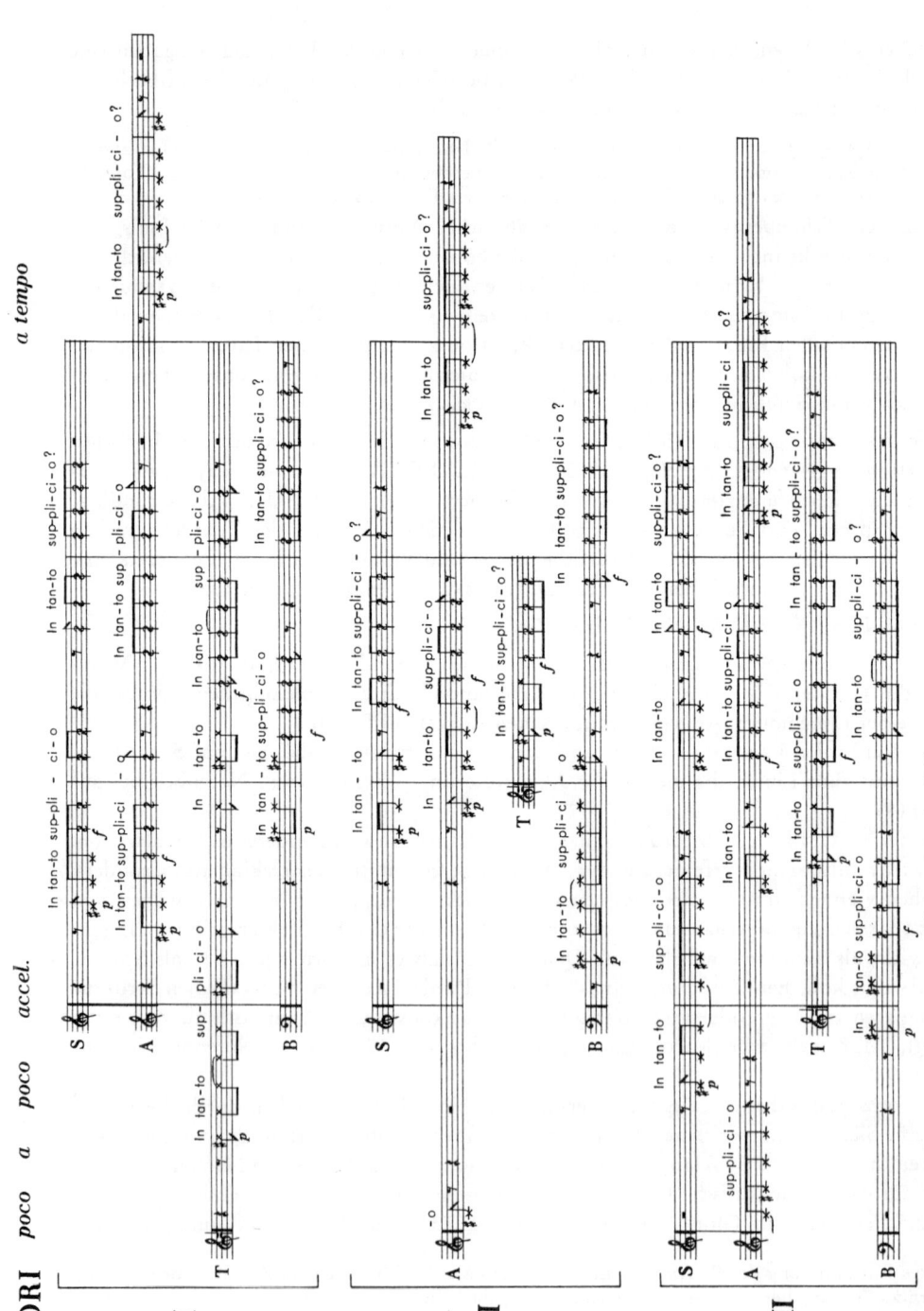

K. Penderecki: Stabat mater „in tanto supplicio", Moeck, Celle.

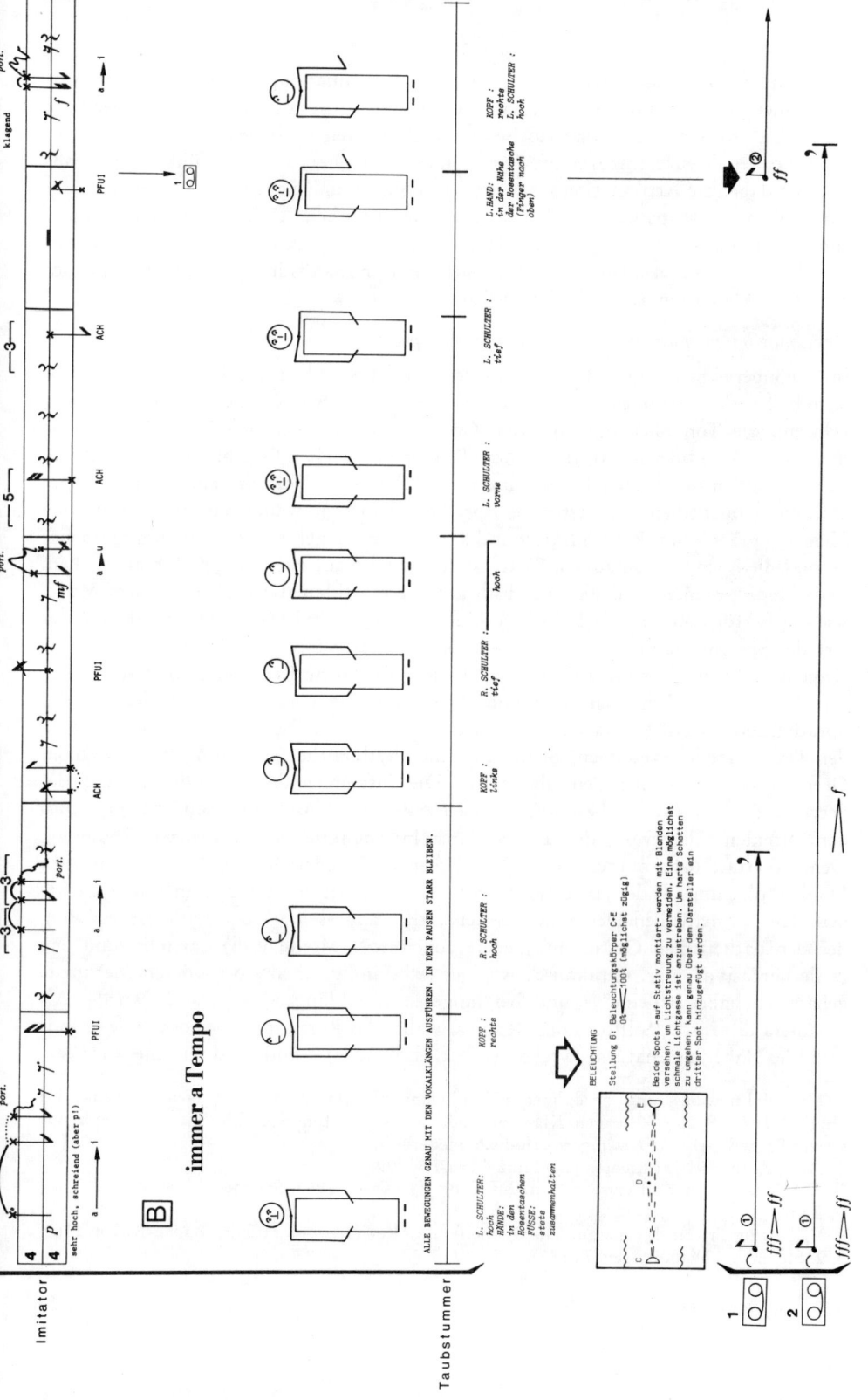

M. Kagel: Phonophonie, Gesangspartitur, Universal Edition, Wien 1976, S. 8.

pulsierender Phasen aus rhythmisch gebundener Deklamation, Gesang und Instrumentalstimmen einen farblichen „Fluktuationsklang"[24]. In Berios „Sequenza III per voce femminile" werden die deklamatorischen Möglichkeiten der menschlichen Stimme bis zur äußersten Grenze ausgeschöpft. Die Notation auf einer, drei oder fünf Linien kennzeichnet dabei die Artikulationsarten zwischen Singen und Sprechen. Der Einsatz aller nur denkbaren lautpantomimischen und stimmtechnischen Aktionen zur Klangerzeugung dient aber nicht mehr nur der Deklamation des Textes, der der Komposition zugrunde liegt, sondern benutzt ihn zur Entfaltung musikalischer Prozesse. Der Bereich der Textdeklamation ist damit überschritten.

Deklamationsprinzipien in musikalischer Komposition

Im Schönbergschen Typus der *Sprech*melodie wird Sprechen musikalisiert, aber nicht melodisiert. Vornehmlich der Deklamationsrhythmus ist kompositorisch festgelegt, während die Tonhöhenfixierung vom Gesang klar unterschieden ist und mehr eine spezifische Akzentuierung als tatsächliche Tonhöhe beinhaltet. Es geht um ein „Sprechen, das in einer musikalischen Form mitwirkt" (Schönberg, Vorwort zum Pierrot), aber noch die phonetischen Eigenarten des Sprechens wahrt. Je weiter nun die prosodischen Elemente präzise musikalisch fixiert und kompositorisch geformt werden, um so stärker vermag die Komposition auf die Textgestalt und auch auf den Textgehalt einzuwirken, um so musikeigener wird die melodisch gestaltete Deklamation. Denn in dem Maße, wie die Textdeklamation melodisch verbindlich ausgeführt ist, geht das Sprechen in der Art der Sprechmelodie in *Gesang* über. Das Rezitativ bzw. die Rezitation stellt die elementare Stufe eines Gesangs dar, „der die gesprochene Rede musikalisch-deklamatorisch zu verdeutlichen sucht"[25] und dabei „auf die musikalische Wiedergabe der Sprachakzente zielt"[26]. Darin sind nun die Tonhöhen definitiv vorgeschrieben, wird der Text eindeutig gesungen, bleibt aber die rhythmische Gestaltung in bestimmten Grenzen dem Ausführenden überlassen. Die instrumentale Akkordbegleitung des Secco-Rezitativs stützt dabei nicht nur harmonisch die Singstimme, sondern trägt auch der formalen Gliederung des Textes durch interpunktierende Kadenzen Rechnung. Dem „Trattato della musica scenica" (zwischen 1635 und 1639) von Giovanni Battista Doni zufolge umfaßt der „stile monodico" oder „recitativo" je nach dem Anteil affektbetonten, dramatischen Deklamierens den „stile rappresentativo" („stile espressivo"), der den pathetischen Gestus im „genere concitato" (Monteverdi) darstellt, und den „stile narrativo", der, musikalisch weniger selbständig, „keine besonderen Merkmale gehabt zu haben scheint"[27] und bei längeren Erzählungen angewandt wurde. Als „maniera di canto" (Stilform des Gesangs) wahrt das Rezitativ aber noch seine grundsätzliche Nähe zur „natural favella" (natürlichen Rede)[28] und wird teils mehr als „er-

---

[24] Mit Fluktuationsklang bezeichnet H. Lachenmann (Klangtypen der Neuen Musik, in: zfmth 1/1970, S. 20—30) einen Klangzustand, „in dessen Innerem sich ein, wenn auch nur kurzer Prozeß mehr oder weniger periodisch wiederholt."
[25] Art. „Rezitativ" in: RiemannL, Mainz ¹²1967, S. 799.
[26] J. A. Westrup, Art. „Rezitativ", in: MGG Bd. 11, Kassel 1963, Sp. 356.
[27] Ebd.
[28] Vgl. dazu Fr.-Hr. Neumann, Die Ästhetik des Rezitativs, Straßburg/Baden-Baden 1962, S. 9 (Slg. mw. Abhandlungen, Bd. 41).

höhte Deklamation" (J. A. Hiller [29]) bzw. „singende Rede" (Scheibe [30]), teils eher als „redender Gesang", immer aber als Zwischenform, die einmal mehr zur Rede, ein andermal mehr zum Gesang hin neigt, angesehen. So kennzeichnet Scheibe im „Critischen Musikus" [30] das Rezitativ wie folgt:

„... vom Recitative aber kann man nicht sagen, daß es ein Gesang ist; sondern man kann es vielmehr eine Reihe verschiedener aufeinander folgender Töne nennen, die dazu erfunden sind, die Rede des Menschen nachzuahmen, oder vielmehr ordentlicher abzumessen. Es ist also eine singende Rede. ... Auf diese Weise besteht die Verfertigung eines Recitativs keineswegs in der Erfindung des Componisten, sondern bloß allein ... in der nachdrücklichsten und genauesten Nachahmung der Rede des Menschen, und daß man folglich die Ähnlichkeit und Übereinstimmung der Töne mit der Rede durch eine harmonische Modulation aufs genaueste zu erlangen suchet."

Mehr als Gesang dagegen deutet Chabanon (Über die Musik und deren Wirkungen [31]) das Rezitativ:

„Das jenige Stück in der Musik, das sich am meisten der Rede nähert, ist das einfache Recitativ. Der Gesang legt hier alle seine melodischen Verschönerungen, Triller, Läufe, Verhaltungen, Dehnungen, ab; sogar das Zeitmaß ist in dem gemeinen Recitative ungewiß und unbestimmt. So nackt nun auch der Gesang des Rezitativs erscheint, indem er sich auf weiter nichts, als auf bestimmte Intervalle, in Ansehung der Intonation einläßt, so ist er doch, durch diesen einzigen Umstand schon, von der Rede wesentlich unterschieden."

Sulzer [32] grenzt es sowohl gegen den Gesang als auch gegen die gewöhnliche Sprachdeklamation ab:

„Es giebt eine Art des leidenschaftlichen Vortrages der Rede, die zwischen dem eigentlichen Gesang, und der gemeinen Declamation das Mittel hält. ... Von der bloßen Declamation unterscheidet sich das Recitativ dadurch, daß es seine Töne aus einer Tonleiter der Musik nimmt, und nach den Regeln der Harmonie unterworfene Modulation beobachtet, und also in Noten kann gesetzt und von einem die volle Harmonie anschlagenden Basse begleitet werden. Von dem eigentlichen Gesang unterscheidet es sich vornehmlich durch folgende Kennzeichen. Erstlich bindet es sich nicht so genau, als der Gesang, an die Bewegung. In derselben Taktart sind ganze Takte und einzele (sic!) Zeiten nicht überall von gleicher Dauer ... Zweytens hat das Recitativ keinen so genau bestimmten Rhythmus. Seine größern und kleinern Einschnitte sind keiner andern Regel unterworfen, als der, den die Rede selbst beobachtet hat. Daher entsteht drittens auch der Unterschied, daß das Recitativ keine eigentliche melodische Gedanken, keine würkliche Melodie hat, wenn gleich jeder einzelne Ton eben so singend, als in dem wahren Gesang vorgetragen würde. Viertens bindet sich das Recitativ nicht an die Regelmäßigkeit der Modulation in andere Töne, die dem eigentlichen Gesang vorgeschrieben ist. Endlich unterscheidet sich das Recitativ von dem wahren Gesang dadurch, daß nirgend, auch nicht einmal bey vollkommenen Cadenzen, ein Ton ernstlich länger, als in der Declamation geschehen würde, ausgehalten wird."

Lehnt sich einerseits die melodische Führung der Singstimme im Rezitativ eng an die Deklamationsart der Rede an und vermag darüber hinaus auch deren Einschnitte in

---

[29] J. A. Hiller, Beyträge zu wahrer Kirchenmusik, Leipzig 1791, zit. bei Neumann, a.a.O., S. 39 Anm. 5.
[30] J. A. Scheibe, Der critische Musikus, ²1745, S. 743 f.
[31] Übersetzt von J. A. Hiller, Leipzig 1781, S. 74; zit. bei Neumann, a.a.O., S. 10.
[32] J. G. Sulzer, Art. „Recitativ", in: Allgemeine Theorie der schönen Künste, 4. Teil, Leipzig ²1794, S. 4/5; ND Hildesheim 1967.

entsprechenden Melodieklauseln oder Baß-Kadenzen zu berücksichtigen, so schließt jede Art melodischer Deklamation andererseits aber immer auch die Darstellung der semantischen Komponenten des Textes mit ein, sei es nur in der Art des Affektausdrucks, sei es in figürlichen oder klangbildlichen Entsprechungen der Melodieführung. Die „Vertonung" (im ganz wörtlichen Sinne) sowohl der prosodischen, syntaktischen wie semantischen Schichten eines Textes wird erst durch die melodische, harmonische und rhythmische Ausformung kompositorisch faßbar, die durch dynamische, agogische und metrische Verhältnisse weiter verfeinert wird. Erst melodisch ausgeführte Gestalten sind in der Lage, über strukturell syntaktische und immanent ästhetische Qualitäten hinaus auch zeichenhafte Bedeutungen zu übernehmen. Die Deklamation allein berücksichtigt zwar den Sinn der Worte, vermag ihren Bedeutungsinhalt durch emphatische Betonung hervorzuheben, drückt ihn aber noch nicht selbst aus. Die theoretischen Abhandlungen des 17. und 18. Jahrhunderts beruhen daher auf einer Ästhetik des Rezitativs, die eine sinnentsprechende Ausführung der Rezitativstimme fordert. Sulzer[33] stellt dazu 15 Regeln auf, von denen die wichtigsten hier angeführt seien:

„1. Das Recitativ hat keinen gleichförmigen melodischen Rhythmus, sondern beobachtet blos die Einschnitte und Abschnitte des Textes ...

4. Jede Sylbe des Textes muß nur durch einen einzigen Ton ausgedrückt werden ... daß die deutliche Aussprache der Sylbe dadurch nicht leidet.

5. Alle grammatische Accente müssen dem Sylbenmaaße des Dichters zufolge auf gute, die Sylben ohne Accente auf die schlechten Takttheile fallen.

6. Die Bewegung muß mit dem besten Vortrag übereinkommen ...

7. Eben so muß das Steigen und Fallen der Stimme sich nach der zunehmenden, oder abnehmenden Empfindung richten ...

10. Die besondern Arten der Cadenzen, wodurch Fragen, heftige Ausrufungen, streng befehlende Sätze sich auszeichnen, müssen eben nicht auf die letzten Sylben des Satzes, sondern gerade auf das Hauptwort, auf dessen Sinn diese Figuren der Rede beruhen, gemacht werden.

11. Die Harmonie soll sich genau nach dem Ausdruck des Textes richten ...

12. Auch das Piano und Forte mit ihren Schattirungen sollen nach Inhalt des Textes wol beobachtet werden.

15. Endlich wird an Stellen, wo die Rede voll Affekt, aber sehr abgebrochen, und mit einzelen Worten, ohne ordentliche Redesätze fortrückt, das sogenannte Accompagnement angebracht, da die Instrumente währendem Pausiren des Redenden die Empfindung schildern."

Die emphatische Hervorhebung des bedeutungsmäßigen Gewichtes der jeweiligen Textworte — in der musikalischen Poetik als Emphatik gelehrt — ist aber von dem grammatischen Betonungsakzent zu unterscheiden. Mattheson[34] führt drei Unterscheidungsmerkmale an:

„Erstlich fällt die Emphasis immer auf ein gantzes Wort, nicht nach dem Klange desselben, sondern nach dem darin enthaltenen Bilde des Verstandes; der Accent hergegen hat nur mit blossen Sylben, nehmlich mit deren Länge, Kürtze, Erhebung oder Erniedrigung im Aussprechen zu schaffen. (§ 8)

---

[33] A.a.O., S. 8 f.
[34] J. Mattheson, Der vollkommene Capellmeister, Hamburg 1739, II. Teil, 8. Haupt-Stück „Vom Nachdruck in der Melodie" §§ 8—10.

Fürs andre hat ein iedes Wort von mehr als einer Sylbe seinen Accent, wenigstens einen, wo nicht mehr; aber ein iedes Wort hat keine Emphasin. Hingegen fehlt es den einsylbigen Wörtern mehrentheils am rechten Accent, die doch gar offt eine Emphasin haben können. (§ 9) Dritens richtet der Accent seine Absicht bloß auf die Aussprache; die Emphasis hergegen zeiget gleichsam mit Fingern auf die Gemüths-Neigung, und beleuchtet den Sinn oder Verstand des Vortrages." (§ 10)

Grammatische, metrische und emphatische Betonung überlagern sich in gesprochener Sprache; sie gilt es bei der Textvertonung musikalisch differenziert zu berücksichtigen. Th. Georgiades sieht in der deutschen Sprache den Bedeutungsgehalt eines Wortes bereits im Erklingen (= Sprechen) verwirklicht, weil hier — im Unterschied zum Lateinischen — die betonte Silbe immer zugleich auch die bedeutungstragende ist; „hier ist die Betonung (und die mit ihr verbundene Längung) nichts anderes als der Nachdruck, der der bedeutungstragenden Silbe zukommt; ... Das führt aber auch zum Einswerden von Wort und Nachdruck, von Sprache und Ausdruck, von Vergegenständlichung und Ich, von Objektivität und Subjektivität." [35] Die Musikalisierung der Sprache wie die Versprachlichung der Musik wird dadurch begünstigt. Die grundsätzlichen musikalischen Möglichkeiten, den grammatischen, metrischen und emphatischen Akzent in einen „accentus melicus" zu überführen, seien hier kurz aufgeführt:

1. Die betonte Silbe erhält einen dynamischen Stärkeakzent ($<$, sfz) oder einen melodischen Nachdruckakzent durch eine Synkopierung, eine figurale Verzierung, einen Vorschlag, Triller u. ä.

I. Strawinsky: Mass, Sanctus, Boosey & Hawkes, London 1948, Ziff. 46.

2. Die qualitative Differenzierung von Hebung und Senkung ($\acute{x}$ x), die im Deutschen an die Stelle der quantitativen Unterscheidung von Längen und Kürzen ($-\cup$) getreten ist, wird musikalisch durch die schwere und leichte Zeit im Akzentstufenakt wiedergegeben (metrischer Akzent) oder in Dauernverhältnisse übertragen (Längenakzent): $\acute{x}$ x x = ♩ ♪ ♪ ; der längere Wert tritt stärker hervor und erscheint gegenüber dem kürzeren zugleich als stärker akzentuiert. Georgiades hat die kompositorischen Möglichkeiten der musikalischen Übertragung der emphatischen Textdeutung allein auf der Grundlage rhythmischer Dauernverhältnisse der Deklamation der Singstimme am Beispiel des Glaubensbekenntnisses in der Vertonung von Heinrich Schütz („12 Geistliche Gesänge", 1657) ausführlich dargestellt [36]; als Beispiel sei ein kurzer Auszug hier angeführt:

---

[35] Th. Georgiades, Musik und Sprache, a.a.O., S. 55.
[36] Ebd., S. 65/66.

„Der Beginn hat folgenden Rhythmus:

Ich glau - be an ei - nen ei - ni - gen Gott.

Das langausgehaltene *Ich* wirkt wie ein Sammelpunkt. Und nun strömt der Satz:

glau - be an ei - nen ei - ni - gen Gott.

Erst das Wort *Gott* wird wieder lang ausgehalten. So steht dieser Satz am Anfang des Glaubensbekenntnisses gleich einer Überschrift, indem er durch die Gegenüberstellung *Ich* und *Gott* zusammengehalten wird."

3. Die Hebungen und Senkungen können durch höhere und tiefere Tonlagen dargestellt werden (vgl. die „Melodik" von einfachen Abzählversen, Funktion der „Rufterz" u. ä.). Der Spitzenton eines Motivs bzw. der Kulminationspunkt einer melodischen Phrase schließt in der Regel auch einen Höhenakzent ein (vgl. die „Akzentmelodik" der Sprechmelodie). Dem trägt die anspringende Auftaktquarte so vieler jambischer Volksliedtexte ebenso Rechnung wie der melodische Duktus der meisten Rezitativ-Melodien.

J. S. Bach: Weihnachtsoratorium, Bärenreiter, Kassel ²1966, Rezitativ Nr. 44.

Die Hauptbetonungen des Textes fallen melodisch jeweils mit einem Hochton der Phrase zusammen und liegen alle auf metrisch schwerer Zeit; darüber hinaus sind auch die grammatischen Sprachakzente in der rhythmischen Differenzierung der Längenverhältnisse beibehalten:

,Beth - le -hem' oder ,jü - di -schen'.

Die verschiedenen Akzentuierungsmöglichkeiten greifen ineinander und schaffen so eine grammatisch korrekte und zugleich emphatisch akzentuierte melodische Deklamation:

da kamen die Wei-sen vom Mor-gen-lan - de gen Je - ru-sa-lem

↓ = Höhenakzent   ◯ = metrischer Akzent   ═══ = Dauernakzent

4. Scheinbare Verstöße gegen die natürliche Akzentuierung durch die musikalische Deklamation können ein weiteres Mittel zur emphatischen oder auch nur syntaktischen Hervorhebung dienen: das „falsch" oder unnatürlich betonte Wort fällt dadurch besonders auf und wird, indem es sich von etablierten Normen löst, frei zur Aufnahme neuer — struktureller oder semantischer — Funktionen [36a]:

Lau-da - te Do-mi - num

Strawinsky: Psalmensinfonie, Boosey and Hawkes, London, III. Satz, T. 121/126/132.

Im Vergleich zur vollkommenen Ausgewogenheit von musikalischer Stimmführung und Textdeklamation bei Palestrina erscheint Strawinskys Textbehandlung oft gegen den natürlichen Sprachakzent gerichtet. Im homophon akkordischen Rezitieren des Credo-Textes in seiner „Mass" (1948) kennzeichnen Längen weniger Betonungen als die Zäsuren zwischen den Wortgruppen, Satzgliedern und Sätzen. Die Deklamation ist dabei grundsätzlich weniger auf den logischen Sprachakzent als auf die Form der Sprache bezogen. Die Komposition des Credo verhält sich dem Text gegenüber weitgehend neutral und spiegelt so eine eher mittelalterliche Kompositionshaltung.[37] Demgegenüber fallen bei Palestrina musikalisch deklamatorische und sprachliche Akzente weitgehend zusammen. Eine Gegenüberstellung verdeutlicht die vollkommene Kongruenz von sprachlicher und musikalischer Deklamation bei Palestrina und die Selbstständigkeit beider Schichten bei Strawinsky:

[36a] R. Stephan (Der Neoklassizismus Strawinskys als Formalismus, Funkkolleg Musik, 5. Studienbegleitbrief) hat auf den Einfluß des russischen Formalismus (V. Sklovskij, J. Tynjanov) hingewiesen, der die automatisierte Wahrnehmung des Gewohnten und allzu Vertrauten durch sprachliche Deformation aufzubrechen suchte. Sklovskij schreibt 1914: „Sie [die Futuristen, Formalisten] zerspalten das Wort durch den Reim ..., oder aber geben ihm durch den Versrhythmus eine falsche Betonung (...). So entstehen neue lebendige Wörter" (Die Auferweckung des Wortes, in: Texte der russischen Formalisten, Bd. 2, München 1972, S. 15).
[37] Vgl. H. Husmann, Die mittelalterliche Mehrstimmigkeit, Köln 1961, S. 9 (Das Musikwerk, Bd. 9).

metr.Akzent	(x)						x		x	x	(x)		x				x		x
Höhenakzent			(x)											x					
Längenakzent	x						x		x				x		x			x		x
gram.Sprachakzent	x				x				x		x			x		x		x	x

Pa-trem omnipotentem, factorem coeli et terrae   vi-si-bi-lium omni-um

I. Strawinsky: Credo aus der „Mass" (1948).

metr.Akzent		x	x	x	x		x	x	x	x		x
Höhenakzent				x	(x)		(x)	x				
Längenakzent		x	x	x				x			x	x
gram.Sprachakzent			x	x	x		x		x	x		

Et in-car- na-tus est de Spi-ri-tu Sancto, ex Ma - ri-a   vir - gi-ne

G. P. da Palestrina: Credo aus der „Missa Papae Marcelli" (T. 50—59).

5. Schließlich hat auch die Instrumentalbegleitung nicht unwesentlichen Anteil an der Textakzentuierung. Der harmonische Rhythmus, d. h. der Wechsel unterschiedlich gewichteter Akkordfunktionen, vermag die bereits genannten Möglichkeiten der Deklamation zu verstärken oder zu differenzieren. Das macht es möglich, bei der Vertonung gebundener Sprache den regelmäßigen Versakzent mit dem logischen Sprachakzent zu verbinden und die der Versmetrik entsprechende melodische Periodenbildung, die auf Korrespondenzen und Symmetrien beruht, beizubehalten, ohne dabei die logischen und emphatischen Betonungen zu übergehen.

In „Die Krähe" aus Schuberts Winterreise deklamiert die Singstimme den Text W. Müllers syllabisch in gleichmäßigen Achteln; lediglich den Zeilenschluß markiert ein Viertel. Die Trochäen des Gedichts sind so in der Akzentabstufung der vier Achtel des ²/₄-Takts eingefangen.

Ei- ne Krä-he   war mit mir   aus der Stadt ge -   zo -   gen.

Diese Übertragung der Versmetrik auf die rhythmische Gestalt der Melodie wird aber durch die Harmoniefolgen der gebrochenen Akkorde in der Klavierbegleitung sogleich modifiziert. Die Tonika (c-Moll), die gegenüber der Dominante als schwerer empfunden wird, tritt außer am Anfang der Zeile bei den ersten beiden Hebungen „ei(ne) Krä(he)" an den Zeilenenden „mir" und „(ge)zogen" auf. Die logisch sinnwidrige Betonung des „war" in der ersten Zeile auf betonter Taktzeit wird durch den an dieser Stelle stehenden Dominantseptakkord der Subdominante zurückgenommen, der als leichter empfunden wird und somit die metrischen Verhältnisse umkehrt. Nach den harmonischen Verhältnissen ergibt sich eine zweite Akzentschicht, die den sinngemäßen Vortrag stützt, ohne das regelmäßige Metrum aufzuheben.

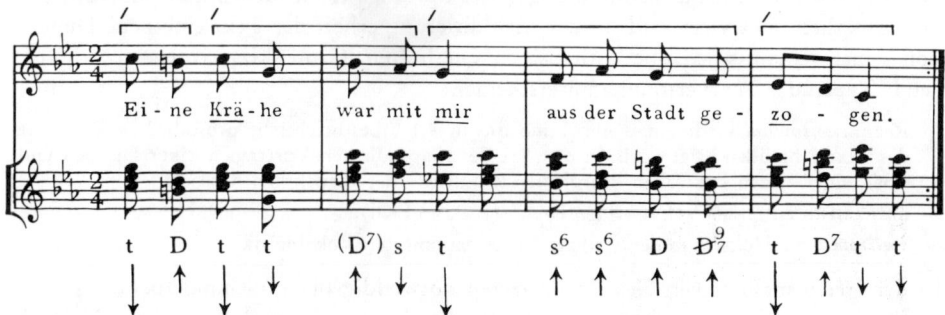

F. Schubert: Die Krähe, aus: Die Winterreise, T. 6—9.

Der Komponist des 19. Jahrhunderts verfügt über vielfältige Mittel, die verschiedenen sprachlichen Akzente in die Musik zu übertragen: die dynamische Verstärkung durch einen Nachdruckakzent (Stärkeakzent), die diastematische Hervorhebung (Höhenakzent), die metrische Betonung auf schwerer Zeit (metrischer Akzent), die rhythmische Differenzierung der Silbendauer (Längenakzent) sowie das harmonische Spannungsgefälle zwischen Akkordfunktionen und verschiedene Sonanzqualitäten (harmonischer Akzent). Wagners Argumentation gegen eine „musikalische Prosa" und für den Stabreim ging davon aus, daß der Musiker, wenn er den logisch rhetorischen Akzent eines Verses berücksichtigen wollte, „nicht nur den Vers, sondern auch seine Melodie in Prosa auf(löste)" [38]. C. Dahlhaus hat darauf hingewiesen, daß dem Problem, wie es sich Wagner stellte, eben durch den differenzierenden Einsatz der verschiedenen musikalischen Mittel der Textdeklamation und Akzentuierung begegnet werden konnte. „Das Dilemma, entweder die Quadratur der Deklamation oder aber die Deklamation der Quadratur opfern zu müssen, ist also nicht so ausweglos, wie es bei Wagner erscheint ... das Auseinanderlegen musikalischer Betonungsarten kann ein Verfahren sein, um zwischen dem Vers- und dem Prosaprinzip zu vermitteln, also die Deklamation zu präzisieren, ohne die metrische und syntaktische Regelmäßigkeit zu opfern." [39]

4.1.2 Melodisierung des Textes

Indem ein Text sich mit einer Melodie verbindet — sei es, daß er ihr unterlegt wird wie bei Tropen und Sequenzen, sei es, daß er im eigentlichen Sinne vertont, d. h. musikalisch bekleidet wird —, gibt er seine prosodische und deklamatorische Eigen-

---

[38] R. Wagner, Oper und Drama, 3. Teil, Leipzig 1852, S. 24/25.
[39] C. Dahlhaus, Ein Dilemma der Verskomposition, in: Mel/NZ 1/1977, S. 18.

ständigkeit zugunsten autonomer musikalischer Prinzipien preis. Dabei können durchaus auch elementare Gegebenheiten des Textes wie seine Gliederung oder bestimmte wortgezeugte Rhythmen wirksam bleiben, doch sind auch Abweichungen vom natürlichen Sprechverlauf und Veränderungen des Sprachgestus in dem Maße sinnvoll, wie sie musikalisch motiviert sind; in der Melodisierung erhält der Text eine neue Dimension seiner semantischen und ästhetischen Qualitäten. Grob skizziert lassen sich folgende Typen der Textvertonung unterscheiden:

— *Rezitationsmelodik*, die in erster Linie die in 4.1.1 beschriebenen prosodischen Elemente des Textes berücksichtigt (z. B. in der Art des rhapsodischen Vortrags antiker Dramen und Epen und bei den Lektionen liturgischer Prosatexte der christlichen Kirche);
— musikalisch autonome *syllabische Melodik* (z. B. im Lied);
— *melismatische Melodik* in der artifiziell auskomponierten Vokalmusik.

In der freien melodischen Gestaltung treten notwendig die sprachimmanenten prosodischen und deklamatorischen Phänome in den Hintergrund. Bachs vokale Melodik bezeichnet die doppelte Bindung an sprachliche und autonom musikalische Prinzipien und ist daher oft „als paradox empfunden worden: als instrumental geprägt und dennoch rhetorisch" [40].

Syllabische Textvertonung stützt die Textverständlichkeit; das Melismatische hebt aber das Deklamatorische auf und unterliegt primär immanent musikalischen strukturellen und ästhetischen Kategorien. Die melodische Autonomie des vokalen Melismas kann wie im gregorianischen Jubilus oder in den Vokalisen von Koloraturarien schließlich textlos werden.

R. Strauss: Ariadne auf Naxos, Arie der Zerbinetta „Als ein Gott kam Jeder gegangen" (Rondo), Fürstner Ltd., London 1916, Ziff. 126—129.

Der bravourösen Opernkoloratur haftet aufgrund ihrer Verwendung im dramatischen Kontext der Gestus der dramatischen Szene an, der den autonomen melodischen Verlauf wiederum beredt sein lassen kann. Die Bariton-Kadenz in G. Ligetis „Aventures" (Ziff. 48) erscheint geradezu als parodistische Kopie jenes opernhaften Pathos mit augenscheinlichen strukturellen Parallelen: eine melodische Klimax mündet in den gehaltenen Triller mit virtuosem Abgang.

R. Strauss: Ariadne auf Naxos, Rezitativ und Arie der Zerbinetta „Großmächtige Prinzessin", Kadenz, Fürstner, London, Ziff. 119.

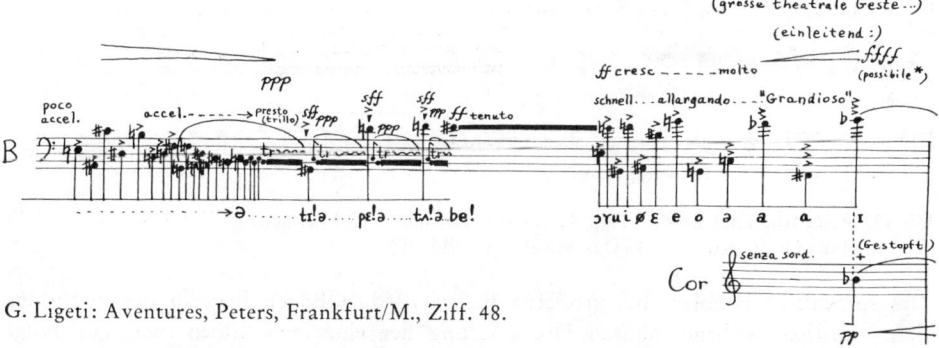

G. Ligeti: Aventures, Peters, Frankfurt/M., Ziff. 48.

Ohne die Geschichte der einzelnen Gattungen der Vokalmusik im einzelnen aufzurollen, ist es kaum möglich, generelle Typen syllabischer oder melismatischer Textbehandlung aufzustellen. Dennoch läßt sich im allgemeinen feststellen, daß überall dort, wo Deklamation und Textverständlichkeit vorrangiges Anliegen sind (z. B. in liturgischen Lektionen und Rezitationen, im Rezitativ), Syllabik vorherrscht; ferner entspricht diese Art der Textbehandlung mehr dem Prinzip des liedhaft Einfachen, während Melismatik eher artifizieller Gestaltung entspricht. So charakterisiert der syllabische, homophone Parlandostil die liedhafte Chanson im 16. Jahrhundert. Dagegen prägt den motettischen Stil dieser Zeit der Wechsel syllabisch deklamierender Blöcke mit weit ausschwingenden Melismen in einem durchimitierten polyphonen Stimmengeflecht. Der Einsatz einzelner Melismen bei bestimmten Wörtern kann als „color", d. h. als melodische Ausschmückung im Sinne einer Verzierung, eher ornamentale Funktion erfüllen oder auch als Figur der „explicatio textus" dienen. Im

---

[40] C. Dahlhaus, in: L. U. Abraham/C. Dahlhaus, Melodielehre, Köln 1972, S. 52.

folgenden Beispiel unterbrechen Sechzehntel-Figuren die syllabische Deklamation des homophonen Satzes, wodurch das Wort „fröhlich" hervorgehoben und zugleich dessen Bedeutung durch die Bewegung dargestellt (abgebildet) wird.

Ph. Hr. Erlebach: Dies ist der Tag, T. 17—24, zit. nach: H. Hüschen, Die Motette, Arno Volk Verlag Hans Gerig, Köln 1974 (Das Musikwerk, Bd. 47).

Das sprachliche Problem bei größeren melismatischen Bögen liegt in der zeitlichen, d. h. akustisch wahrnehmbaren Dissoziierung der einzelnen Silben, was zur Folge haben kann, daß der Sinnzusammenhang, der die Silben zu Wörtern verbindet, abreißt, zumal nur die Vokale im Melisma zur Geltung kommen. Der gleiche Effekt der Textauflösung infolge der Dissoziierung tritt bei der zeitlichen Dehnung der gesungenen (oder gesprochenen) Silben auf, und zwar ebenso in der zu Vokalfeldern geronnenen Deklamation in Neuer Musik (vgl. Ligetis „Lux aeterna"[41]) wie in den lang ausgehaltenen c.f.-Tönen mittelalterlicher Organa und Klauseln, über denen ausgedehnte Koloraturen in der Organalstimme stehen.
Th. Georgiades deutet diesen Prozeß der Auflösung der Wörter in isolierte Silben aus einer veränderten Haltung gegenüber dem Wort infolge der Begegnung der nordischen mit der südlichen Sprachhaltung bei der Ausbreitung des Christentums nördlich der Alpen. Die Neigung zur paraphrasierenden und erläuternden Textierung der Melismen

---

[41] Vgl. dazu W. Gruhn, Textvertonung und Sprachkomposition bei G. Ligeti, in: MuB 1975, S. 511—519; P. op de Coul, Sprachkomposition bei Ligeti, in: R. Stephan (Hrsg.), Über Musik und Sprache, Mainz 1974, S. 59—69 (Veröffentlichungen des Instituts für neue Musik und Musikerziehung Darmstadt, Bd. 14).

über liegenden c.f.-Tönen wurde „durch die musikalische Haltung, die nördlich der Alpen heimisch war und das Eigengewicht der Klänge begünstigte, auf das kräftigste unterstützt. ... Die klangliche Haltung verlangsamte den sprachlichen Fluß. Unter jede Silbe hängte man einen Klang. Es wurde ein Prozeß eingeleitet, der etwa im Verlauf des 10. und 11. Jahrhunderts zur Isolierung, zur Verselbständigung der einzelnen Klangsilben führte. ... Die Sprache erklang nicht mehr als Sinnzusammenhang, als Satzganzes, als Sprachgeste. Sie war wie erstarrt, und sie brach in einzelne Silben auseinander." [42] Dagegen betont H. Husmann, daß hier dennoch das Zusammentreffen von Musik und Text so geschieht, „daß grundsätzlich ein Wort als Ganzes angesehen wird. Wenn sich auch über einer Silbe längere Melismen, in verschiedene Gruppen geteilt, aufbauen, so wird sie doch dadurch mit der folgenden Silbe fest verbunden, daß die letzte musikalische Gruppe nicht mit der Silbe zugleich schließt, sondern auf die nächste Silbe hinübergreift und hier erst endet." [43] Damit sind grundsätzliche Einstellungen zur Melodisierung von Texten angesprochen, die über das 11./12. Jahrhundert hinaus von genereller Bedeutung sind. Es gilt zu unterscheiden, ob ein Text als syntaktische Einheit, als Sinnganzes deklamiert und melodisiert wird bzw. seine Intention musikalisch erfahrbar gemacht werden soll oder ob es ohne Rücksicht darauf genügt, daß er als konkrete Realität (z. B. im c.f.) gegenwärtig ist, ob Einzelbegriffe musikalisch realisiert werden oder ob der Lautbestand des Textes selbst der Materialschicht der Komposition angehört.

4.1.3 Dekomposition des Textes

Entscheidende Züge der Textbehandlung in der Musik der Gegenwart sind bereits in der Literatur des ausgehenden 19. und beginnenden 20. Jahrhunderts angelegt. Eine tiefgreifende Sprachkrise bewirkt, daß sich vornehmlich die Poesie zunehmend verschlüsselt oder als Sprachlaut verabsolutiert. Die Dinge haben sich von den Wörtern immer mehr entfernt; Sinn und Klang fallen nicht mehr in den Begriffen zusammen. So werden verkrustete Worthülsen aufgebrochen und in ihre Lautbestandteile zerlegt, die variiert, permutiert und so entsemantisiert werden. Die literarischen Intentionen des Surrealismus und Dadaismus bis zur konkreten Poesie begegnen musikalischen Vorstellungen auf der Ebene des Klanges und der Struktur. Texte werden neu komponiert, indem sie phonetisch und syntaktisch dekomponiert werden. E. Jandls „Bericht über Malmö" [44] löst den Ortsnamen in seine lautlichen Elemente auf und organisiert sie neu, wodurch wieder neue Begriffe (mal, Lamm, Öl) entstehen (s. S. 132).
Sein „Chanson" [45] komponiert er aus vier Sprachbegriffen (l'amour, die Tür, the chair, der Bauch), die in dauernder Permutation rotieren, bis schließlich die Permutationsvorgänge in das Innere der Wörter eindringen und sie in Klang auflösen (s. S. 132).

---

[42] Th. Georgiades, Musik und Sprache, a.a.O., S. 24.
[43] H. Husmann, Die 3- und 4-stimmigen Notre-Dame-Organa, Leipzig 1940, S. XXIV (Publikationen älterer Musik XI).
[44] E. Jandl, Laut und Luise, Stuttgart 1976, S. 63—66.
[45] Ebd., S. 6—7.

Bericht über Malmö	l	Chanson
	m	. . . . . .
	ö	tie dair
	m	che lauch
	a	am thür
	öl	ber'dour
	m	
	öl	che dauch
	mal	am'thour
	öl	ber dür
	m	tie lair
	ma	l'amour
	l	die tür
	lö	the chair
	öl	
	lamm	
	mal	
	lamm	
	öl	
	lö	
	. . . .	
	. . .	
	. .	

Im Bereich musikalischer Textvertonung treten die gleichen Verfahren textlicher Dekomposition auf. „Kompositorische Arbeit mit einem Text hat hinfort nicht mehr nur
den Aspekt der Beibehaltung eines geschlossenen literarischen Gebildes, bleibt auch
nicht eingeengt auf die Suche nach wie auch immer gearteten Entsprechungen zwischen
dem semantischen Gehalt eines Textes oder/und seiner formalen Struktur mit der
ihnen zugeordneten Musik. Die Zerdehnung und Zerstückelung des Textes hat sich zur
Komposition des Textes selber gewandelt." [46] Der Text fungiert nicht mehr nur als
Darstellung, Ausdruck bzw. Appell (nach der Terminologie Bühlers), die vertont werden können, sondern er wird selbst musikalischen Prozessen unterworfen. So hat z. B.
L. Nono in „La terra e la compagna" für zwei Soli, Chor und Instrumente (1957),
in den „Cori di Didone" für Chor und Schlagzeug (1958) oder in „Sarà dolce tacere"
für acht Solostimmen (1960) den zugrundeliegenden Text in seine einzelnen Phoneme
aufgespalten und diese auf die verschiedenen Stimmen verteilt. So löst er das ursprüng-
liche Textgefüge auf, um es musikalisch neu zu komponieren. Schnebel beschreibt
dieses Verfahren als melodische Reihung und akkordische Vervielfältigung der Sprachlaute. „Etwa singen zwei Stimmen die Silben des ersten Worts vom Canto ,Sarà dolce
tacere' melodisch aneinandergereiht: A—N/NCHE———. Das nächste Wort TU
ist als vierstimmiger Akkord sukzessiv einsetzender, aber gleichzeitig endender Töne
komponiert, das übernächste als fünftöniger Zusammenklang aller acht Stimmen, die
ihre teils gleichen Töne in simultanem Einsatz, aber nacheinander aufhörend zu singen
haben. Das folgende Wort COLLINA wird zu einem zerfaserten Gebilde vertont, wo
die Vokale der Silben sich überlagern. Also sind die Klänge des Textes in der Musik
aufgefächert." [47]

[46] J. Häusler, Einige Aspekte des Wort-Ton-Verhältnisses, a.a.O., S. 73.
[47] D. Schnebel, Denkbare Musik, Köln 1972, S. 407.

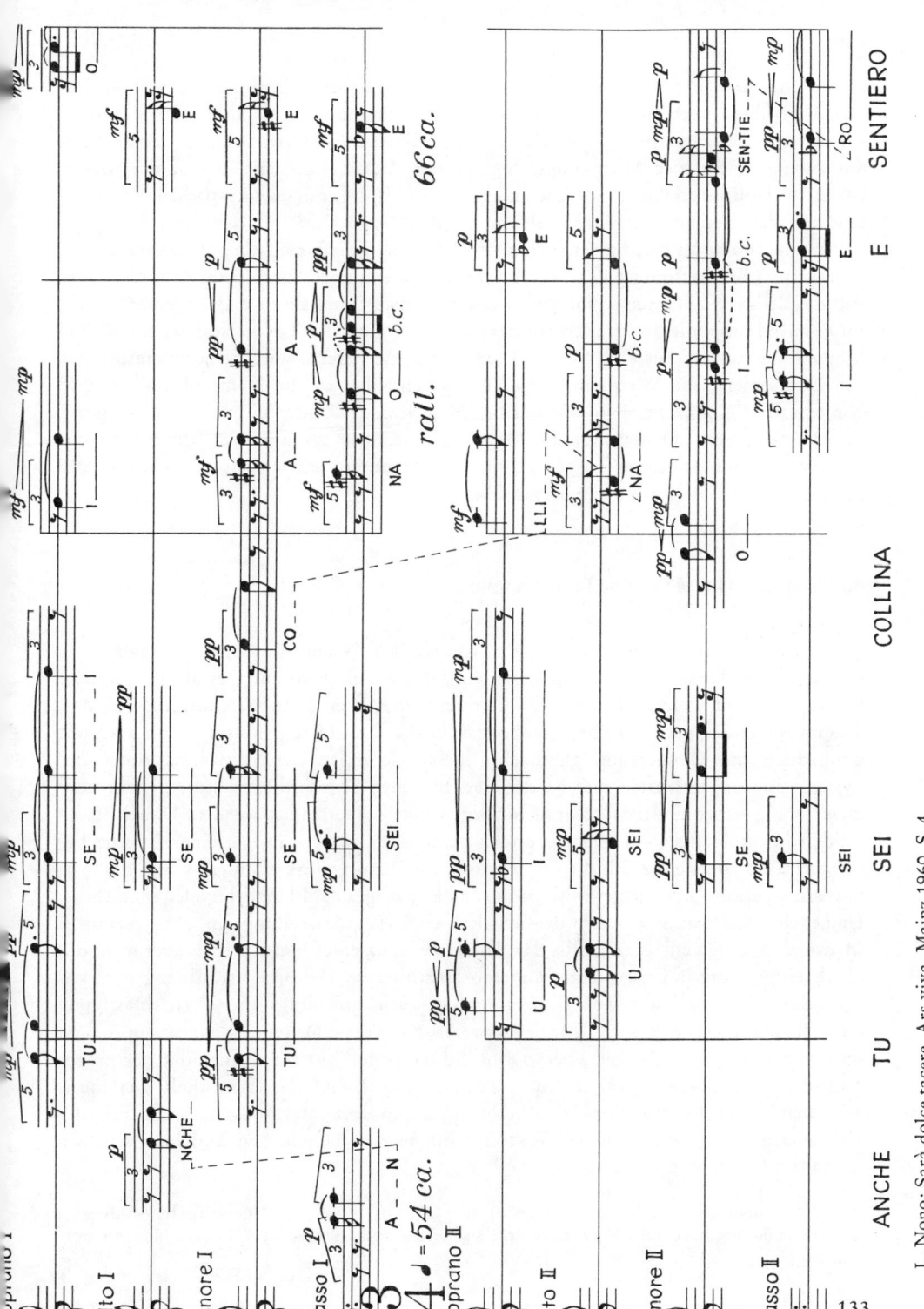

ANCHE   TU   SEI   COLLINA   E   SENTIERO

L. Nono: Sarà dolce tacere, Ars viva, Mainz 1960, S. 4.

133

Dabei sind aber noch die Wortsegmente mit einer von dem Text ablösbaren musikalischen Struktur verbunden, wird Text auch als dekomponierter noch vertont und ist die semantische Dimension nicht vollends verschüttet; es geht vielmehr um „das Finden und Wiederfinden der Mitteilungsfähigkeit der Worte, Phoneme, die in der scheinbaren ‚Aufsplitterung‘ der Sprache in ihrer Rekomposition im akustischen Raum zu musikalischen Bedeutungsträgern geformt werden"[48].

Indem der kompositorische Prozeß aber selbst in die phonetische, strukturelle und syntaktische Beschaffenheit des Textes verändernd eingreift, die Wörter in ihre phonetischen Elemente aufsprengt und sie so entsemantisiert, um sie in musikalischen Strukturen zu rekomponieren, greifen solche Verfahren über die Textvertonung im eigentlichen Sinne hinaus: aus dem Material, das die Texte liefern, wird Sprache musikalisch neu komponiert; die Vertonung von Texten geht über in die Komposition mit und von Sprache. Kompositionen wie Berios „Sequenza III" oder „Tema — Omaggio a Joyce", Schnebels „Deuteronomium 31,6" oder Kagels „Anagrama", die zwar noch von vorgeformten Texten ausgehen, sind daher unter dem erweiterten Aspekt der Sprachkomposition (Kap. 5) zu betrachten.

4.2 Musikalische Mittel der Textdarstellung

Fragt man über den technischen Aspekt, wie ein Text kompositorisch behandelt wird, hinaus weiter danach, welche Textschichten dabei musikalisch zur Gestaltung gebracht werden und mit welchen Mitteln das geschieht, so gilt es zu berücksichtigen, daß das, was im folgenden getrennt dargestellt wird, in der Realität der Musik, wenn auch mit unterschiedlicher Gewichtung, gleichzeitig ineinandergreift. Der Versuch nachstehender Systematisierung orientiert sich an den verschiedenen Sprachschichten, die primär oder gleichrangig neben anderen kompositorisch in Musik übertragen werden. Dabei ist das ästhetische und allgemein geistige und kulturelle Selbstverständnis einer Epoche bestimmend dafür, welche Schicht des Textes kompositorisch akzentuiert wird: die syntaktisch strukturelle oder gefühlshaft ausdrucksmäßige, die klangliche oder inhaltliche. Umgekehrt stellt auch die Art der musikalischen Textdarstellung ein übergeordnetes Merkmal eines jeweiligen Zeitstils dar. Die Dominanz eines Aspekts muß aber nicht das gleichzeitige Vorhandensein eines anderen ausschließen; die Berücksichtigung der syntaktischen Struktur und Textgliederung hat nicht unbedingt die Vernachlässigung seines Bedeutungsgehaltes und Ausdruckswertes zur Folge. Dennoch wird oft *ein* Aspekt im kompositorischen Denken überwiegen. So ist in der Rezitationsmelodik der gregorianischen Psalmodie die Textform aufgehoben, während der Textinhalt den musikalischen Verlauf unberührt läßt. Aber schon im Rezitativ, das hauptsächlich der Deklamation folgt, ist auch der Textsemantik in der melodischen und harmonischen Gestaltung Rechnung getragen.

---

[48] L. Nono über „Sarà dolce tacere" (1970), in: J. Stenzl (Hrsg.), L. Nono. Texte. Studien zu seiner Musik, Freiburg-Zürich 1975, S. 127; vgl. dazu auch A. Gentilucci, Luigi Nonos Chortechnik, ebd., S. 394 ff.

Zunächst sollen in einer Übersicht die Möglichkeiten der musikalischen Textdarstellung systematisch erfaßt werden; die weiteren Ausführungen sind dann mehr im Sinne eines Kommentars zu den einzelnen Aspekten zu verstehen. Eine eingehende Untersuchung jedes einzelnen Aspekts müßte einen systematischen Problemaufriß geben und die Problemgeschichte des jeweiligen Phänomens an der Entwicklung der einzelnen Gattungen wortgebundener Musik vollziehen, was hier weder geleistet werden soll noch kann; vielmehr geht es um den Versuch einer Systematisierung, die einen Orientierungsrahmen bietet und in die sich — auch und gerade im Hinblick auf die unterrichtliche Verwertbarkeit — alle Phänomene einordnen lassen.

1. *Textdarstellung unter grammatisch strukturellem Aspekt:*
   Aufhebung der formalen Struktur des Textes in der Musik

2. *Textdarstellung unter semantischem Aspekt:*
   — Darstellung der durch den Text vermittelten oder ausgelösten Affekte und Emotionen
     — durch die Komposition (Affektenlehre)
     — durch die Interpretation
   — musikalische Übertragung des sprachlich vermittelten Sinns (scopus des Textes) oder eines konkreten Inhalts durch
     — musikalisch-rhetorische Figuren
     — musikalische Symbole (Sinnbild)
     — assoziative und synästhetische Verknüpfung
     — Ton- und Lautmalerei (Abbild)
     — Strukturentsprechung

3. *Auflösung des Textes in einer analogen musikalischen Komposition:*
   — in textfreier Instrumentalmusik
     (Programmusik mit literarischem Sujet)
   — in Vokalmusik

4. *Textdarstellung unter phonetischem Aspekt:*
   Verklanglichung des sprachlichen Lautbestandes
   Übertragung der Klangstruktur des Textes in Musik

4.2.1 Grammatisch struktureller Aspekt

Aufhebung der formalen Struktur des Textes in der Musik

Die formale Konzeption und Gliederung des Textes (z. B. Strophengliederung, Versform, Satzbau, Formen des Dialogs u. ä.) liefern die konstruktive Grundlage für die musikalische Komposition. Strukturelle Analogien zwischen Musik und Sprache (vgl. 2.2.1) ermöglichen die Übertragung der sprachlichen Syntax und Textgliederung auf musikalische Verhältnisse. Die gesamte mittelalterliche Musik, die primär wortgebunden ist, verhält sich dem Inhalt des Textes gegenüber vollkommen neutral. „Der Aufbau eines Musikstückes wird hier beherrscht von rein konstruktiven Ideen. ... Dem Text kommt hierbei zumeist wenigstens die Rolle der konstruktiven Grundlage zu — er dient gleichzeitig den musikalischen Mitteln zur Ordnung und Einteilung des Ganzen —, häufig wird er aber den kompositionstechnischen Erfordernissen sogar untergeordnet, wenngleich so, daß seine Rechte nicht verletzt werden. ... Der Text ist also zwar in das Ganze eingeordnet, aber seine Gliederung doch auf weite Strecken das die übrigen Gesichtspunkte beherrschende Prinzip."[49] Die gregorianische Rezitationsmelodik liturgischer Texte markiert durch Klauseln und Kadenzen (initium, mediatio, finalis) allein die Textgliederung; die „lectio epistolae beati Pauli Apostoli ad Romanos"

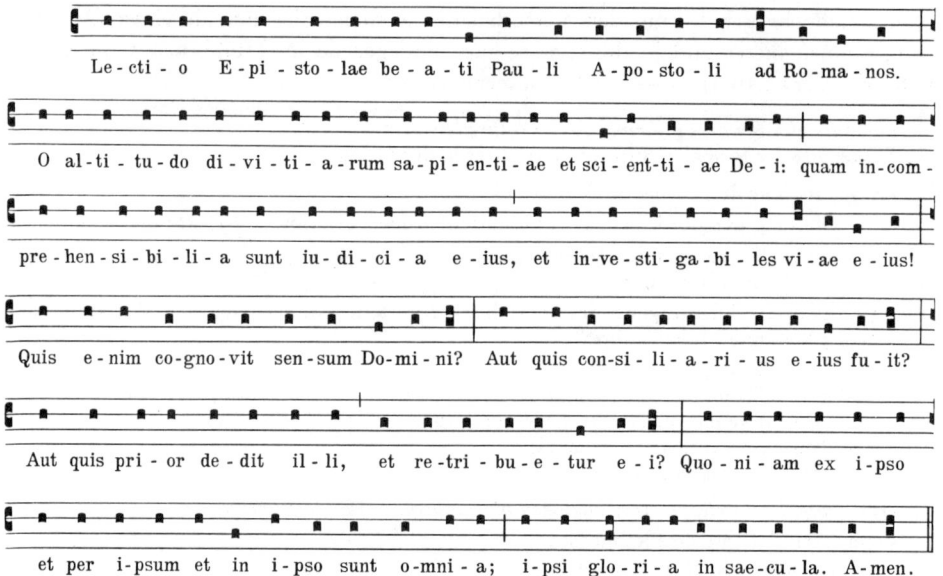

Lectio Epistolae beati Pauli Apostoli ad Romanos, zit. nach F. Tack, Der Gregorianische Choral, Arno Volk, Köln 1960 (Das Musikwerk, Bd. 18).

kennzeichnet mit festen melodischen Klauseln die Satzschlüsse und deren Frageform.[50] Die Nähe der ars cantus zu den artes dicendi, wie sie in der musikalischen Rhetorik zum Ausdruck kommt, legitimiert die „Klangrede" (Mattheson) auf der Basis der Berücksichtigung der Inzisionen der Rede durch melodische Klauseln und Baß-Kadenzen. Ein Satz (periodus) und ein Abschnitt (paragraphus) werden durch einen „förmlichen" bzw. „gäntzlichen" Schluß[51], d. h. durch eine clausula perfecta oder imperfecta, einen Ganz- oder Halbschluß voneinander abgehoben. Den Fragesatz beschließt nach musikalisch-rhetorischer Norm die phrygische Kadenz. Im Rezitativ übernimmt das Kadenzwesen interpunktierende Funktion. Die periodische Korrespondenzmelodik der Klassik bewahrt das regelmäßige, auf Entsprechungen gegründete Versmetrum;

---

[49] H. Husmann, Die 3- und 4-stimmigen Notre-Dame-Organa, a.a.O., S. XXIV.
[50] Diese „Figur" der Frageform hat sich in der musikalischen Rhetorik geradezu standardisiert; vgl. Chr. Bernhards Beschreibung der Interrogatio, die „gemeinem Brauche nach am Ende eine Secunde höher als die vorangehende Silbe gesetzt wird" (Tractatus, S. 83).
[51] Vgl. Mattheson, Der vollkommene Capellmeister, Hamburg 1739, II. Teil, 9. Kap., § 14, S. 182.

die Zeilenmelodik in Lied und Choral entspricht formal der Textzeile. Aber in dem Moment, wo semantische Bezüge zwischen Text und Musik kompositorisch berücksichtigt werden, löst sich die Vertonung vom starren Textschema in einer variierten oder durchkomponierten Form.

4.2.2 Semantischer Aspekt

Eine der zentralen Fragen für die Analyse und die Interpretation des Wort-Ton-Verhältnisses ist auf die bedeutungsmäßigen Zusammenhänge zwischen Text und Musik gerichtet, wobei Entsprechungen zwischen dem Wortgehalt des Textes und musikalischen Strukturen gesucht und als absichtsvoller Bezug gedeutet werden. Die bildlich assoziativen und poetisierenden hermeneutischen Verfahren in der Nachfolge Kretzschmars und Scherings gerieten nicht zu Unrecht als ein Relikt schlechten 19. Jahrhunderts in Verruf, weil die Deutung der Beziehungen und Entsprechungen zwischen Text und Musik subjektiver Willkür überlassen blieb, ohne die historischen Bedingungen des Verstehens zu berücksichtigen. Eher scheinen hier neuere Ansätze der Hermeneutik seit H. G. Gadamer und die Verbindung kommunikationstheoretischer, semiotischer und geisteswissenschaftlich hermeneutischer Verfahren geeignet, das Verhältnis von Musik und Text zu erhellen, sofern es gelingt, „erfahrungswissenschaftliche Methoden und Aspekte in den hermeneutischen Zirkel einzubauen und so Hermeneutik und Erfahrungswissenschaft nicht mehr als Antipoden, sondern als aufeinander angewiesene Partner zu begreifen"[52]. Nachdem bereits im 2. Kapitel (2.2.2) allgemeine kommunikationstheoretische und linguistische Aspekte der Musik erörtert wurden, sind hier lediglich die musikimmanenten Mittel und Möglichkeiten der kompositorischen Berücksichtigung der Textsemantik zu systematisieren.

Die Kontroverse zwischen Ausdrucks- und Inhaltsästhetik, wie sie in Hanslicks Schrift „Vom Musikalisch-Schönen" (1854) ausgetragen wird, kreist um die Frage, ob und inwieweit Musik aus sich heraus in der Lage ist, Gefühle und Empfindungen, die der Text ausdrückt, darzustellen oder im Hörer hervorzurufen. Die Affektenlehre des musikalischen Barock vermittelte die Nachahmung der Affekte in Melodik, Harmonik, Rhythmik, Tempo, Dynamik und Artikulation; melodische und harmonische Bewegungen wurden in direkter Beziehung zu psychischen Erregungsvorgängen gesehen. Die Kompositionslehre des 17. und 18. Jahrhunderts enthalten ganze Kataloge kunstgerechter Affektdarstellungen: z. B. dem Affekt der Freude entsprechen demnach weite Intervalle (Mattheson), Durtonarten, schnelles Tempo und überwiegend konsonante Klänge (Werckmeister); Traurigkeit erfordert im Gegensatz dazu „enge und engste Klang-Stuffen" (Mattheson, S. 16), Molltonarten, Dissonanzen und Querstände (Werckmeister); Verzweiflung ist durch „seltsame ungereimte tolle Ton-Fügungen" und „sonderbare Extremitäten" darzustellen (Mattheson, S. 19). In H. Chr. Kochs „Musikalischem Lexikon" (1802, ND 1964) heißt es im Artikel „Leidenschaften" (Sp. 897):

---

[52] K. H. Ehrenforth, Verstehen und Auslegen, Frankfurt 1971, S. 4.

„So verlangt z. B. der Ausdruck trauriger Empfindungen eine langsame Bewegung, mehr tiefe also hohe, mehr zusammengeschleifte als abgestoßene Töne, mit unter schwerfällige und harte melodische Fortschreitungen, viel Dissonanzen in der Harmonie und im Vortrage starke Accenturirung derselben, einen wenig hervorstechenden oder fühlbaren Rhythmus usw. Der Ausdruck der freudigen Affecte hingegen zeichnet sich durch muntere Bewegung, durch mehr hohe als tiefe, mehr abgestoßene als geschleifte, und durch mehr springende als stufenweise auf einander folgende Töne aus; der Rhythmus ist faßlich und verlangt die Vermeidung sehr ungleichartiger Theile, er ist aber nicht stark fühlbar; die Töne verlangen eine mäßige Accenturirung, und dieser Art der Affecten sind schwerfällige Fortschreitungen der Melodie, und zu häufiger Gebrauch der Dissonanzen, zuwider."

Von dem Bemühen, durch musikalische Strukturen Affekte wiederzugeben, die der Hörer verstehen und erleben kann, ohne selbst im Zustand des beschriebenen Affekts zu sein, ist das Bestreben zu unterscheiden, vermittels des musikalischen Klangs im Hörer Emotionen und Affekte auszulösen. Das „redende Prinzip" der empfindsamen Musik des Rokoko gründet ebenso auf dem beseelten Vortrag wie auf musikalischen Manieren. Der Interpret muß selbst von dem Affekt erfüllt sein, den er vermitteln will (C. Ph. E. Bach). Direkte und konkrete Bezüge zum einzelnen Textwort zeigen die

musikalisch-rhetorischen Figuren,

in denen sich inhaltliche wie formale (grammatische) Momente der Textdarstellung verbinden. Da die Figurenlehre einen in sich geschlossenen und historisch abgrenzbaren Komplex bildet, soll sie hier zusammenhängend beschrieben werden, obwohl die Textbezüge der einzelnen Figuren-Klassen auf verschiedenen Ebenen liegen und sie so verschiedene Aspekte vertreten: die grammatischen Figuren etwa verdeutlichen grammatische Konstellationen des Textes und schließen zugleich eine Hervorhebung der jeweiligen Stelle ein, die bildlichen Figuren enthalten ton- und lautmalerische Elemente. Die musikalisch-rhetorischen Figuren haben sich in Anlehnung an die sprachliche Rhetorik der Spätantike (Quintilian) [53] ausgebildet und kommen vom späten 15. Jahrhundert an in der Vokal- und auch in der Instrumentalmusik als angewandte Oratorie zur Geltung. Burmeister gibt in seiner Kompositionslehre folgende Definition der musikalischen Figuren: „Ornamentum oder musikalische Figur ist eine musikalische Gestalt (tractus musicus), sowohl harmonisch als auch melodisch, die im Rahmen eines textlich musikalischen Abschnitts (periodus) ... stattfindet und die von der einfachen Art der Komposition abweicht und (ihr) mit Nachdruck ein geschmückteres Aussehen verleiht." [54] Die sprachliche Rhetorik unterschied nach Quintilian drei Grade des persuadere, nämlich das docere, das sich an den Verstand wendet, das delectare und movere, die die Affekte ansprechen. Teils namens- und teils bedeutungsgleiche eigene musikalische Figuren dienen der Wortausdeutung (explicatio textus) und dem Affektausdruck (affectus exprimere) ebenso wie sie die elegantia orationis bzw. die orna-

---

[53] Vgl. dazu H. Lausberg, Handbuch der Literarischen Rhetorik, 2 Bde, München 1960.
[54] J. Burmeister, Musica poetica, Rostock 1606: „Ornamentum sive Figura est tractus musicus, tam in Harmonia quam in Melodia, certa periodo, quae a Clausula initium sumit, et in Clausulam desinit, circumscriptus, qui a simplici compositionis ratione discedit et cum virtute ornatiorem habitum assumit et induit" (dt. bei Eggebrecht, Heinrich Schütz. Musicus poeticus, a.a.O., S. 48).

menta musicae bilden[55], sie sind gleichermaßen Schmuck wie Hervorhebung. Ihre spezifische Bedeutung erhalten sie einmal aus der Übertragung der rhetorischen Figuren, zum anderen aber aufgrund der Freiheiten in der „Anbringung von Kunstgriffen, die in der Fundamentalkomposition nicht gestattet sind, z. B. Freiheiten in der Behandlung der Dissonanz oder Wiederholungen von Tongruppen, melodischen Phrasen, Motiven hintereinander in einer Stimme, was an sich nach dem Gesetz des Kontrapunktes zu vermeiden ist"[56]. Als „Gegenfigur" (Kneif) zu etablierten Strukturnormen der Zeit heben sich solche Freiheiten vom regulären Zusammenhang ab, ziehen die Aufmerksamkeit auf sich und werden zu neuen bedeutungstragenden Zeichen. So kann die Fülle der emphatischen Wiederholungsfiguren (z. B. Anaphora, Epizeuxis, Gradatio, Anadiplosis, Epistrophe, Symploke-Complexio, Polyptoton, Paronomasia) im Kontext einer Musik, in der noch das Prinzip der varietas vorherrscht, expressive Bedeutung erlangen.[57]

Dem Typ nach unterscheidet Unger[58] grammatische, wortausdeutende und affekthaltige Figuren, während Schmitz[59] die Klassen der Hypotyposis-Figuren mit deutlicher Bildhaftigkeit und der Emphasis-Figuren mit nachdrücklicher Wortbetonung einander gegenüberstellt. Die Bildlichkeit der Figuren beruht nach Wellek[60] auf Urentsprechungen zwischen den verschiedenen Sinnesgebieten oder auf Strukturentsprechungen. Der Hypotyposis-Klasse rechnet Schmitz alle Figuren ton- und lautmalerischer Prägung zu, die aus sich heraus verständlich sind wie die Anabasis, Katabasis, Circulatio u. ä. Die bedeutungsmäßige Darstellung des Textes durch die wortausdeutenden Figuren, die auch bildliche Züge einschließen können, geschieht „nach dem für die Barockzeit kennzeichnenden Prinzip der Nachahmung bzw. des Denkens in Analogien"[61]; so kann z. B. der Ausdruck des Trauerns und Klagens in der Suspiratio sein gestisches Analogon finden, den semantischen Gehalt des Wortes „resurrexit" etwa gibt die Figur der Anabasis wieder.

---

[55] Siehe Quellenangaben im 2. Kapitel, Anm. 66; ferner A. Schmitz, Art. „musikalisch-rhetorische Figuren", in: MGG Bd. 4, Kassel 1955, Sp. 176—183;
ders., Die Bildlichkeit der wortgebundenen Musik J. S. Bachs, Mainz 1950 (Neue Studien zur Musikwissenschaft);
H. H. Unger, Die Beziehungen zwischen Musik und Rhetorik im 16. bis 18. Jahrhundert, Würzburg 1941;
H. Federhofer, Die Figurenlehre nach Chr. Bernhard und die Dissonanzbehandlung in den Werken von H. Schütz, Kongreßbericht Bamberg 1953, Kassel 1954.
[56] A. Schmitz, Art. „musikalisch-rhetorische Figuren", a.a.O., Sp. 178.
[57] „Ist im 18. und 19. Jahrhundert das Wiederholen und Sequenzieren primär formal begründet und musikalischer Ausdruck an die Differenz von bereits Bekanntem gebunden, so gilt um 1500 gerade umgekehrt die Varietas als Regel des Komponierens und die Repetition als expressive Ausnahme" (C. Dahlhaus, in: D. de la Motte, Musikalische Analyse, Kassel 1972, S. 124).
[58] H. H. Unger, a.a.O., S. 92/93.
[59] A. Schmitz, Art. „musikalisch-rhetorische Figuren", a.a.O., Sp. 178 f.
[60] A. Wellek, Das Doppelempfinden in der Geistesgeschichte, in: Zeitschrift für Ästhetik und Allgemeine Kunstwissenschaft, XXIII, 1929.
[61] H. H. Eggebrecht, Art. „musikalisch-rhetorische Figuren", in: RiemannL, Sachteil, Mainz [12]1967, S. 286.

Die musikalischen Figuren der Emphasis-Klasse stellen vielfach eine direkte Übertragung der namensgleichen rhetorischen Figuren dar. Die Alt-Arie „Können Tränen meiner Wangen" aus Bachs Matthäus-Passion ist durch zahlreiche Wiederholungsfiguren (Polysyndeton, Palillogia, Hyperbaton) geprägt, die eine formale Entsprechung der analogen rhetorischen Figuren darstellen (vgl. 2.2.1), damit aber zugleich auch eine Ausdruckssteigerung durch das emphatische Beharren auf den Momenten der Trauer und Klage bewirken.

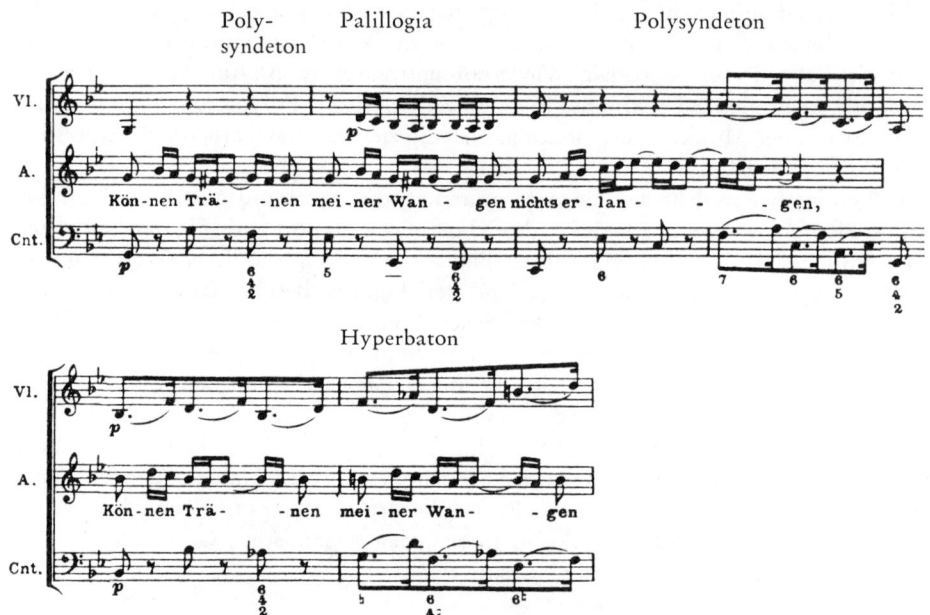

J. S. Bach: Matthäus-Passion, Alt-Arie „Können Tränen meiner Wangen", Ed. Eulenburg, London 1929, T. 13—16, 33—34.

Nachfolgend sei eine kurzgefaßte Zusammenstellung der häufigsten Figuren gegeben, deren nähere Bestimmung und Bedeutung der einschlägigen Literatur zu entnehmen ist.

Anabasis (Aufstieg)	längere geradlinige, stufenweise Aufwärtsführung der Melodie (= pes ascendens)
Anadiplosis (Verdopplung)	Wiederholung einer Schlußwendung am Anfang des folgenden Abschnitts (rhetorisch: singet und rühmet, rühmet und lobet)
Anaphora (Wiederholung)	a) häufige, aber nicht unmittelbar aufeinander folgende Wiederholung einer Tongruppe b) ostinatoartige Wiederholung im Baß
Anticipatione (Vorausnahme)	siehe Subsumptio
Antitheton (das Entgegengesetzte)	a) simultaner kontrapunktischer Kontrast zwischen Subjectum und Contrasubjectum b) sukzessiver Abschnittkontrast (Dur-Moll, homophon-polyphon, diatonisch-chromatisch)

Apocope (Abschneidung)	ungewöhnliche Kürzung des Finaltons
Circulatio (Umkreisung)	s. Kyklosis
Commissura (Verbindung)	Dissonanzfigur; Durchgangsdissonanz
Epistrophe (Umwendung)	Wiederholung einer Tongruppe am Schluß aufeinander folgender Abschnitte
Epizeuxis (Zusammenfügung)	Wiederholung einer Tongruppe auf einer anderen Stufe
Exclamatio (Ausruf)	pathetische Figur: kleiner Sextsprung aufwärts
Heterolepsis (Ergreifen eines anderen Gegenstandes)	a) Dissonanzfigur: unregelmäßige Dissonanzbildung oder -auflösung durch Sprünge (Bernhard) b) Übergriff in eine andere Stimme (Walther)
Hyperbaton (Wortversetzung)	Versetzung eines Tons oder Motivs in eine andere Lage
Hypotyposis (Abbildung)	„Sammelfigur für viele bildhafte Madrigalismen" (A. Schmitz)
Katabasis (Abstieg)	geradlinige stufenweise Abwärtsführung der Melodie (= pes descendens)
Katachresis (Mißbrauch)	Dissonanzfigur: harte, ungebräuchliche Dissonanzbehandlung
Kyklosis (Umkreisung)	um einen Ton kreisende melodische Bewegung
Noëma (Gedanke)	Hervorhebung durch homophonen, überwiegend aus Konsonanzen bestehenden, syllabisch deklamierenden Abschnitt in polyphonem Satz
Palillogia (Wortwiederholung)	unmittelbare Wiederholung des Anfangs einer Melodie
Paronomasia (abweichende Benennung)	wörtliche Wiederholung eines Melodieteils mit emphatischem Zusatz
Parrhesia (Redefreiheit)	a) melodisch: = passus duriusculus b) harmonisch: Einführung „falscher" Relationen (Querstand)
Passus duriusculus	(chromatische) Ausfüllung eines verminderten oder übermäßigen Intervalls (vornehmlich des Tritonus)
Pathopoiia (Erregung von Leidenschaft)	Einführung von chromatischen Tönen, die nicht zur Tonart des Stückes gehören; stufenweises Fortschreiten in Halbtönen (vgl. passus duriusculus)
Polyptoton (Kasus-Veränderungen)	Wiederholung einer Tongruppe oder eines Kopfmotivs auf verschiedenen Stufen mit veränderter Fortführung
Polysyndeton (Reihung synonymer Glieder)	emphatische Wiederholung von einander ähnlichen Gliedern eines Melodieabschnitts oder einer Melodiefloskel
Saltus duriusculus	emphatische Figur: Sextsprung und mehr; übermäßiger oder verminderter Intervallsprung
Suspiratio (Seufzer)	s. Tmesis
Syncopatio	Dissonanzfigur: Vorhalt (Synkope)
Tmesis (Trennung)	Unterbrechung eines textlichen und melodischen Zusammenhangs durch Pause(n); oft Trennung der Silben eines Wortes

Die semantische Dimension der musikalisch-rhetorischen Figuren beruht nicht auf einer symbolischen Zuordnung von konkretem Textinhalt und musikalischer Gestalt, sondern auf ungewöhnlichen Kunstmitteln der Satztechnik, durch die das einzelne Wort emphatisch hervorgehoben und zugleich bedeutungsmäßig verstärkt wird. Ihr Ver-

J. S. Bach: Matthäus-Passion, „Herr, bin ich's?", Edition Eulenburg, London 1929.

ständnis erschließt sich aus ihrer Kenntnis und der Deutung in Verbindung mit dem Text. Die verschiedenen Figuren nehmen dabei nicht nur unmittelbaren Bezug auf das Wort, bei dem sie stehen, sondern zielen auch auf den Sinn, die Intention und den geistigen Hintergrund, d. h. den scopus des ganzen Textes. So kann die Anwendung emphatischer oder bildlicher Figuren, obwohl sie ausschließlich formal definiert sind und keine eigenen semantischen Qualitäten besitzen, dennoch eine Deutung des Textes einschließen.

Das Fehlen einer semantischen Relation zwischen den figürlichen Zeichen und einer eigenen Bedeutung hebt die musikalisch-rhetorischen Figuren eben als Figuren von

Symbolen

ab, die zeichenhaft Bedeutungen zugeordnet sind. Die Funktion eines Symbols[62] erhält die Musik erst, „wenn ihr Sinn sich nicht in dem Wirklichkeitszusammenhang erfüllt, der ihr das Dasein gibt, sondern wenn sie darüber hinaus noch etwas anderes bedeuten soll"[63]. Während die musikalisch-rhetorischen Figuren im Erklingen das realisieren, was sie bedeuten (die Anabasis *bedeutet* nicht Aufsteigen, sondern sie steigt auf; die Anadiplosis *bedeutet* nicht Verdopplung, sondern *ist* Verdopplung einer Schlußwendung), sind Symbole musikalische Zeichen, die „gegenüber den existentiellen Bedingungen der Musik nur uneigentlich, erfunden, willkürlich, verabredet und somit nicht unmittelbar wirksam sind"[64]. Hierzu zählen der Kreis, bzw. das tempus perfectum als Zeichen der Vollkommenheit, der Dreiklang als Symbol göttlicher Trinität, der Chiasmus als Zeichen des Kreuzes, Zahlen- und Tonartensymbolik. Bachs Vertonung der Fragen „Herr, bin ich's?" in der Matthäus-Passion enthält zweimal zwölf Fragen „bin ich's?" der zwölf Apostel, aber nur elf Anreden „Herr" (Judas ist durch seinen Verrat ausgeschlossen aus dem Verhältnis Herr — Jünger). Diese Zahlensymbolik ist aus dem hörbaren musikalischen Satz nicht erfahrbar. Gleichzeitig verdeutlichen die unregelmäßigen Stimmeinwürfe die turbulente Fragehaltung (= bildhafte Darstellung). Die ungewöhnliche Häufung von Septakkorden ist als Dissonanzfigur (Entdeckung des Verrats), die Quintfall-Sequenz als Hypotyposis-Figur des Sündenfalls zu deuten (vgl. Notenbeispiel S. 142).

Außerhalb der erfahrbaren musikalischen Realität liegen auch die Anwendung des Zahlenalphabets (a = 1, b = 2 etc.), Solmisationsverfahren, bei denen die Vokale einer Widmung oder textlichen Devise durch die entsprechenden Solmisationssilben ausgedrückt werden wie etwa in Josquins Messe „Hercules Dux Ferrariae",

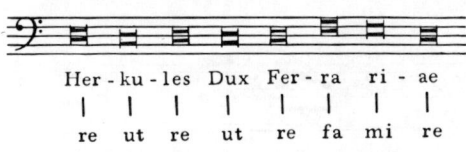

Her - ku - les Dux Fer - ra ri - ae
re   ut   re   ut   re fa mi   re

oder die Tonbuchstaben-Symbolik (b-a-c-h). Noch extremer verfährt Lukas Foss, der im dritten Satz seiner „Baroque variations" den Namen Johann Sebastian Bach in Morsezeichen codiert.

---

[62] Vgl. zur musikalischen Symbolkunde u. a. A. Schering, Das Symbol in der Musik, Leipzig 1941.
[63] H. H. Eggebrecht, Art. „Symbol", in: RiemannL, Sachteil. Mainz [12]1967, S. 921.
[64] Ebd., S. 922.

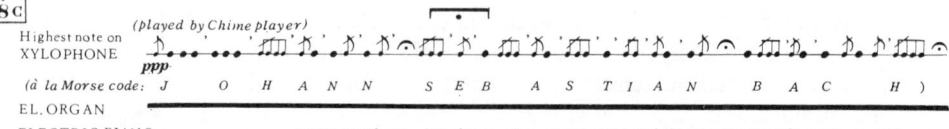

L. Foss: Baroque variations, III. Phorion, Ziff. 8 c, C. Fischer, New York / Schott, Mainz.

Auch optische Mittel der Notation wie die Verwendung des ♯-Zeichens bei „crux, crucifixus" können symbolische Begrifflichkeiten erlangen.

Im Unterschied zur musikalischen Symbolik beruht deskriptive Musik im wesentlichen auf partiellen Entsprechungen des Empfindens und Assoziierens. Bei den Formen

assoziativer und synästhetischer Verknüpfung

von Textaussage und Musik geht es primär um die Stimulation des Komponisten (wie auch des Interpreten) durch den Text.[65] Im 15. George-Lied scheinen die spitzen Klänge der akzentuierten Staccato-Sextolen in der Klavierbegleitung („Palmen, die mit spitzen Fingern stechen", T. 24—25) einer solchen assoziativen Verbindung von Klangqualitäten und außermusikalischen Empfindungen zu erwachsen.

A. Schönberg: George-Lieder, Nr. 15 „Wir bevölkerten", Universal Edition, Wien 1914, T. 24—26.

144

Die Grenze zur

ton- und lautmalerischen Darstellung

ist dabei nicht immer scharf zu ziehen. Auch die deskriptive Musik beruht auf der Entsprechung und partiellen Übereinstimmung, auf Urentsprechungen der verschiedenen Wahrnehmungs- und Vorstellungsbereiche. Unproblematisch und meist unmittelbar verständlich ist die lautmalerische Übertragung akustischer Vorgänge. Optische, motorische, haptische oder osmotische Inhalte können nur aufgrund partieller Übereinstimmungen (z. B. Tempo und Dynamik von Bewegungsabläufen, Schärfe und charakteristische Kontur eines visuellen Reizes) oder assoziativ musikalisch umgesetzt werden. Eine neue Möglichkeit bietet sich durch die Hereinnahme von außermusikalischen bedeutungstragenden Momenten in Collage- und Montageverfahren (vgl. die konkreten Materialien in der Vokalmusik Nonos). Tonmalerische und pittoreske Züge der Textdarstellungen beruhen insgesamt auf assoziativen anstelle symbolischer Entsprechungen. Die Möglichkeit musikalischer Deskription nicht nur realer Sachverhalte in der Ton- und Lautmalerei, sondern auch emotional psychischer Gegebenheiten (wie die Affekte der Angst oder Freude und die Gefühle der Bedrohung oder Sicherheit) gründet auf der konnotativen Besetzung musikalischer Strukturen, deren „Bedeutung" durch ihren Gebrauch erworben wird. Davon abgehoben sei hier die

Strukturentsprechung,

wie sie bereits unter dem Aspekt des Sprachcharakters von Musik (2.2.2) beschrieben wurde. Dabei wird die inhaltliche Aussage des Textes durch eine analoge Struktur syntaktisch nachvollzogen. In Übereinstimmung mit den grammatischen musikalisch-rhetorischen Figuren, aber über sie hinausweisend, handelt es sich dabei nicht um partielle Identität mit dem dargestellten Inhalt (Abbildung) oder zeichenhafte Stellvertretung für eine Bedeutung (Symbol), sondern um einen strukturellen Nachvollzug dessen, was der Text sagt. In Ligetis „Lux aeterna" wird das Leuchten des ewigen Lichts nicht musikalisch symbolisiert oder tonmalerisch veranschaulicht, sondern durch die Auflichtung der Klang- und Satzstruktur selbst unmittelbar nachvollzogen.[66] In H. Wolfs Lied „Gesegnet" aus dem Italienischen Liederbuch findet der Lobpreis des gesamten Erdkreises in den chromatischen Rückungen der Septakkorde, deren latente Dominantspannung nicht eher zur Auflösung kommt, bis am Schluß die Ausgangstonart wieder erreicht ist, also einen weiten Kreis beschreibt, seine strukturelle Nachbildung. Aber diese *bedeutet* selbst nicht, sondern *ist* Nachvollzug.

4.2.3 Auflösung des Textes in einer analogen musikalischen Komposition

In dem Aufsatz „Ton, Wort, Synthese" bekennt P. Boulez: „Wenn ich ein Gedicht wähle, um es zu etwas anderem zu machen als zum Ausgangspunkt einer Ornamentierung, die ihre Arabesken darum webt, wenn ich das Gedicht wähle, um es zu einer

---

[65] Vgl. dazu Kapitel 1.2, Anm. 39.
[66] Vgl. dazu W. Gruhn, Textvertonung und Sprachkomposition bei G. Ligeti, a.a.O., S. 512 f.

145

2. KYRIE

[CORO I]

Cl 3 muta in CBCl

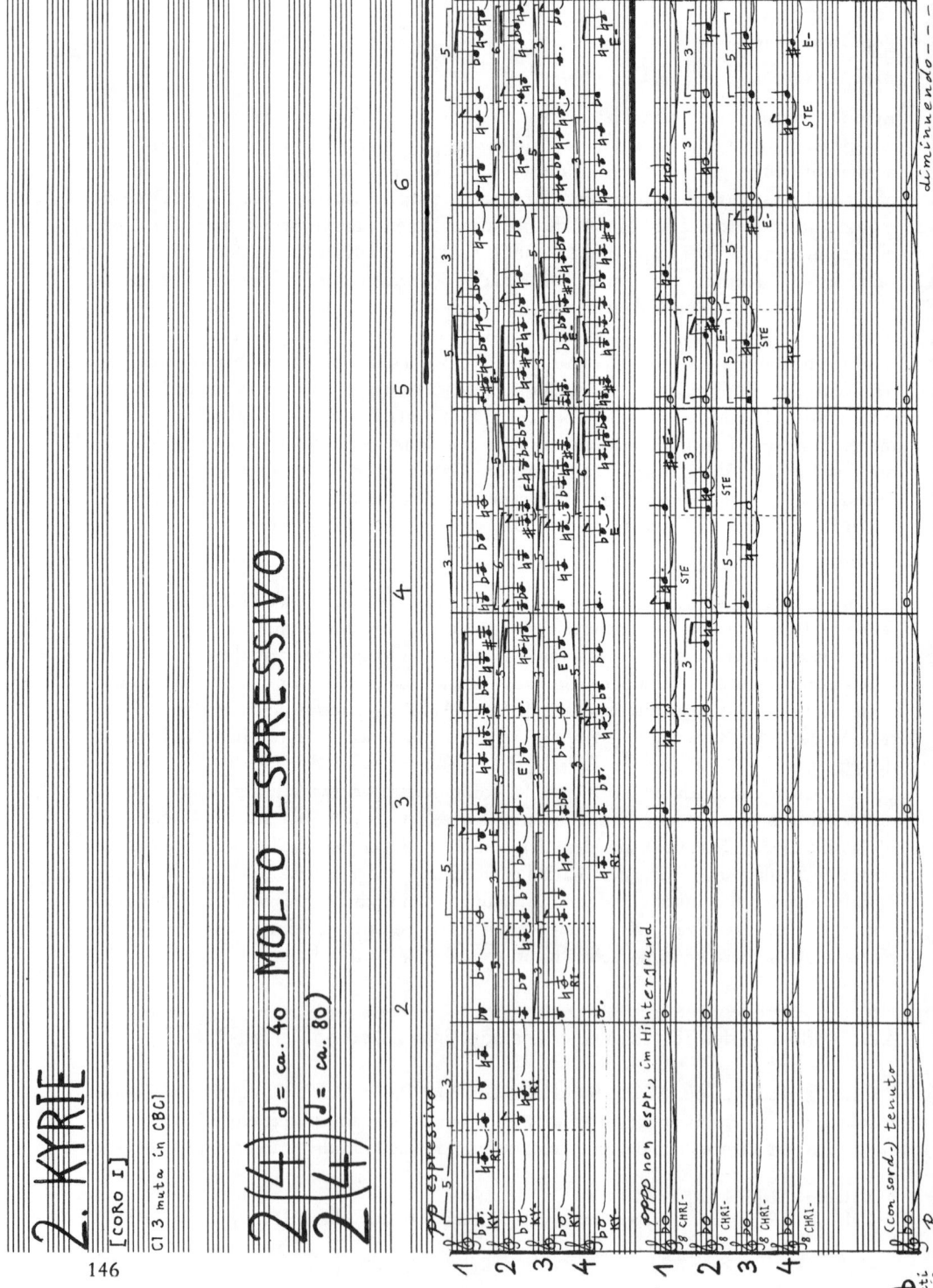

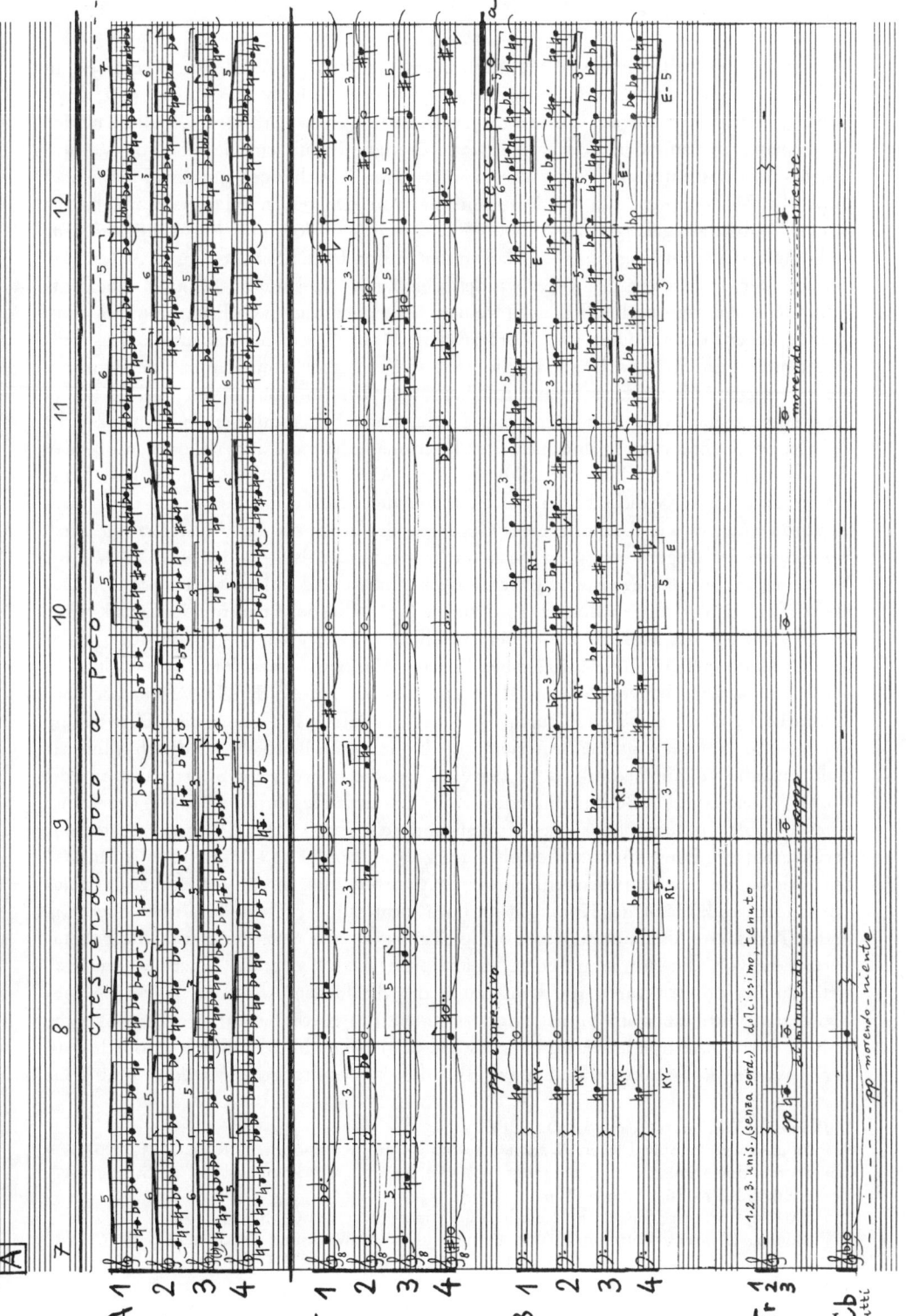

G. Ligeti: Requiem, Anfang des „Kyrie", Litolff/Peters, Frankfurt/M. 1963/1965.

befruchtenden Quelle für meine Musik zu machen und so ein Amalgam zu schaffen, in welchem das Gedicht zugleich ,im Mittelpunkt und außerhalb' der Musik steht, dann kann ich mich nicht nur auf die affektiven Beziehungen beschränken, die diese beiden Wesenheiten miteinander unterhalten; dann drängt sich mir ein Gewebe von Verbindungen auf, das unter anderem zwar die affektiven Beziehungen mit einschließt, aber auch alle Mechanismen des Gedichts umfaßt, von der reinen Klangsubstanz bis zu seiner eigentlichen geistigen Ordnung." [67] Dichterisches Wort und Musik können eine so komplexe Verbindung eingehen, daß in der Fusion beider Struktur- und Ausdrucksbereiche der Text schließlich verschwindet, der Sänger verstummt. So kann eine textgebundene Aussage schließlich auch reiner Instrumentalmusik (Programmusik) zugrunde liegen, kann Boulez im „Marteau sans Maître" rein instrumentale Kommentare den Gedichten René Chars an die Seite stellen, deren kommentierende Funktion nicht metaphorisch, sondern strukturell begründet ist. Im Double von „bel édifice et les pressentiments" (Nr. 9) nähert sich die Singstimme bei geschlossenem Mund (bouche fermée, bocca chiusa) mehr und mehr der Instrumentalstimme der Altflöte („au niveau des instrumentes"), die hier zur „Stimme ohne Worte" [68] wird und die vokale Linie weiterführt. „Das Gedicht bildet das *Zentrum* der Musik, aber es ist aus der Musik *verschwunden*, so wie die Form eines Gegenstandes durch die Lava festgehalten wird, wenngleich der Gegenstand selbst nicht mehr vorhanden ist — oder auch so, wie die Versteinerung einen Gegenstand gleichzeitig kenntlich und unkenntlich macht." [69] Das Wort hinterläßt — um in Boulez' Bild zu bleiben — in der Struktur der Musik zwar seinen Abdruck, ist aber als konkreter sprachlicher Text getilgt, zugleich aber in der Musik im doppelten Sinne aufgehoben. Dieser Vorgang, einen Text unmittelbar in Musik zu setzen, bedeutet mehr als bloße Vertonung. Solch „In-Verantwortung-Nehmen" (Boulez) des Textes durch die Musik vollzieht sich durch die „Einwirkung der Struktur auf gemeinsame Kriterien; auf die Zeit zum Beispiel; auf die rhythmische Zahl und die vokale Technik, d. h. auf die Prosodie in weitester Sicht; dann auf die Form" [70]. Die „direkte Besitznahme der Dichtung durch die Musik" (Boulez) bezeichnet einen komplexen kompositorischen Prozeß und geht damit über die oben beschriebene Strukturentsprechung hinaus. Wiewohl auch z. B. in Boulez „Le Marteau sans Maître" semantische Bezüge zwischen einzelnen Textworten und ihrer Vertonung durchaus vorhanden sind, bleibt die Komposition doch nicht auf der Ebene bildlicher oder formaler Textdarstellung stehen, sondern der Text ruft eine eigene musikalische Formulierung hervor, die sich vom Worte emanzipiert. Das Kyrie aus Ligetis „Requiem" stellt zu Beginn strukturell die Umsetzung der dreifachen Anrufung Kyrie-Christe-Kyrie dar, nicht aber im Sinne einer formalen Entsprechung für die parataktische A-B-A Form, wie in Meßvertonungen sonst allgemein üblich, sondern dadurch, daß der Text die konstruktive Bedingung für das kompositorische Material und seine

[67] P. Boulez, Werkstatt-Texte, a.a.O., S. 117.
[68] P. Boulez, in: U. Stürzbecher, Werkstattgespräche mit Komponisten, Köln 1971, S. 51. Zu den Stufen des allmählichen Übergangs vgl. die Analyse Stockhausens, in: K. Stockhausen, Texte, Bd. 2, Köln 1964, S. 154—156.
[69] P. Boulez, Sprechen, Singen, Spielen, in: Werkstatt-Texte, a.a.O., S. 135.
[70] P. Boulez, Dichtung-Mittelpunkt und Ferne-Musik, in: Werkstatt-Texte, a.a.O., S. 161.

Strukturierung abgibt: drei Kanonschichten mit zwei unterschiedlichen Tonfolgen für Kyrie und Christe werden ineinander verwoben, und zwar so, daß dem Kanon der vier Altstimmen (Kyrie, T. 1 ff.) ein zweiter Kanonstrang der Bässe (Kyrie, T. 7 ff.) kanonisch folgt, dessen „Melodie" aus der Umkehrung der Kanonstimmen des Alt gebildet ist. Beide schließen als drittes Element den Kanon der Tenöre (Christe, T. 1 ff.) ein, der gleichzeitig mit dem Kyrie des Alt und Baß erklingt und ein ihnen tendenziell und strukturell gleiches, aber in der Anordnung unterschiedliches Tonmaterial verwendet. Infolge der verschiedenen rhythmischen Konturierung der Einzelstimmen laufen die drei Kanonäste in eine clusterartige Textur auseinander, in der der Text in zweifacher Weise gegenwärtig ist: als gesungener, der aber im dichten Klanggewebe und aufgrund der Silbendehnung unverständlich bleibt, und als Bedingung der musikalischen Struktur, in die er eingegangen ist und deren Evidenz er ausmacht.

Der Text, um dessen Kern sich eine musikalische Struktur kristallisiert, kann selbst abwesend sein, ist Mittelpunkt und Ferne, „centre et absence" (Boulez) zugleich.

4.2.4 Phonetischer Aspekt:
Verklanglichung des sprachlichen Lautbestandes

Daß auch die klanglichen Eigenschaften eines Textes kompositorische Relevanz erlangen, ist im wesentlichen eine Errungenschaft der Musik des 20. Jahrhunderts. Die Vokalmusik seit 1950 ist dadurch gekennzeichnet, daß der Text nicht mehr nur als gedankliche Mitteilung genommen wird, die es musikalisch zu vermitteln gilt, sondern daß der phonetische Bestand des Textes selbst einem kompositorischen Prozeß unterworfen wird. Unterschiedliche Formen der Artikulation, experimentelle Möglichkeiten sprachbegleitender und klangverändernder Lautproduktion eröffnen neue Perspektiven im Wort-Ton-Verhältnis. Der phonetische Aspekt des Textes kann dabei auf zwei Arten in die Komposition eingehen: einmal dadurch, daß die Lautqualitäten der Silben als musikalische Qualitäten fungieren und so zum kompositorischen Klangmaterial werden oder dieses klangfarblich bereichern (vgl. die Verwendung vokaler Klangfarben bei Cage, Kagel, Schnebel, Ligeti, Penderecki, Berio), zum anderen dadurch, daß das Klangspektrum einzelner Sprachlaute des Textes unmittelbar musikalisch in einer analogen Klangstruktur nachgebildet wird (z. B. das Spektrum des U-Klangs in Ligetis „Lux aeterna") oder daß ein gesprochener oder gesungener Text durch elektronische Manipulation in einen musikalischen Klang umgewandelt wird (vgl. Eimert, Epitaph für Aykichi Kuboyama, 1960; Zu Ehren von Igor Strawinsky, 1957). Im ersten Fall werden die Phoneme des Textes nach musikalischen Prinzipien komponiert, wird das Sprechen von Sprache unmittelbar musikalisch integriert (vgl. Schnebels „Glossolalie"), während im zweiten Fall das sprachliche Klangspektrum und der im Sprachklang geronnene Gestus musikalisch überformt oder strukturell umgeformt wird.

Einen „Versuch über Sprache" stellt N. A. Hubers gleichnamige Komposition (1969) dar, die vor allem mit den Klangaspekten von Sprache arbeitet. Ähnlich wie in Schnebels „Glossolalie" werden Sprachlaute durch Materialaktionen nachgeahmt: „mit

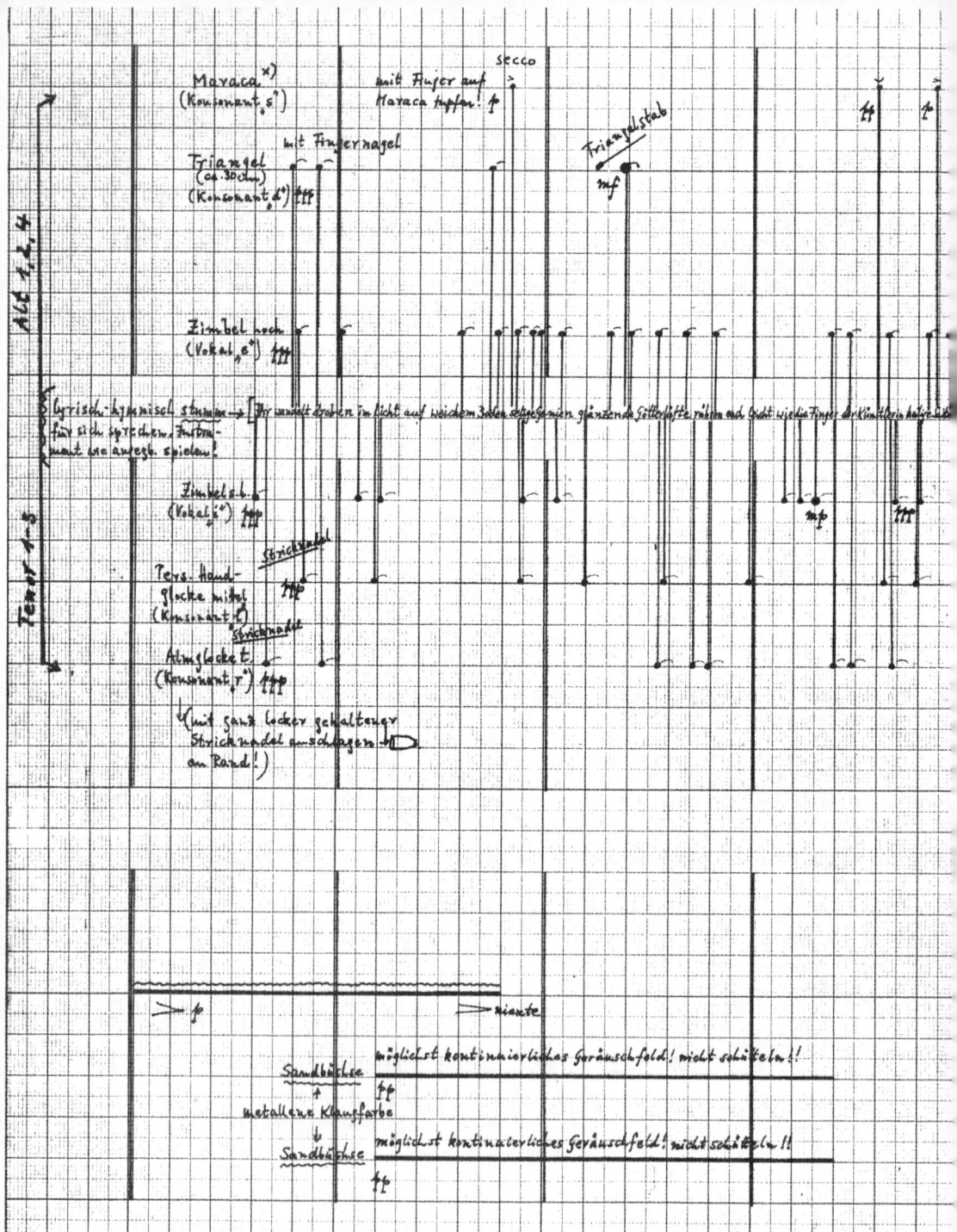

N. A. Huber: Versuch über Sprache, Bärenreiter, Kassel und Basel 1969, 13. Minute.

dünnwandigem Plastikbecher auf Glas bzw. glattem Holzbrett ein Feld von Quietsch-geräuschen erzeugen" (12'55"), wobei das Quietschen auf Vokale verweist, Reibege-räusche für Konsonanten stehen. Gegen Ende wird ein Hölderlin-Text (Anfang von Hyperions Schicksalslied „Ihr wandelt droben im Licht") dadurch in Musik gesetzt, daß einzelne Laute durch Instrumentalklänge ersetzt werden (13. Minute); „die Sän-ger lesen stumm für sich die Texte und signalisieren mit Schlaginstrumenten Impulse anstelle der Konsonanten und Vokale des Kontextes." [71]

An anderer Stelle wird derselbe Hölderlin-Text elektronisch so hoch transponiert, „daß aus Sprache ein hohes, schwirrendes Klangband entsteht" (7'30"), in dem ein nachfolgender Sinuston enthalten ist, der als aus dem Klangband herausgefiltert erscheint. Die Nutzung der prosodischen Momente der Sprache (Rhythmik, Akzentuierung, Ton-führung, Stimmtimbre) in der melodramatischen Sprechmelodie führt schließlich zur unmittelbaren Komposition von Sprache und ihrer lautpantomimischen Aktionen (vgl. Ligeti: „Aventures"). Die auf der Dekomposition beruhenden Verfahren der Ver-klanglichung des sprachlichen Lautbestandes gehören somit in den Bereich der Sprach-komposition.

---

[71] B. Hansen, Plattentext zur Avantgarde-Platte DGG 2561 110.

5 Sprachkomposition

Die Möglichkeit, Texte im traditionellen Sinne zu vertonen, schwindet, sobald die Einheit von Sprachklang und Bedeutung gestört ist. Die „Musik der Worte" Mallarmés verabsolutiert den Sprachklang, indem er ihn zum bevorzugten Gegenstand poetischer Gestaltung erhebt. Umgekehrt verselbständigt sich im rationalen Begriffsapparat technologischer Wissenschaftssprachen deren Inhalt; nicht auf die Sprache, sondern auf die Mitteilung kommt es an. Der Zerfall der Sprache in Klang und Bedeutung führt zur Verwendung asemantischer Lautkombinationen im Sinne von Sprache oder zur Isolierung der Lautstruktur aus einem Textzusammenhang, der phonetisch und semantisch dekomponiert wird. Der kompositorische Umgang mit solcherart aufgebrochenem Sprachmaterial bedingt eine „Vokalmusik, die sich vom Text loslöst und dennoch prononciert vokal bleibt"[1]. Darin liegt zugleich die Chance, neue Bezüge zwischen Sprache und Musik aufzudecken und ihre Übergänge kompositorisch fruchtbar werden zu lassen. Denn in dem Maße, wie Sprache aus syntaktischen und semantischen Zwängen gelöst ist, wird sie frei zur Verwirklichung musikalischer Prinzipien. Die Elemente der Sprache selbst, d. h. ihre Phoneme und Morpheme, ihre Expresseme (= emotionale Gehalte, die durch die prosodischen Eigenschaften lautpantomimisch vermittelt werden) und Kontureme (= typische Formen prosodischer Verläufe, die expressive Inhalte transportieren)[2] und somit allgemeine sprachliche Qualitäten, nicht nur einzelne Wörter und Sätze werden nun in zweifachem Sinne komponierbar: *als materiale Gegebenheit einer Komposition* (5.1), die mit Sprachklängen operiert (5.1.1) oder Sprachklang in Musik umwandelt (5.1.2), und als *Ergebnis von Komposition*, die erst wieder Sprachliches hervorbringt (5.2).

5.1 Sprache als Material der Komposition

5.1.1 Komposition mit Sprachelementen

Wie bereits dargestellt, nimmt die Komposition wortgebundener Musik seit den 50er Jahren oft nicht mehr ihren Ausgang von einem fertigen Text, der wie auch immer vertont wird, sondern setzt gerade an dessen Dekomposition an. Aufgelöst in seine lautlichen Bestandteile (die isolierten Phoneme) bildet er nur noch ein Reservoir an Klängen und Artikulationsformen, die gleich Tönen kompositorisch verarbeitet werden; Gesprochenes „wird Material wie früher etwa eine Auswahl von Tonqualitäten"[3]. Während aber Nono in seinen frühen Chorwerken den Text, den er in Silben und Laute aufsplittert und auf verschiedene Stimmen verteilt, doch in den musikali-

---

[1] C. Dahlhaus, Verfall der Vokalmusik?, in: Mel/NZ 2/1977, S. 98.
[2] Zu den linguistischen Termini vgl. W. Klüppelholz, Sprache als Musik, Diss. phil. Köln, Herrenberg 1976, S. 163 f.
[3] D. Schnebel, Glossolalie 61, in: Denkbare Musik, Köln 1972, S. 385.

schen Strukturen wieder rekomponiert und ihn so als Ganzes formal und inhaltlich bestehen bzw. neu entstehen läßt, wird in Sprachkompositionen im eigentlichen Sinn der Text als formale Einheit weitgehend aufgegeben. Seine phonetischen Bestandteile sind die materiale Bedingung für musikalische Prozesse und Strukturen und werden gleichermaßen als musikalischer Klang- wie als sprachlicher Ausdruckswert verstanden. Sprachliches und Musikalisches, Vokales und Instrumentales werden immer mehr integriert.

L. Berio spaltet in der „Sequenza III" (1966) den Text Markus Kutters in klanglich verschieden charakterisierte Lautfolgen: solche von überwiegender Vokalität bis zu solchen mit überwiegendem Geräuschanteil. Diese bilden einerseits die sprachliche Basis vielfältiger emotionaler Ausdrucksgesten und bestimmen andererseits die musikalische Form, indem den verschiedenen Materialschichten der Sprache entsprechende Stimmäußerungen zwischen reinem Singen und differenzierten Formen des Sprechens zugeordnet sind. Das musikalische Material ist mit dem dekomponierten Sprachmaterial identisch.

M. Kagels „Anagrama" (1958) für Gesangssolisten, Sprechchor und Kammerensemble stellt eine „Doppelkomposition" (Häusler) von Material und Werk wie von sprachlichen und musikalischen Prozessen dar, die wechselseitig aufeinander bezogen sind. Der Text eines auf Mücken bezogenen lateinischen Palindroms „in girum imus nocte et consumimur igni" (wir kreisen in der Nacht und werden vom Feuer verzehrt) wird vielfältigen Permutationen und Transformationen unterzogen, die zu einer Vielzahl von Anagrammbildungen führen. Das Lautmaterial des Ausgangssatzes wird durch verschiedene Lesarten und Lautkombinationen erweitert, so daß beliebige neue Wörter und Sätze in deutscher, französischer, italienischer und spanischer Sprache gebildet werden können; so entstehen durch lautliche Assoziationsketten oder „akustische Übersetzung" (Kagel) der phonetischen Artikulation des Palindroms absurde Anagrammbildungen wie „ein Ritter sitzt im Grünen, er summt in seinem Eisen" (S. 17, T. 76 ff.), „torturiertes Neutrum totes Sense trennt roten Mohn" (S. 19, T. 2 ff.) oder „in giro immoto notte quieto ingu" als „akustische Übersetzung" des originalen „in girum imus nocte et consumimur igni" (S. 26, T. 14 ff.). Die Instrumentalkomposition wird denselben Prinzipien unterworfen, indem den Buchstaben das Alphabets Töne der chromatischen Tonleiter zugeordnet werden. „Im Verlauf des Stücks wird diese Ausgangsreihe in Übereinstimmung mit der Verwandlung des alphabetischen Materials verändert, und zwar durch ähnliche Verfahren, wie sie bei der Komposition des Textes angewandt sind."[4] Die technisch und methodisch gleiche Behandlung des vokalen und instrumentalen Parts wie der sprachlichen und musikalischen Struktur ergibt eine Konzeption, in der gleichermaßen die Musik den Text wie der Text die Musik „in Verantwortung nimmt". Ausgangspunkt aller vokalen und instrumentalen Prozeduren ist allein das Lautreservoir des Palindroms; Textkomposition und musikalische Komposition erwachsen denselben kompositorischen Prozessen.

Noch weiter geht D. Schnebel, wenn er nicht mehr von vorgegebenen Phonemen eines Textes ausgeht, sondern die Lauterzeugung selbst zum Gegenstand der Komposition

---

[4] M. Kagel, Die Behandlung von Wort und Stimme in ‚Anagrama‘, Mskr. 1960, zit. bei D. Schnebel, Mauricio Kagel. Musik — Theater — Film, Köln 1970, S. 25.

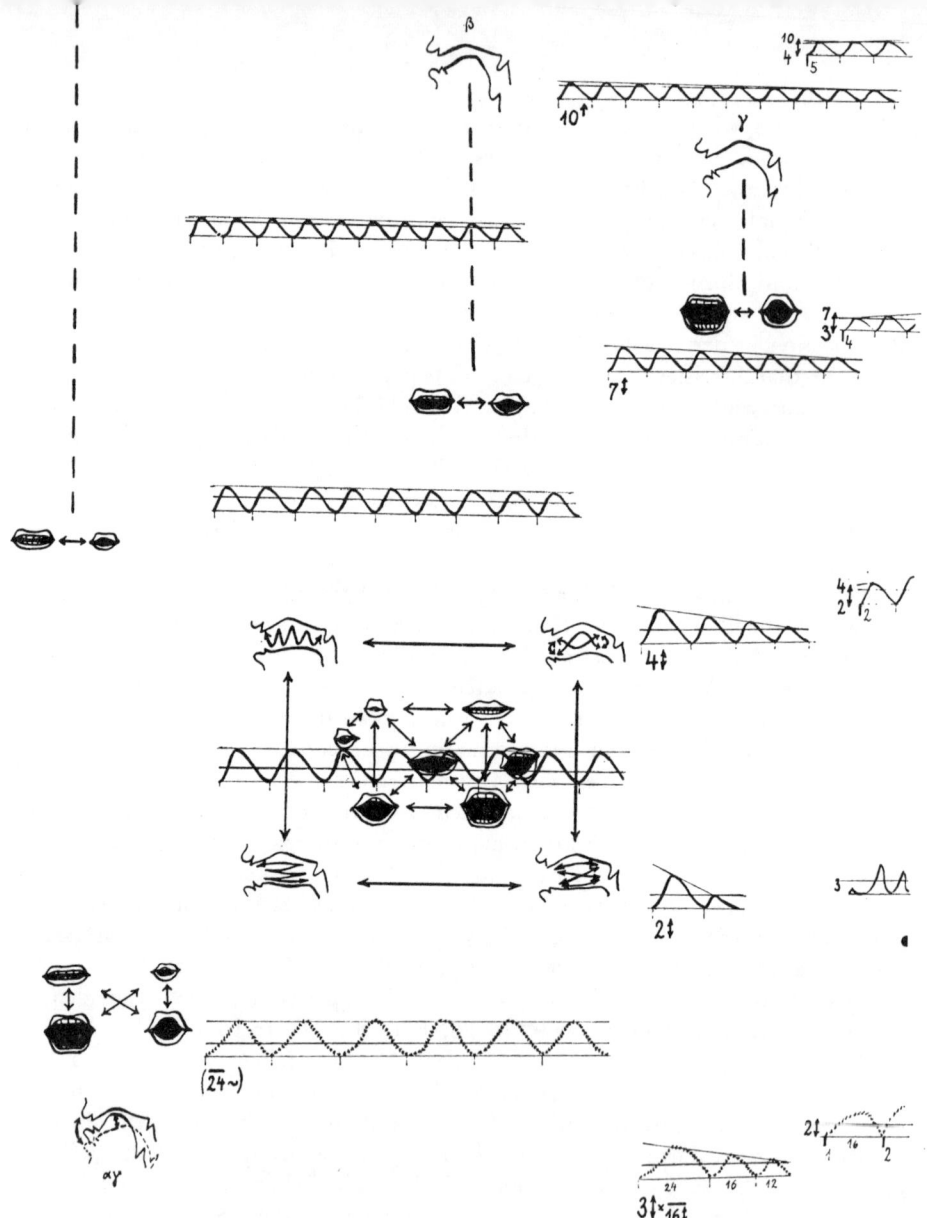

D. Schnebel: Maulwerke, Exerzitienmaterial für „Atemzüge", Schott, Mainz.

erhebt. Der Werkkomplex „Maulwerke" (1968—74) setzt Klangprozesse „für mehrere Artikulationsorgane und Reproduktionsgeräte" in Gang und liefert Modelle
vokaler Artikulation, „damit sie sich als selbständiger Prozeß realisiere und also zum
musikalischen Verlauf werde"[5]. Atemführung, Kehlkopftätigkeiten, Mund- und Zun-
genbewegungen sowie die Lippenformung sind die Elemente beim Artikulationsvor-

[5] D. Schnebel, Maulwerke, in: Denkbare Musik, a.a.O., S. 458.

gang und bedingen deren Resultat. „Was alle Menschen Tag für Tag unbewußt tun, nämlich artikulieren, wird von Schnebel entlarvend demonstriert, gleichsam durch ein Vergrößerungsglas." [6]

Auch „madrasha 2" (1958/67—68) ist „eine Komposition von Lauterzeugungsvorgängen: nicht wird vom vorgegebenen Laut ausgegangen, sondern von Prozessen ihrer Hervorbringung." [7]

Komponiert und notiert sind daher auf diastematischen Linien nicht mehr Tonhöhen und Melodieverläufe, sondern die Zungenstellung im Mund-Rachen-Raum im Zusammenhang mit der Formung der Lippen. [8] „In der Partitur sind vielerlei Modelle notiert, in denen Lippen-, Zungen-, Zäpfchenbewegungen, Veränderungen des Mundraumes, des nasalen Resonanzraumes, des Atemdrucks etc. gleich musikalischen Verläufen entworfen und komponiert werden. Das Ergebnis der Realisation ist, daß Stimmen von konventionellem Verhalten befreit werden." [9] Durch freie Kombination der verschiedenen Organbewegungen entstehen Klänge, die üblicherweise nicht notierbar wären. „Zwei Beispiele: erstens bei Ausgangsstellung: Lippen gespreizt, kleinste Öffnung, Zunge vorn oben. Nun werden die Lippen geöffnet und zugleich die Zunge gesenkt. Das Resultat ist i — a. Zweite Ausgangsstellung: Lippen rund, kleinste Öffnung, Zunge hinten oben. Nun werden die Lippen geöffnet und die Zunge wird nach vorn unten bewegt. Das ergibt u — a. Derartige Lautiervorgänge können natürlich viel komplexer gestaltet werden, zumal dann, wenn statt des üblichen Zungen- und Lippendienstes verwickelte Bewegungen dieser Organe zur Anwendung gelangen — und man etwa Verdrehungen der Zunge mit gegenläufigen Lippenbewegungen koppelt." [10] In der Notation bezeichnen die Linien solche Grundpositionen der Zungen- und Lippenstellung bei der Artikulation (z. B. i-Stellung, u-Stellung).

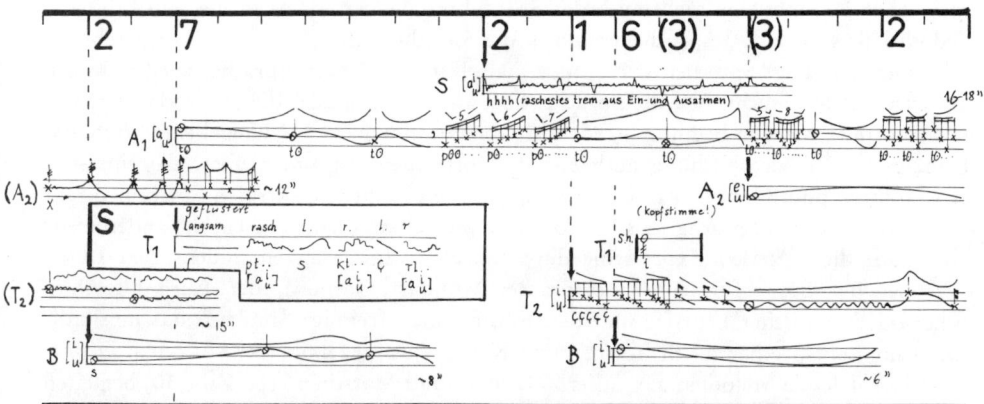

D. Schnebel: „ :! " (madrasha 2), Ausschnitt aus der Partitur, Schott, Mainz.

---

[6] G.-W. Baruch in einer Rezension, in: Mel/NZ 2/1977, S. 146.
[7] Vorbemerkung zur Partitur.
[8] Vgl. dazu Schnebels Ausführungen in: Sprech- und Gesangsschule, in: Denkbare Musik, a.a.O., S. 450—453.
[9] D. Schnebel: madrasha 2, in: Denkbare Musik, a.a.O., S. 418.
[10] D. Schnebel, Sprech- und Gesangsschule, a.a.O., S. 450 f.

Die so erzeugten Klangresultate sind allein durch die Artikulation definiert, zugleich aber auch semantisch intendiert und schließen sich gelegentlich zu verständlichen Wörtern verschiedener Sprachen zusammen. Zentrales Anliegen des ganzen Zyklus „für stimmen ... missa est", dessen letzter Teil „madrasha 2" darstellt, ist auf wortlose Exklamation (daher der unaussprechbare Titel „:!") im Sinne des a-verbalen Jubilus gerichtet, der „kraft sprachlosen Ausdrucks (seine) eigene ausschweifende Sprache gebiert. Um Expression aber geht es insofern, als in diesem Stück Vorgänge des Ausdrückens, des Aus-sich-heraussetzens von Lauten das Material bilden." [11]
Sofern elementares Sprachmaterial, der Lautbestand zertrümmerter Sprache und die Produkte experimenteller Artikulationsprozesse als Klangmaterial kompositorisch neu formuliert werden, findet der phonetische Aspekt der Sprache eine vorrangige Beachtung. Andererseits greifen Sprachkompositionen aber ebenso auch die kommunikative Funktion von Sprache und ihre expressiven Momente auf, die unabhängig von der konkreten Begriffssemantik an den prosodischen Elementen der Sprache haften.
Nonverbale Komponenten der Lautpantomime (vgl. 3.1) wie Gestik, Mimik, Artikulationsart, Stimmführung, Tonlage, Atemvolumen u. ä. beeinflussen und ergänzen den Informationsgehalt einer begrifflichen Nachricht. Die affektive Bedeutungssphäre der Schallbilder gesprochener Sprache wird aber auch an unverständlichen fremden und asemantischen, imaginären Sprachen wirksam und erkennbar. Während wortgebundene Musik bisher die Affekte darstellte, die der Text beschrieb oder selbst ausdrückte, kann auch losgelöst von einem konkreten Text der Affekt des Sprechens selbst musikalisch verwirklicht werden. Die Sprachlichkeit liegt dann in der Expressivität der lautpantomimischen Artikulation. So werden in Schnebels „Glossolalie" (1961) Sprechverläufe bekannter und fremder Sprachen als Träger expressiver Gesten genommen. „Die Komposition zieht auch das Sprachliche des Sprechens in die Musik hinein. Jedoch läßt sich solch gesprochener Musik die Sprache nicht austreiben. So entsteht ein seltsamer Vorgang: Sprechen wird Musik, ja selbst sein Inhalt, Sprache, wird in Musik zu verwandeln gesucht. Sie, die Sprache, aber rächt sich, indem die gesprochene Musik unvermittelt zu reden beginnt — wirklich verständlich wird." [12] Umgekehrt greift das Prinzip der Versprachlichung auch auf die Instrumentalstimmen über, die einerseits Artikulation und Klangcharakter des Gesprochenen in ihrer spektralen Struktur direkt aufgreifen und den Sprachgestus im Tonfall unmittelbar verdeutlichen, die andererseits aber auch die verbalen Expresseme durch musikalische ergänzen, indem dem Idiom verschiedener Sprachformen (Hochsprache, Mundart, Jargon), der Aura altertümlicher oder modischer Begriffe und den Expressemen fremder Sprachen das musikalische Idiom entsprechender Stilformen und Klangtypen gegenübergestellt wird. Depraviert zu spielende Melodien aus „allerlei Liedern und Märschen" (II, Ziff. 30) begleiten banale Texte, mundartliche Redensarten und Schlagwörter, deren Belanglosigkeit sie widerspiegeln; demgegenüber greifen kurze Fragmente aus den Versatzstücken des Konzertbetriebs wie ein Bruchstück des Hallelujah aus Händels Messias, der Anfang von Beethovens Egmont-Ouverture, Klänge der Mondscheinsonate und Zitate von

---

[11] D. Schnebel, madrasha 2, in: Denkbare Musik, a.a.O., S. 418.
[12] D. Schnebel, Glossolalie 61, in: Denkbare Musik, a.a.O., S. 385.

Mozart, Wagner und Debussy die Aura ethischer Normen wie „Das christliche Prinzip der Gerechtigkeit heißt nicht Gleichheit, sondern Ausgleichung" oder „Jeder hat das Recht, seine Meinung frei zu äußern" auf und demaskieren sie zugleich (II, Ziff. 35). Sprechen als musikalische Stimme und Instrumentalklang als Sprache bedingen sich dabei phonetisch und semantisch.

G. Ligeti verzichtet in den „Aventures" und „Nouvelles Aventures" (1962—65) vollständig auf die Verwendung einer semantischen Sprache und bindet „alle durch gesellschaftliche Umgangsformen ritualisierten menschlichen Affekte" [13] an eine imaginäre Kunstsprache, die allerdings alle expressiven Momente der Lautpantomime bewahrt. Hier handelt es sich gleichsam um die Komposition eines Textes, dem der feste Boden konkreter Begrifflichkeit entzogen wurde. Verständlich artikuliert werden die Äußerungen der Affekte (Erregung, Angst, Freude, Bedrohung, Sehnsucht etc.) und Sprechhaltungen (Frage, Befehl, Ironie etc.) ohne die konkreten Inhalte; erkennbar ist z. B., *daß* gefragt wird, aber nicht *was* gefragt wird:

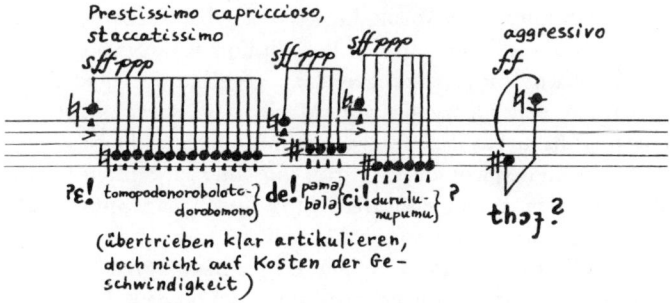

G. Ligeti: Aventures, Litolffs/Peters, Frankfurt/M. 1964, Ziff. 47.

Den Grad der Erregung spiegelt die Stimmführung mit den lagemäßig exponierten, dynamisch scharf akzentuierten Betonungen:

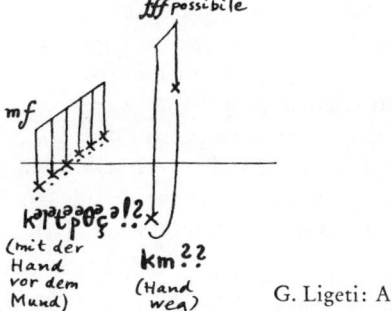

G. Ligeti: Aventures, Ziff. 48.

In dem Abschnitt „Allegro appasionato" (T. 49 ff.) stehen den drei Sängern beliebige Vokale zur Wahl; die imaginäre „Sprache" der total exaltierten, außer sich geratenen Charaktere beruht allein auf der musikalischen Struktur. Der sprunghafte Register-

---

[13] G. Ligeti, Nachwort zum Szenarium der Aventures, in: Neues Forum, Jan. 1967, S. 91.

wechsel mit extremer Intervallik im ffff possibile verhindert cantables Singen wie verständliche Lautdeklamation und bewirkt so die Vermittlung bloßen Affekts. Die Instrumente unterstützen nicht nur im staccatissimo den Habitus des Vokalparts, sondern verdoppeln ihn wörtlich mit identischen Tonfolgen, wenn auch in anderer metrischer Verteilung. Doch so identisch vokaler und instrumentaler Part formal sind, so unterschiedlich ist ihre Funktion. Der Instrumentalpart stützt vornehmlich den Tonhöhenverlauf der Sänger und garantiert dessen bizarre Kontur; den Stimmen kommt dagegen infolge ihrer sprachlichen Artikulationsfähigkeit primär die Darstellung der Exaltation zu, die sie nur vermittels einer spezifischen Intonation verdeutlichen können; der Instrumentalpart allein wäre dazu weit weniger eindeutig in der Lage. Erst im Zusammenwirken von instrumentaler Struktur und vokaler Intonation entsteht die „Sprache" der Exaltation.

5.1.2 Umwandlung von Sprache in Musik

Das Bestreben, Sprachliches und Musikalisches weitgehend zu integrieren, rückt die spektrale Analyse des Sprachklangs in den Bereich kompositorischen Interesses. So lag es, sobald die technischen Voraussetzungen dazu gegeben waren, durchaus nahe, mit elektronischen Mitteln den Übergang von Musik und Sprache auf der Ebene des Klanges kompositorisch zu realisieren, was erstmals K. Stockhausen im „Gesang der Jünglinge" (1955/56) konsequent durchführte; „in einer gewählten Skala elektronisch erzeugter Klänge werden einzelne Stufen durch gesungene Sprachlaute besetzt." [14] Ebenso nahe lag es, an die Tradition „vokaler Klangfarben" bei Berlioz [15], Debussy („Nocturnes") oder Milhaud („Les Choéphores") anzuknüpfen und Sprachlaute als bloße Klangfarben in die musikalische Struktur einzubinden. Unter diesem Aspekt ist auch Ligetis „Clocks and Clouds" für 12-stimmigen Frauenchor und Orchester (1972/73) noch dem Bereich der Sprachkomposition im weitesten Sinne zuzuordnen. Die Vokalisen enthalten hier nur noch die gleichen Laute, wie sie in der Sprache vorkommen, sprachliche Funktion erfüllen sie aber nie; ihre Verwendung und Funktion resultiert aus der musikalischen Struktur. Auf dem anfänglichen g′ des ersten Chorabschnitts artikulieren die Stimmen zunächst die Vokale υ, o, a, ε, i. Infolge der ungleichmäßigen Verschiebung der zwölf Einsätze verschwimmen die Vokalwechsel zu einem kontinuierlichen Gleiten vom υ bis zum i. Es vollzieht sich also eine Klangaufhellung auf gleichbleibender Tonhöhe: in dem Klang auf der Basis g′ werden allmählich verschiedene Formantbereiche verstärkt. Erst bei der mikrointervallischen Fortschreitung, die das g′ umspielt, entwickelt sich das Lautfeld weiter zu Umlauten (y, ø . . .), d. h. zu vokalischen Zwischentönungen. Den Mikrointervallen als Tönungen

[14] K. Stockhausen, Musik und Sprache III, in: Texte Bd. 2, a.a.O., S. 60.
[15] H. Berlioz bezieht in „Roméo et Juliette" erstmals Chorstimmen in die Sinfonische Dichtung ein. Am Schluß seiner Instrumentationslehre (1. deutsche Ausgabe bei Leibrock 1843) skizziert er die utopische Vision eines monumentalen Orchesterapparates unter Einbezug der Stimmen. „Bis jetzt hörte man bei Musikfesten nur das gewöhnliche Orchester und die gewöhnlichen Chöre . . . hier jedoch würde es sich um etwas ganz anderes handeln, und der Komponist, welcher die außerordentlichen und unzähligen Hilfsmittel eines solchen *Instrumentes* wirksam verwenden wollte, hätte gewiß eine vollständig neue Aufgabe zu lösen." (S. 217)

zwischen den chromatischen Stufen [16] entsprechen bedeutungsmäßig die Umlautungen in der Vokalisation. Was sich zunächst horizontal entfaltet, wird später auch in der Vertikale projiziert. Die Chorstimmen exponieren einen Akkord, dessen Tönen bestimmte Vokalfarben, d. h. Formantspektren zugewiesen sind, so daß ein Vokalakkord entsteht. Indem die Stimmen Laute und Silben auf vorgeschriebenen Tonhöhen hervorbringen, erfüllen sie eine klangfarbliche Funktion wie sonst Instrumente.

Mit elektronischen Verfahren ist es möglich, die Formantspektren der Sprachlaute auch synthetisch zu erzeugen oder umgekehrt die Phoneme eines Textes als Basis für neues Klangmaterial zu benutzen. Aus dem Klangspektrum gesprochener Laute können einzelne Frequenzbereiche herausgefiltert, verstärkt oder verschiedenartig moduliert, transponiert oder miteinander multiplikativ gemischt werden; durch Buchstabeniteration kann jeder Sprachlaut (z. B. der Explosivlaut t) stationär gehalten werden (z. B. als Rauschspektrum), indem ein Rotierkopf das stillstehende Magnetband an der Stelle abtastet, wo der Laut aufgezeichnet ist. Umgekehrt läßt sich jeder längere oder stationäre Klang (z. B. das Rauschen) durch zeitliche Verkürzung zu einem kurzen Impuls stauchen. Das auf solche Weise gewonnene Klangmaterial, das seine Herkunft aus der Sprache nicht mehr zu erkennen gibt, kann dann weiterer elektronischer kompositorischer Verarbeitung zugeführt werden.

In Eimerts „Epitaph für Aykichi Kuboyama" (1960—62) bilden die Klänge des gesprochenen Textes der Grabinschrift des Fischers, der das erste Opfer atomar verseuchten Regens wurde, das akustische Ausgangsmaterial der gesamten Komposition. Durch Zerlegung und Filterung der Klangspektren werden neue Klänge erzeugt, deren kompositorische Strukturierung verschiedene Grade der Verständlichkeit einzelner Laute, Silben oder Wörter durchmißt und die somit „Eindrücke des Gesprochenen, Gesungenen, ja Instrumentalen gewähren" [17]. Auch Berio verzichtet in der Tonbandkomposition „Tema — Omaggio a Joyce" (1958) auf die Anwendung synthetisch erzeugter Klänge und unterwirft die Lesung der Einleitung zum 11. Kapitel des „Ulysses" von J. Joyce (Sirenen-Kapitel) zahlreichen Prozeduren, deren Ziel es ist, „ein Verhältnis von Kontinuität" (Berio) zwischen Wort und Ton, Sprache und Musik zu stiften, das die Unterschiede in der Perzeption von logisch-semantischen und musikalischen Gebilden aufhebt. Dabei werden „nur die bei einer schlichten Lesung unmittelbar perzeptiblen Aspekte berücksichtigt" [18]. Die englische, französische und italienische Version des Textes liefert ein Lautreservoir, das nach phonologischen Gesichtspunkten geordnet wird, die Übergänge und Wechsel von einer Sprache zur andern ermöglichen. Die aus der englischen Fassung abgeleiteten Klänge werden zu einer Skala von Vokalfarben zusammengefaßt. Elektronische Verfahren erhöhen die Transformationsmöglichkeiten und erzeugen kontinuierliche Übergänge innerhalb dieser Skalen. Variationen der Dauern und Frequenzen decken die Ähnlichkeit im Formantbereich der verschiedenen Klangmaterialien auf. So wurde es „leicht möglich, das ‚s' —

---

[16] „Mikrointervalle ... abweichend von der gleichmäßigen Temperatur, maximal um einen Vierteltön; es werden jedoch keine genauen Vierteltonabweichungen gefordert", Anm. der Partitur.

[17] H. Petri, Identität von Sprache und Musik, in: Mel 1965, S. 347.

[18] L. Berio, Musik und Dichtung — eine Erfahrung, in: DB II, Mainz 1959, S. 41.

die Grundfarbe des gesamten Stückes, und hörbar einem aus weißem Rauschen ausge-
filterten Streifen ähnlich — in ein ‚f‘, das ‚f‘ in ein ‚v‘, das ‚sh‘ in ein ‚zh‘ gleiten zu
lassen, sei's durch Benutzung von Filtern, sei's durch Hinzufügung eines Grundtons." [19]
Die französische Version dient schließlich als Modell für die Amplituden-Modulation
der Klangverläufe. So entstehen allmählich immer komplexere musikalische Strukturen,
die „ein Feld von Möglichkeiten . . . entfalten, die der Text selber ausspricht" [20]. Die
Klangstruktur artikulierter Rede wird nach musikalisch-klanglichen Prinzipien mittels
elektronischer Techniken so verarbeitet, daß sie unversehens in Musik umschlagen
kann. Der Versuch, „das Wort in den Stand zu setzen, den musikalischen Sachverhalt
völlig zu assimilieren und zugleich zu bedingen" [21], kennzeichnet erneut das Bemühen
um Integration von sprachlichen und musikalischen Prinzipien, das die Sprachkomposition insgesamt auszeichnet.

5.2 Sprache als Ergebnis von Komposition

Von Sprachkomposition im engeren Sinne ist zu reden, wenn Sprachliches durch Komposition sich einstellt, wenn nicht ein Text Musik hervorruft, sondern musikalische
Prozesse sprachanaloge Klänge und Strukturen erzeugen. Stockhausens „Gesang der
Jünglinge" stellt den Versuch dar, „aus einem Laut-Wort-Kontinuum ‚Sprache‘ aus der
Komposition hervorgehen zu lassen" [22]. Die Analyse der Sprachbehandlung muß dann
den umgekehrten Weg gehen und nicht danach fragen, auf welche Weise ein Text vertont sei, sondern welche „Sprache" die Musik ergibt. Die Möglichkeit, aus den phonetischen Elementen, die ein Text enthält, wieder sprachliche Morpheme entstehen zu
lassen, realisiert D. Schnebel in „Deuteronomium 31,6" (1958). Der hebräische Urtext
der im Titel bezeichneten Bibelstelle (5. Mose 31, Vers 6) wird zusammen mit Über-
setzungen ins Lateinische, Griechische sowie in einige germanische, romanische und
slawische Sprachen nur in seinen lautlichen Bestandteilen benutzt, die sich erst in der
musikalischen Struktur bzw. im klanglichen Resultat der ineinandergreifenden und sich
überlagernden Stimmen zu einzelnen Wörtern verbinden. „In solcher Komposition
vermag Musik zu Sprache zusammenzuschließen, aber auch Sprache sich in Musik auf-
zulösen." [23] Dem Abschnitt H liegt das phonetische Material der deutschen, französischen und englischen Übersetzung (seid getrost/êtes tranquilles/be quiet) zugrunde, d.h.
die Vokale aí, ə, o: (dt.); æ, ã, i (frz.); i:, ai, (engl.), also insgesamt nur a, æ, ə, i
und o: und die Konsonanten s, t, g, r (dt.); t, r, ŋ, k, j (frz.); b, k, w, t (engl.), insgesamt b, g, k, ŋ, r, s, t, w. Das weitere kompositorische Verfahren beschreibt Schnebel
wie folgt: „So enthält der Beginn einer Phase (H) leicht übereinander geschichtet zunächst frikative, dann plosive Konsonanten, endlich Vokale. Hört man sich ein, bilden
sich sprachliche Übergänge: s mag sich mit ai verbinden zu sei, ä mit t zum französi-

[19] Ebd. S. 42.
[20] Ebd. S. 43.
[21] Ebd. S. 37.
[22] K. Stockhausen, Musik und Sprache III, a.a.O., S. 61.
[23] D. Schnebel, Sprache — hin und zurück, in: Denkbare Musik, a.a.O., S. 409.

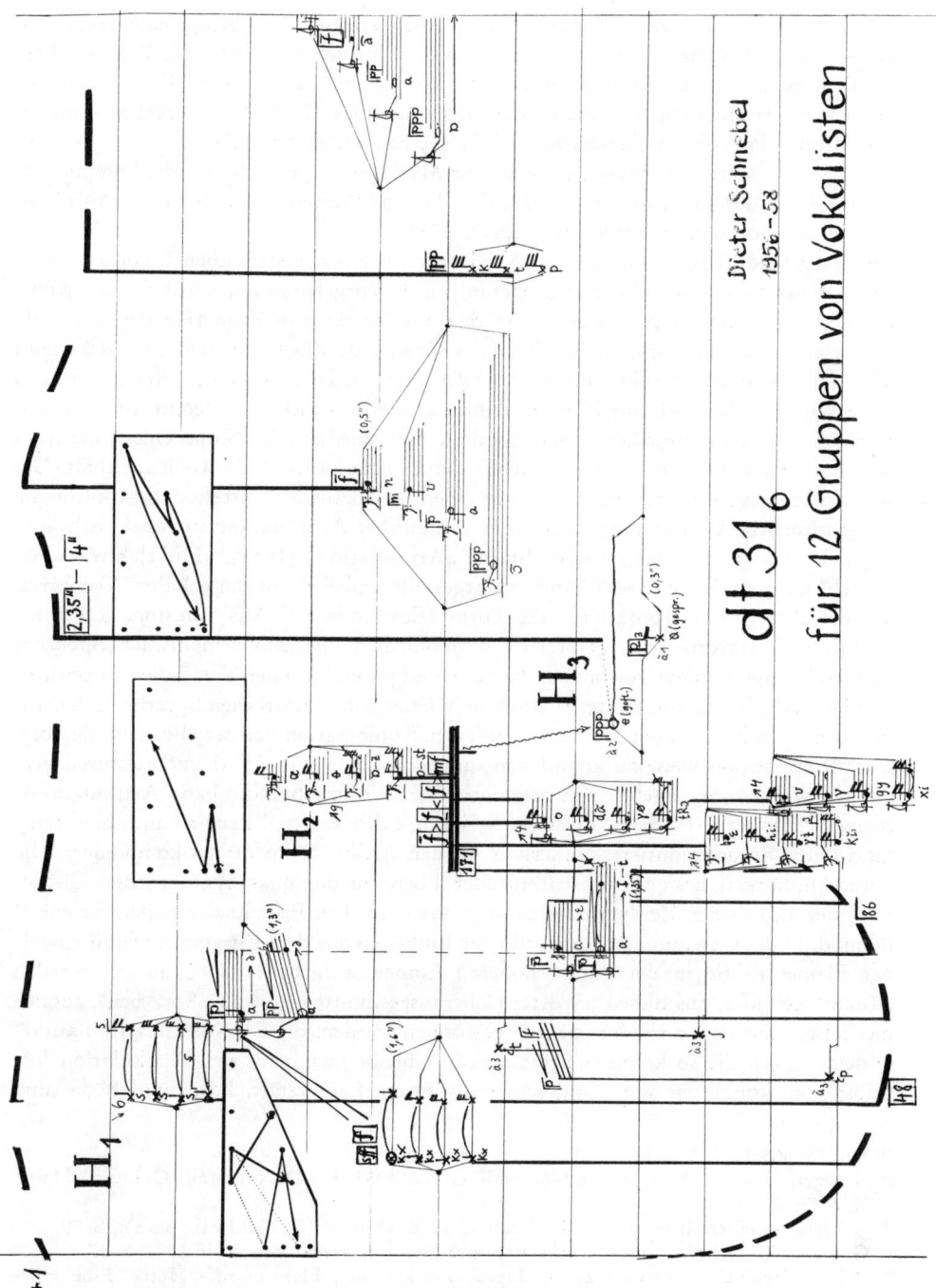

D. Schnebel: Dt 31,6, Schott, Mainz 1973, Abschnitt H.

schen êtes, b und i zum englischen be. Der anschließende Takt bringt eine Folge von
Kombinationen verwandter Silben, in denen die Plosivlaute k und t mit Vokalen liiert
werden: gö und kwa, tro und tra, kij und ku, ost und ait. Das enthält das deutsche
getrost, das französische tranquille, das englische quiet. Beide Takte ergeben somit in
sprachlicher Polyphonie die Sätze: Sei(d) getrost, êtes tranquilles, be quiet — und
anderes. Also wird aus Phonemen nicht nur Musik, sondern auch Sprache komponiert,
entsprechend der Intention des Stücks, den Text als Material und Inhalt in Musik zu
verwandeln, auf daß er musikalisiert spreche." [24]

Der imaginäre „Text" von Ligetis „Aventures", der die menschlichen Emotionen und
Verhaltensweisen ausdrückt, wurde ebenfalls nicht vorgeformt der musikalischen Komposition zugrunde gelegt, sondern erwächst aus ihr. Ebenso kann rein instrumentale
Musik aufgrund ihres spezifischen Tonfalls sprechende Züge annehmen, so daß Ligeti
sein Cello-Konzert als „instrumentale Aventures" [25], bzw. als eine „Art ‚Aventures
ohne Worte', oder doch mit Worten, denn das Cello ‚spricht'" [26]. Jedoch ist dies kein
Sprechen im metaphorischen Sinne, sondern hier durchaus im Sinne einer Imitation
sprachlicher Artikulationsformen, wie sie die „Flüsterkadenz" des Cellos enthält. Die
Konstruktion von Sprachartikulation in einem musikalischen Artefakt (also nicht die
kompositorische Verwendung natürlicher stimmlicher Artikulationsprozesse) realisierte
Ligeti bereits in der elektronischen Studie „Artikulation" (1958). „Mit elektronischen
Mitteln wird ein imaginäres Gespräch dargestellt, wobei wie in den vokalen ‚Aventures'
der charakteristische Tonfall für die Form relevant ist." [27] Aus Sinuston, Rauschen,
Impuls und verschiedenen gefilterten harmonischen und subharmonischen Spektren
werden Klangkomplexe gewonnen, die aufgrund phonologischer Vorstudien so geformt
werden, daß sie sich wie Laute, Silben und Wörter einer künstlichen Sprache verhalten,
die dann nach bestimmten Merkmalen in einer Kombination von serieller und aleatori-
scher Kompositionsweise zu komplexen sprachähnlichen syntaktischen Strukturen verbunden werden. So ergeben sich assoziativ verschiedene Sprech- bzw. Artikulationsformen (Plappern, Tuscheln, Flüstern, Wispern, Schreien etc.). Es wird auch hier keine
tatsächliche Sprache imitiert, sondern es werden Artikulationsformen komponiert. Die
Sprachähnlichkeit besteht auf struktureller Ebene in der quasi-syntaktischen Gliederung der akustischen Zeichen bzw. Klänge sowie in dem Prinzip der Superzeichenbildung, d. h. der Gewinnung übergeordneter Einheiten aus dem Zusammenschluß einzelner Elemente, die in der nächst höheren Einheit aufgehen: aus „Lauten" werden
„Texte" gebildet, aus diesen „Wörtern" herausgeschnitten und zu „Sprachen" zusammengefügt, aus denen wieder „Sätze" gewonnen werden, die das Stück „Artikulation"
bilden. [28] Doch die so komponierte „Sprache" bleibt imaginär, weil Artikulation losgelöst vom konkreten Wort und seiner distinkten Lautgestalt, Form und Bedeutung

---

[24] Ebd., S. 409/10.
[25] G. Ligeti in einem Brief an O. Nordwall v. 7. 2. 1967, in: O. Nordwall, G. Ligeti, Mainz
1971, S. 79.
[26] G. Ligeti in einem Brief an O. Nordwall v. 10. 8. 1966, in: O. Nordwall, a.a.O., S. 79.
[27] G. Ligeti, in: U. Stürzbecher, Werkstattgespräche mit Komponisten, Köln 1971, S. 37.
[28] Vgl. R. Wehinger, Vorwort zu: G. Ligeti, Artikulation, Elektronische Musik. Eine Hörpartitur, Mainz 1960.

bleibt. Komponierte Artikulation bringt nicht begriffliche Sprache hervor, sondern sprachliche Klangprozesse.

Wenngleich die Grenze, die hier zwischen Textvertonung und Sprachkomposition gezogen wurde, oft fließend ist und vielfache Übergänge zuläßt, so scheint es doch geboten, diese Unterscheidung einzuführen und beizubehalten, weil sie ein prinzipiell unterschiedliches kompositorisches Verhalten gegenüber sprachlichen Phänomenen an den Tag legt. Bei der Textvertonung tritt Musik mit verschiedenen Funktionen zu einem vorgefundenen, oft literarisch geformten Text, dessen einzelne Sprachschichten mit unterschiedlichem Gewicht musikalisch dargestellt werden und der im äußersten Fall in einer rein musikalischen Struktur aufgehoben ist. Immer aber bleibt er formal und inhaltlich intakt. Sobald aber der kompositorische Gestaltungsprozeß in die syntaktische und phonetische Struktur eines Textes eingreift, ihn dekomponiert, als Klangmaterial benutzt, das rein musikalischen Strukturprinzipien unterworfen und so in Musik umgewandelt wird, geht es bereits um ein Arbeiten mit sprachlichem Material, handelt es sich um Sprachkomposition, in der ein verändertes Verhältnis zur Sprache, getragen vom Mißtrauen ihr gegenüber, zum Ausdruck kommt. „Denn in der vergewaltigten Sprache ist Kritik implizite gegen scheinbar intakte Sprache, die, längst angepaßt und ideologisiert, dem selber Hohn spricht, was sie verkündigt." [29] Daß die Neue Musik vom Sprachzerfall gekennzeichnet sei [30], ist eine Feststellung, die im Widerspruch zu der Möglichkeit zu stehen scheint, daß Sprache ganz in der musikalischen Struktur aufgehoben, in ihr zugleich gegenwärtig und abwesend (Boulez) sein kann. Dieser Widerspruch gründet nicht zuletzt in der Eigenart musikalischer Sprachkomposition überhaupt, aus der sie als meinende Sprache getilgt ist: als Phonem und Expressem ist sie in der musikalischen Komposition aufgelöst und verleiht ihr so wieder rudimentäre Sprachlichkeit.

---

[29] P. Rummenhöller, Möglichkeiten neuester Chormusik, in: E. Kraus (Hrsg.), Der Einfluß der technischen Mittler auf die Musikerziehung unserer Zeit, Mainz 1968, S. 317 (Vorträge der 7. Bundesschulmusikwoche Hannover 1968).
[30] Vgl. E. Budde, Zitat, Collage, Montage, in: R. Stephan (Hrsg.), Die Musik der 60er Jahre, a.a.O., S. 38.

5.3 Literaturhinweise zu Analysen der angeführten Sprachkompositionen

Luciano Berio

„Sequenza III" per voce femminile (1966)

Gruhn, W.   L. Berio: Sequenza III, in: D. Zimmerschied (Hrsg.): Perspektiven Neuer Musik, Mainz 1974, S. 234—249

Lyotard, J. F. /   „A few words to sing" (Sur Sequenza III de Berio), in: Musique en Jeu 2
Avron, D.

„Tema — Omaggio a Joyce" für eine Stimme und Tonband (1958)

Berio, L.   Musik und Dichtung — eine Erfahrung, in: DB II, Mainz 1959, S. 36—45

Petri, H.   Identität von Sprache und Musik, in: Mel 1965, S. 345—349

Herbert Eimert

„Epitaph für Aykichi Kuboyama" für Sprecher und Sprachklänge (1960—62)

Gieseler, W.   Komposition im 20. Jahrhundert, Celle 1975, S. 123—125

Petri, H.   Identität von Sprache und Musik, in: Mel 1965, S. 345—349

Mauricio Kagel

„Anagrama" für Gesangssolisten, Sprechchor und Kammerensemble (1958)

Häusler, J.   Einige Aspekte des Wort-Ton-Verhältnisses, in: R. Stephan (Hrsg.), Die Musik der 60er Jahre, Mainz 1972, S. 65—76 (Veröffentlichungen des Instituts für neue Musik und Musikerziehung Darmstadt, Bd. 12)

Kagel, M.   Die Behandlung von Wort und Stimme in ‚Anagrama', Mskr. 1960

Klüppelholz, W.   Sprache als Musik, Studien zur Vokalkomposition seit 1956, Diss. phil. Köln, Herrenberg 1976, S. 85—125

Schnebel, D.   M. Kagel, Musik — Theater — Film, Köln 1970, S. 15—26

György Ligeti

„Artikulation" (1958)

Gruhn, W.   Textvertonung und Sprachkomposition bei G. Ligeti, in: MuB 1975, S. 511—519

Ligeti, G.   Wandlungen der musikalischen Form, in: R 7, Wien 1960, S. 14 f

Wehinger, R.   Vorwort zu: G. Ligeti, Artikulation. Elektronische Musik. Eine Hörpartitur, Mainz 1970

„Aventures" (1962) / „Nouvelles Aventures" (1962—65)

Beurle, J.   Aventures von György Ligeti, in: E. Karkoschka u. a., Neue Musik. Analyse. Herrenberg 1976, S. 53—56

Gruhn, W.   Textvertonung und Sprachkomposition bei G. Ligeti, in: MuB 1975, S. 511—519

Kaufmann, H.   Ein Fall absurder Musik. Ligetis Aventures & Nouvelles Aventures, in: H. Kaufmann, Spurlinien, Wien 1969, S. 130—158

ders.   G. Ligetis Szenische Abenteuer, in: Neues Forum 13/1966, S. 773—774

Klüppelholz, W.   Aufhebung der Sprache; zu G. Ligetis „Aventures" in: Mel/NZ 1/1976, S. 11—15

ders.	Sprache als Musik. Studien zur Vokalkomposition seit 1956, Diss. phil. Köln, Herrenberg 1976, S. 160—194
Salmenhaara, E.	Das musikalische Material und seine Behandlung in den Werken „Apparition", „Atmosphères", „Aventures" und „Requiem" von G. Ligeti, Regensburg 1969, S. 101—133 (Forschungsbeiträge zur Musikwissenschaft, Bd. 19)

„Clocks and Clouds" für 12-stimmigen Frauenchor und Orchester (1972/73)

Gruhn, W.	Textvertonung und Sprachkomposition, a.a.O., S. 511—519

Dieter Schnebel

„Deuteronomium 31,6" (Für Stimmen ... missa est I) für 12 Gruppen von Vokalisten (1958)

Schnebel, D.	Dt 31,6, in: D. Schnebel, Denkbare Musik, Köln 1972, S. 248
ders.	Sprache — hin und zurück, ebd. S. 408—410

:! (madrasha 2) (Für Stimmen ... missa est III) für 3 Chorgruppen (1958/67—68)

Schnebel, D.	madrasha 2, in: Denkbare Musik, a.a.O., S. 418
ders.	Musica sacra, ebd., S. 431—436

„Glossolalie" für 3 (4) Sprecher und 3 (4) Instrumentalisten (1961)

Gruhn, W.	D. Schnebels Glossolalie, in: MuB 1972, S. 580—585
Klüppelholz, W.	Sprache als Musik, a.a.O., S. 126—159
Schnebel, D.	Glossolalie 61, in: Denkbare Musik, a.a.O., S. 384—396

Karlheinz Stockhausen

„Gesang der Jünglinge" (1956)

Gruhn, W.	Elektronische Musik im Unterricht, in: MuB 1970, S. 6—10
Klüppelholz, W.	Sprache als Musik, a.a.O., S. 42—84
Stockhausen, K.	Musik und Sprache, in: R 6, Wien 1958; dass. in: DB I, Mainz 1958; dass. in: Stockhausen, Texte zu eigenen Werken und zur Kunst Anderer, Bd. 2, Köln 1964, S. 58—68

Abkürzungen

AfMw	Archiv für Musikwissenschaft
DB	Darmstädter Beiträge zur Neuen Musik, Schott Mainz
JbP	Jahrbuch Peters
Mel	Melos
Mf	Die Musikforschung
MGG	Die Musik in Geschichte und Gegenwart, Kassel-Basel-Tours-London, seit 1949
MuB	Musik und Bildung
NZ	Neue Zeitschrift für Musik
R	Die Reihe, UE Wien
RiemannL	Riemann Musiklexikon, 5 Bände, 12. Auflage, Mainz 1959—1975
VfMw	Vierteljahrsschrift für Musikwissenschaft
zfmth	Zeitschrift für Musiktheorie

Literaturverzeichnis

I. Allgemeine Literatur

Abert, A. A.   Wort und Ton, in: Kongreßbericht Hamburg 1956, Kassel 1957

Abert, H.   Wort und Ton in der Musik des 18. Jahrhunderts, in: AfMw V/ 1923

Adorno, Th. W.   Versuch über Wagner, Frankfurt 1952

Musik und Sprache, in: Forum 3/1956

Musik, Sprache und ihr Verhältnis im gegenwärtigen Komponieren, in: Jahresring 1956/57

Fragment über Musik und Sprache, in: Quasi una fantasia, Musikalische Schriften II, Frankfurt 1963, S. 9—16

Ambros, A. W.   Die Grenzen der Musik und Poesie. Eine Studie zur Ästhetik der Tonkunst, 2 Bde, Prag 1856

Apfel, E.   Über einige Zusammenhänge zwischen Text und Musik im Mittelalter, besonders in England, in: Medium aevium vivum, Festschrift für Walter Bulst, 1960

Bachmann, I.   Musik und Dichtung, in: Musica viva 1959

Baltz, K. von   Sprachsingende und sprachbildende Zeiten, in: Das Goetheanum, Dornach 1959

Barzun, J.   Music into words, in: The Score 10/1954

Baumann, H. H.   Musik und sprachliches Modell, in: Poetika 2/1968

Beaufils, M.   Musique du son, musique du verbe, Paris 1954

Becker, A.   Gestalt und Gehalt in Wort und Ton. Von der Wortkunst und Musik zur Volkskunde, in: Germanisch-romanische Monatsschrift, Neue Folge, Bd. 3, 1953

Beckmann, D.   Sprache und Musik im Vokalwerk Anton Weberns. Die Konstruktion des Ausdrucks, Regensburg 1970 (Kölner Beiträge zur Musikforschung, Bd. 57)

Bengtsson, I.   „Verstehen" — Prolegomena zu einem semiotisch-hermeneutischen Ansatz, in: P. Faltin/H.-P. Reinecke (Hrsg.), Musik und Verstehen, Köln 1973, S. 11—36

Benz, R.   Die Welt der Dichter und die Musik, Düsseldorf 1949

Berio, L.   Musik und Dichtung — Eine Erfahrung, in: DB II, Mainz 1959, S. 36—45

Bielitz, M.   Zur Verwendung von Sprache in der Neuen Musik, in: H. Vogt, Neue Musik seit 1945, Stuttgart 1972, S. 84—91

Musik und Grammatik, Studien zur frühmittelalterlichen Musiktheorie, Diss. phil. Heidelberg 1974

Birke, J.   R. Dehmel und A. Schönberg, in: Mf XI/1958

Bittner, R.   Ein Versuch zur Sprachartigkeit der Musik, in: C. Dahlhaus (Hrsg.), Beiträge zur musikalischen Hermeneutik, Regensburg 1975, S. 173—174 (Studien zur Musikgeschichte des 19. Jahrhunderts, Bd. 43)

Bloomfield, L.   Language, New York 1951

Boulez, P. Ton, Wort, Synthese (Son, verbe, synthèse), zweisprachige Veröffentlichung in Mel 10/1958; deutsch in: P. Boulez, Werkstatt-Texte, Frankfurt 1972, S. 114—120

Ton und Wort (Son et verbe), in: Cahiers de la Compagnie Renaud/Barrault, H. 22—23, Mai 1958; deutsch in: Werkstatt-Texte, S. 121—123

Sprechen, Singen, Spielen (Dire, jouer, chanter), in: Cahiers de la Compagnie Renaud/Barrault: La Musique et ses Problèmes contemporains 1953—1963, R. Julliard, Paris; deutsch in: Werkstatt-Texte, S. 124—141

Über den Sprechgesang (Note sur le Sprechgesang), Text zur Schallplatte Schönberg: Pierrot Lunaire; deutsch in: Werkstatt-Texte, S. 142—144

Dichtung — Mittelpunkt und Ferne — Musik (Poésie — Centre et Absence — Musique), deutsch in: Mel 2/1963; dass. in: Werkstatt-Texte, S. 145—163

Brauner, R. Fr. Wort und Ton, in: Musikerziehung 10/1956

Brewster, R. G. The relationship between poetry and music in the original solo-vocal works of Benjamin Britten through 1965, Diss. Washington University, St. Louis 1967

Bright, W. Language and music — areas for cooperation, in: Ethnomusicology 7/1963

Brinkmann, R. Schönberg und George. Interpretation eines Liedes, in: AfMw 1/1969

Brown, C. S. Music and Literature: A Comparison of the Arts, University of Georgia Press 1948

Tones into words. Musical compositions as subjects of poetry, Athens (Georgia) 1953

Budde, E. Zum Verhältnis von Sprache, Sprachlaut und Komposition in der neueren Musik, in: R. Stephan (Hrsg.), Über Musik und Sprache, Mainz 1974, S. 9—19 (Veröffentlichungen des Instituts für neue Musik und Musikerziehung Darmstadt, Bd. 14)

Burmeister, J. Musica poetica, Rostock 1606, Facs.-ND, hg. v. M. Ruhnke, Kassel-Basel 1955 (Documenta musicologica I/10)

Butor, M. La Musique Art Réaliste. Les Paroles et la Musique, in: Esprit 28/1960

Musik, eine realistische Kunst, in: Repertoire 3, Aufsätze zur modernen Literatur und Musik, München 1965, S. 65—84

Das Mallarmé-Porträt von Pierre Boulez, in: Repertoire 3, Aufsätze zur modernen Literatur und Musik, München 1965, S. 85—98

Butzlaff, W. Paul Celan — Todesfuge, in: Der Deutschunterricht 1960

Cardine, E. Paroles et mélodie dans le Chant Grégorien, in: Etudes Grégoriennes 5/1962

Chandola, A. C. Some Systems of musical scales and linguistic principles, in: Semistica II, 1970

Cœuroy, A. La Musique aux prises avec la littérature, in: La Revue Musicale 210/1952

Cone, E. T. Words into Music. The composer's approach to the text, in: Sound and poetry 1957

167

Cooke, D.	The language of music, London 1959, Reprint 1964
Curjel, H.	Sprechmusik und Klanggedicht, in: Mel 2/1956
Dahlhaus, C.	Musikalische Prosa, in: NZ 1964, S. 176—182
	Musica poetica und musikalische Poesie, in: AfMw XXIII/1966, S. 110 ff.
	Musik als Text und Werk, in: C. Dahlhaus, Musikästhetik, Köln 1967, S. 19—27 (Musik-Taschenbücher, Theoretica Bd. 8)
	Wagners Konzeption des musikalischen Dramas, Regensburg 1971 (Arbeitsgemeinschaft 100 Jahre Bayreuther Festspiele, Bd. 5), Kapitel „Musikalische Prosa", S. 50—61
	Das „Verstehen" von Musik und die Sprache der musikalischen Analyse, in: P. Faltin/H.-P. Reinecke (Hrsg.), Musik und Verstehen, Köln 1973, S. 37—47
	„Das obligate Rezitativ", in: Mel/NZ 3/1975, S. 193—195
	Terminologisches zum Begriff der harmonischen Funktion, in: Mf 1975, S. 197—202
	Fragmente zur musikalischen Hermeneutik. II. Die Idee der Tonsprache und die Neue Musik, in: C. Dahlhaus (Hrsg.), Beiträge zur musikalischen Hermeneutik, Regensburg 1975, S. 164—172 (Studien zur Musikgeschichte des 19. Jahrhunderts, Bd. 43)
	Ein Dilemma der Verskomposition, in: Mel/NZ 1/1977, S. 15—18
Dallapiccola, L.	Livrets et paroles dans l'opéra, in: Zeitgenössisches Musiktheater, Kongreßbericht Hamburg 1964
Daniélou, A.	Sémantique musicale. Essai de psycho-physiologique auditive, Paris 1967
Danuser, H.	Musikalische Prosa, Regensburg 1975 (Studien zur Musikgeschichte des 19. Jahrhunderts, Bd. 46)
Derbolav, J.	Musik und Sprache, in: Derbolav: Grundfragen der Musikdidaktik, Ratingen 1967
Döhl, Fr.	Die Welt der Dichtung in Weberns Musik, in: Mel 3/1964
Dräger, H.-H.	Die Bedeutung der Sprachmelodie, in: Kongreßbericht Hamburg 1956, Kassel 1957
Eco, U.	Einführung in die Semiotik. Autorisierte dt. Ausgabe, hg. von J. Trabant, München 1972
Eggebrecht, H. H.	Von der Musikalität der Dichtung, in: Musica 4/1950, S. 9—15
	Zum Wort-Ton-Verhältnis in der ‚Musica poetica' von J. A. Herbst, in: Kongreßbericht Hamburg 1956, Kassel 1957
	Musik als Tonsprache, in: AfMw 18/1961, S. 73—100
	Über begriffliches und begriffsloses Verstehen von Musik, in: P. Faltin/H.-P. Reinecke (Hrsg.), Musik und Verstehen, Köln 1973, S. 48—57
	Versuch über Grundzüge der geschichtlichen Entwicklung des Wort-Ton-Verhältnisses, in: H. H. Eggebrecht, Musikalisches Denken, Wilhelmshaven 1977, S. 55—67 (Taschenbücher zur Musikwissenschaft 46)
Ehrenforth, K. H.	Ausdruck und Form. Schönbergs Durchbruch zur Atonalität in den George-Liedern, Diss. phil. Bonn 1963

Eicke, K. E.	Musik und Sprache. Eine didaktische Orientierung am Beispiel des Rezitativs, in: MuB 2/1971, S. 78—81
Eimert, H./	
Stockhausen K. (Hrsg.)	Sprache und Musik, R 6, Wien 1960
Eisler, H.	Einiges über das Verhältnis von Text und Musik, in: H. Eisler, Materialien zu einer Dialektik der Musik, Leipzig 1973, S. 257—263
Emslie, M.	The relationship between words and music in the English secular song 1622—1700, Diss. Cambridge 1957/58
Ertel, S./Dorst, R.	Expressive Lautsymbolik, in: Zeitschrift für experimentelle und angewandte Psychologie 16/1965, S. 557—569
Ertel, S.	Psychophonetik, Göttingen 1969
Eschbach, A.	Zeichen — Texte — Bedeutung. Bibliographie zu Theorie und Praxis der Semiotik, München 1974
Essen, O. von	Allgemeine und angewandte Phonetik, Berlin 1953
Faltin, P./	
Reinecke, H.-P. (Hrsg.)	Musik und Verstehen. Aufsätze zur semiotischen Theorie, Ästhetik und Soziologie der musikalischen Rezeption, Köln 1973
Faltin, P.	Widersprüche bei der Interpretation des Kunstwerks als Zeichen, in: International review of the aesthetics and sociology of music III/2, 1972, S. 199—213
	Die Bedeutung von Musik als Ergebnis sozio-kultureller Prozesse, in: Mf 1973, S. 435—445
	Der Verstehensbegriff im Bereich des Ästhetischen, in: P. Faltin/ H.-P. Reinecke (Hrsg.), Musik und Verstehen, Köln 1973, S. 58—66
	Ästhetische Aspekte musikalischer Kommunikation, in: MuB 9/1976, S. 451—454
	Musikalische Syntax. Ein Beitrag zum Problem des musikalischen Sinngehaltes, in: AfMw 1/1977, S. 1—19
Fähnrich, H.	Richard Strauss über das Verhältnis von Dichtung und Musik in seinem Opernschaffen, in: Mf 1961
Feder, G.	Das barocke Wort-Ton-Verhältnis und seine Umgestaltung in den klassizistischen Bachbearbeitungen, in: Kongreßbericht Hamburg 1956, Kassel 1957
Federhofer, H.	Zur Einheit von Wort und Ton im Lied von Johannes Brahms, in: Kongreßbericht Hamburg 1956, Kassel 1957
Flemming, W.	Die Fuge als epochales Kompositionsprinzip des deutschen Barock, in: Deutsche Vierteljahresschrift für Literaturwissenschaft und Geistesgeschichte 1958
Fónagy J./Magdics, K.	Emotional patterns in language and music, in: Zeitschrift für Phonetik, Vol. 16/1963
	Das Paradoxon der Sprechmelodie, in: Ural-Altaische Jahrbücher, Vol. 35/1964, S. 1—55
Fortner, W.	Libretto und musikalische Sprache, in: Zeitgenössisches Musiktheater, Kongreßbericht Hamburg 1964
Frederichs, H.	Das Verhalten von Text und Musik in den Brockespassionen Keisers, Händels, Telemanns und Matthesons. Diss. phil. Bochum 1974
Friedrich, M.	Text und Ton. Wechselbeziehungen zwischen Dichtung und Musik, Hohengehren 1973

Frisius, R.	Musik — Sprache, in: MuB 12/1972, S. 575—579
Frye, N. (Hrsg.)	Sound and poetry, English Institute Essay, New York 1957
Fucks, W.	Gibt es mathematische Gesetze in Sprache und Musik?, in: Die Umschau 2/1957
Funk-Kolleg Sprache	Funk-Kolleg Sprache. Eine Einführung in die moderne Linguistik, 2 Bde., Frankfurt 1973
Furtwängler, W.	Ton und Wort. Aufsätze und Vorträge 1918 bis 1954, Wiesbaden [8]1958
Georgiades, Th.	Der griechische Rhythmus. Musik, Reigen, Vers und Sprache, Hamburg 1949
	Musik und Sprache. Das Werden der abendländischen Musik, dargestellt an der Vertonung der Messe, Berlin-Göttingen-Heidelberg 1954, [2]1974
	Sprache, Musik, schriftliche Musikdarstellung, in: AfMw 14/1957, S. 223 ff.
	Musik und Rhythmus bei den Griechen. Zum Ursprung der abendländischen Musik, Hamburg 1958
	Sprache als Rhythmus, in: Die Sprache, Vortragsreihe 1959
	Schubert. Musik und Lyrik, Göttingen 1967
Gerlach, R.	Musik und Sprache in Wagners Schrift „Oper und Drama". Intention und musikalisches Denken, in: C. Dahlhaus (Hrsg.), Richard Wagner. Werk und Wirkung, Regensburg 1971 (Studien zur Musikgeschichte des 19. Jahrhunderts, Bd. 26)
	Musik und Sprache als akustische Strukturen, in: NZ 3/1974
	Pierre Boulez und Stephane Mallarmé. Ein Fragment über das Artifizielle, in: R. Stephan (Hrsg.), Über Musik und Sprache, Mainz 1974, S. 70—92 (Veröffentlichungen des Instituts für neue Musik und Musikerziehung Darmstadt, Bd. 14)
	Die ästhetische Ton„sprache" als Problem im „Rosenkavalier", in: Mel/NZ 4/1975, S. 278—286
Gieseler, W.	Musik und Sprache, in: W. Gieseler, Komposition im 20. Jahrhundert, Celle 1975, S. 115—127
Goeyvaerts, K.	Was aus Wörtern wird, in: Mel 1972, S. 159—162
Goldschmidt, H.	Musikverstehen als Postulat, in: P. Faltin/H.-P. Reinecke (Hrsg.), Musik und Verstehen, Köln 1973, S. 67—86
Goodman, N.	Sprachen der Kunst. Ein Ansatz zu einer Symboltheorie, Frankfurt 1973
Gramer, W.	Musik und Verstehen. Eine Studie zur Musikästhetik Th. W. Adornos, 1976
Groothoff, H.-H.	Zu den anthropologischen und pädagogischen Voraussetzungen von Sprache und Musik, in: K. Sydow (Hrsg.), Sprache und Musik, Wolfenbüttel 1966, S. 11—18
Gruhn, W.	Dieter Schnebels „Glossolalie". Ein Beitrag zum Thema Musik als Sprache — Sprache als Musik, in: MuB 1972, S. 580—585
	Textvertonung und Sprachkomposition bei György Ligeti, in: MuB 1975, S. 511—519
	Musik, Sprache, Text. Semiotischer Ansatz eines Unterrichtsmodells zum Sprachcharakter von Musik, in: E. Kraus (Hrsg.), Schule ohne

	Musik? Mainz 1976, S. 208—216 (Vorträge der 11. Bundesschul-musikwoche Düsseldorf 1976)
Gurlitt, W.	Musik und Rhetorik, in: Helicon V, 1944
Guzzo, A.	Musica e parola, Turin 1959
Hanslick, E.	Vom Musikalisch-Schönen, Darmstadt 1965 (Reprographischer Nachdruck der 1. Auflage, Leipzig 1854)
Harweg, R.	Sprache und Musik, in: Poetika 1/1967
	Language and Music — An Immanent and Sign Theoretic Approach, in: Foundations of Language 4/1968, S. 270—281
	Kann man Musik verstehen?, in: International Review of the aesthetics and sociology of music, 1972, No. 2, S. 173—186
Häusler, J.	Einige Aspekte des Wort-Ton-Verhältnisses, in: R. Stephan (Hrsg.), Die Musik der 60er Jahre, Mainz 1972, S. 65—76 (Veröffentlichungen des Instituts für neue Musik und Musikerziehung Darmstadt, Bd. 12)
Heike, G.	Musik und Sprache, in: Movens, Wiesbaden 1960; dass. in: MuB 12/1972, S. 573—575
	Phonetische Grundlagen der musikalischen Sprachkomposition. Institut für Phonetik der Universität zu Köln, Berichte No. 1, Köln 1973
	Musik und Sprache in der neuen Musik. Institut für Phonetik der Universität zu Köln, Berichte No. 4, Köln 1975
Heinen, Cl.	Der sprachliche und musikalische Rhythmus im Kunstlied. Vergleichende Untersuchung einer Auswahl von Mörike-Vertonungen, Diss. phil. Köln 1958
Heinitz, W.	Die Sprechtonbewegungen in Arnold Schönbergs „Pierrot lunaire“, in: Vox 1/1925
	Kunst, Sprechmelodie und Maschine, in: Musikblätter des Anbruch 8/1926, S. 36—38
Heiss, H.	Wort und Ton, in: NZ 1960
Helms, H. G.	Fa:m' Ahniesgwow, Köln 1959, mit einem Nachwort von Gottfried Michael Koenig
	Komponieren mit sprachlichem Material, in: Mel 5/1966, S. 137—143
	Über die Entwicklung der Sprache im 20. Jahrhundert, in: Mel 10/1968
	Schönberg: Sprache und Ideologie, in: U. Dibelius (Hrsg.), Herausforderung Schönberg, München 1974, S. 78—109
Herzog, E.	Sinnbilder und deren Träger in Sprache und Musik, in: Kongreßbericht Hamburg 1956, Kassel 1957
Heuss, A.	Der geistige Zusammenhang zwischen Text und Musik im Strophenlied, in: Kongreß für Ästhetik und allgemeine Kunstwissenschaft 1913, Stuttgart 1914
Hindemith, P.	Hören und Verstehen ungewohnter Musik. Vortrag vom 15. 12. 1955 Universität Zürich. Niederschrift von Erwin R. Jacobi, in: MuB 9/1975, S. 417 ff. Auszug bei A. Briner, Paul Hindemith, Zürich - Mainz 1971, S. 246—253
Hirsbrunner, T.	Musik und Sprache bei Gabriel Fauré und Claude Debussy, in: Mel/NZ 5/1975, S. 365—372

Hofstätter P. R.   Die Tiefendimension der Sprache, in: Universitas, 1949, S. 33—39

Hollander, J.   The music of poetry, in: Journal of aesthetics and art criticism 15, 1956/57

Hornbostel, E. M. von   Laut und Sinn, in: Festschrift Meinhof, Hamburg 1927

Hotes, L.   Das Leitmotiv in der neueren deutschen Romandichtung, Diss. phil. Frankfurt/M. 1931

Hubig, Chr.   Zum Problem der Vermittlung Sprache — Musik, in: Mf 1973, S. 191—204

Musikalische Hermeneutik und musikalische Pragmatik Überlegungen zu einer Wissenschaftstheorie der Musikwissenschaft, in: C. Dahlhaus (Hrsg.), Beiträge zur musikalischen Hermeneutik, Regensburg 1975, S. 121—158 (Studien zur Musikgeschichte des 19. Jahrhunderts, Bd. 43)

Jakobson, R.   Musikwissenschaft und Linguistik, in: Prager Presse, 7. 12. 1932

Jakobson, R./Cherry, E. C.   Toward a logical description of languages in their phonemic aspect, in: Language 29/1953

Jenne, M.   Kommunikationstheorie und Musikpädagogik, in: Zeitschrift für Musikpädagogik 3/1977, S. 33—38

Just, M.   Musik und Dichtung in Bogenform und Reprisenbar, in: Kongreßbericht Hamburg 1956, Kassel 1957

Just, K. G.   Musik und Dichtung, in: Deutsche Philologie im Aufriß, Berlin 1962

Karbusický, V.   Das „Verstehen der Musik" in der soziologisch-ästhetischen Empirie, in: P. Faltin/H.-P. Reinecke (Hrsg.), Musik und Verstehen, Köln 1973, S. 121—147

Karkoschka, E.   Sprache und Musik, in: Mel 12/1960

Musik und Semantik, in: Mel 7—8/1965, S 252—259

Kaufmann, H.   Zum Verhältnis zweier Musen, in: Forum 5/1958

Kempers, K. Ph. B.   Die Komponisten und die Dichtkunst, in: Festschrift Walter Wiora, Kassel 1967

Kesting, M.   Mallarmé und die Musik, in: Mel 2/1968

Killmayer, W.   Sprache als Musik, in: Mel 1972, S. 35—41; dass. in: MuB 1972, S. 567—573

Klein, H.   Musikalische Komposition in deutscher Dichtkunst, in: Deutsche Vierteljahresschrift für Literatur und Geistesgeschichte 8/1930, S. 680—716

Kloepfer, R.   Poetik und Linguistik. Semiotische Instrumente, München 1975

Klüppelholz, W.   Aufhebung der Sprache. Zu György Ligetis „Aventures", in: Mel/NZ 1/1976, S. 11—15

Sprache als Musik. Studien zur Vokalkomposition seit 1956, Diss. phil. Köln, Herrenberg 1976

Kluge, R.   Typ, Funktion und Bedeutung. Bemerkungen zur semantischen Analytik musikalischer Typen, in: Beiträge zur Musikwissenschaft IX/1967, S. 98—104

Knaus, J.   Sprache, Dichtung, Musik. Texte zu ihrem gegenseitigen Verständnis von R. Wagner bis Th. W. Adorno, Tübingen 1973

Kneif, T.   Bedeutung, Struktur, Gegenfigur. Zur Theorie des musikalischen „Meinens", in: International review of the aesthetics and sociology of music, II,2/1971, S. 213—229; dass. in: MuB 11/1972, S. 501—508

Zur Semantik des musikalischen Zitats, in: NZ 1973, S. 3—9

Musik und Zeichen. Aspekte einer nicht vorhandenen musikalischen Semiotik, in: Musica 1973, S. 9—12

Typen der Entsprachlichung in der neuen Musik, in: R. Stephan (Hrsg.), Über Musik und Sprache, Mainz 1974, S. 20—33 (Veröffentlichungen des Instituts für neue Musik und Musikerziehung Darmstadt, Bd. 14)

Was ist Semiotik der Musik?, in: NZ 1974, S. 348—353

Koenig, G. M.   Nachwort zu Hans G Helms „Fa:m' Ahniesgwow", Köln 1959, S. I—XX

Köhler, L.   Die Melodie der Sprache in ihrer Anwendung besonders auf das Lied und die Oper, 1853

Krause, Chr. G.   Von der musikalischen Poesie, Berlin 1752

Vermischte Gedanken, in: Marpurgs Historisch-Kritischen Beiträgen III/6, Berlin 1758, S. 533 ff.

Křenek, E.   Über die Bedeutung der Musik (1950), in: E. Křenek, Zur Sprache gebracht, München 1958, S. 317—330

Musik und Sprache, in: Forum 7/1960

Kretzschmar, H.   Geschichte des Neuen deutschen Liedes, Leipzig 1911

Geschichte der Oper, Leipzig 1919

Kropfinger, K.   Lautfelder und kompositorisches Gefüge bei Luciano Berio, in: R. Stephan (Hrsg.), Über Sprache und Musik, Mainz 1974, S. 45—58 (Veröffentlichungen des Instituts für neue Musik und Musikerziehung Darmstadt, Bd. 14)

Krüger, W.   Wort und Ton in den Notre-Dame-Organa, in: Kongreßbericht Hamburg 1956, Kassel 1957

Lach, K.   Das Konstruktionsprinzip der Wiederholung in Musik, Sprache und Literatur, in: Sitzungsbericht der Akademie der Wissenschaften, Wien, Phil.-hist. Klasse 201, 2, Wien-Leipzig 1925

Laske, O. E.   On the understanding and design of aesthetic artefacts, in: P. Faltin/H.-P. Reinecke (Hrsg.), Musik und Verstehen, Köln 1973, S. 189—216

Lausberg, H.   Handbuch der literarischen Rhetorik, 2 Bde., München 1960

Lefebvre, H.   Musique et sémiologie, in: Musique en jeu 4/1971

Liebe, A.   Die Leistung der deutschen Sprache zur Wesensbestimmung des Tones. Eine systematisch-historische Untersuchung an Toneigenschaftsbeziehungen, Berlin 1958

List, G.   The bounderies of speach and song, in: Ethnomusicology 7/1963

Maack, R.   Rhythmus in Sprache und Musik, in: Musik im Unterricht (B) 6/1957

Sprache und Musik, in: Musik als Lebenshilfe, Hamburg 1958

Mâche, F.-B.   Le son et la musique, in: Mercure de France, Nov. 1963

Méthodes linguistiques et musicologie, in: Musique en jeu 5/1971

Martens, H.   Das Melodram, Berlin 1932 (Musikalische Formen in historischen Reihen XI)

Martin, Fr.   Literatur und Musik, in: Österreichische Musikzeitschrift 14/1959

173

Mattheson, J.	Kern melodischer Wissenschaft, Hamburg 1737
	Der vollkommene Capellmeister, Hamburg 1739, ND Kassel 1954 (Documenta musicologica V)
Mayer, G.	Semiotik und Sprachgefüge der Kunst, in: Beiträge zur Musikwissenschaft 9/1967, S. 112—121
Metz, C.	Langage et musique, Paris 1971
Mies, P.	Das instrumentale Rezitativ. Von seiner Geschichte und seinen Formen, Bonn 1968 (Abhandlungen zur Kunst-, Musik- und Literaturwissenschaft, Bd. LV)
Mohr, W.	Wort und Ton, in: Kongreßbericht Hamburg 1956, Kassel 1957
Molenaar, J. de	Muziek en poezie, Utrecht 1959
Müller, H.	Experimentelle Beiträge zur Analyse des Verhältnisses von Laut und Sinn, Berlin 1935
Müller-Blattau, J.	Das Verhältnis von Wort und Ton in der Geschichte der Musik, Stuttgart 1952
Mukařovský, J.	Kapitel aus der Ästhetik, Frankfurt 1970
Nattiez, J.-J.	Situation de la sémiologie musicale, in: Musique en jeu 5/1971
Naumann, P.	Untersuchungen zum Wort-Ton-Verhältnis in den Einaktern Arnold Schönbergs, Diss. phil. Köln 1974
Nettl, B.	Some linguistic approaches to musical analysis, in: Journal of the International Folk Music Council, Vol. 10, 1958
Neumann, F.-H.	Die Ästhetik des Rezitativs, Straßburg und Baden-Baden 1962
Niemöller, Kl. W.	Ars musica — ars poetica — musica poetica, in: Kongreßbericht Hamburg 1956, Kassel 1957
Nievergelt, E.	Vom Wort-Ton-Verhältnis des deutschen Reformationsliedes, in: Musik und Gottesdienst 15/1961
Nolte, E.	Musikpädagogik und die Auffassung der Musik als Kommunikationsphänomen, in: MuB 9/1976, S. 433—441
Nono, L.	Text — Musik — Gesang, in: J. Stenzl (Hrsg.), L. Nono. Texte. Studien zu seiner Musik, Zürich-Freiburg 1975, S. 41—60
Op de Coul, P.	Sprachkomposition bei Ligeti. „Lux aeterna" nebst einigen Randbemerkungen zu den Begriffen Sprach- und Lautkomposition, in: R. Stephan (Hrsg.), Über Musik und Sprache, Mainz 1974, S. 59—69 (Veröffentlichungen des Instituts für neue Musik und Musikerziehung Darmstadt, Bd. 14)
Otto, W. Fr.	Die Musen und der göttliche Ursprung des Singens und Sagens, Darmstadt ²1956
Peacock, R.	Das Leitmotiv bei Thomas Mann, 1934
	Probleme des Musikalischen in der Sprache, in: Weltliteratur, Festgabe für Fritz Strich, Bern 1952, S. 85—100
Peck, A.	Parole, silence et musique: René Char et Pierre Boulez, in: Musique en jeu 5/1971
Petri, H.	Das Wort-Ton-Verhältnis, in: Musik im Unterricht (B) 11/1964
	Literatur und Musik. Form- und Strukturparallelen, Göttingen 1964 (Schriften zur Literatur, hg. von R. Grimm, Bd. 5)
	Identität von Sprache und Musik, in: Mel 1965, S. 345—349
Pittmann, D.	Practical Linguistics, Cleveland 1948

Prieberg, Fr. K.	Garcia Lorca in der Neuen Musik, in: Mel 11/1960
Pütz, W.	Neue Vokalmusik im Unterricht. Überlegungen zu einem didaktischen Konzept, in: MuB 3/1977, S. 141—147 und 4/1977, S. 217—222
Rabe, J.	Dikt och ton, Stockholm 1959
Rauhe, H./Reinecke, H.-P./ Ribke, W.	Hören und Verstehen, München 1975
Raynor, H.	Words for music, in: The Monthly Musical Record 88/1958
Reichert, G.	Literatur und Musik, in: Reallexikon der deutschen Literaturgeschichte, Bd. 2, Berlin ²1965, S. 143—163
Reinecke, H.-P.	Die Sprachebenen über Musik als Hierarchie rationaler Systeme. Überlegungen zu Wittgensteins „Sprachspiel“-Modell, in: Jahrbuch des Staatlichen Instituts für Musikforschung Preuß. Kulturbesitz 1973, Berlin 1974, S. 61 ff.
	„Musikalisches Verstehen“ als Aspekt komplementärer Kommunikation, in: P. Faltin/H.-P. Reinecke, Musik und Verstehen, Köln 1973, S. 258—275
	Verbale und nonverbale Kommunikation, in: MuB 9/1976, S. 442—445
Reininghaus, Fr.	Studie zur bürgerlichen Musiksprache. Mendelssohns Lieder ohne Worte als historisches, ästhetisches und politisches Problem, in: Mf 1/1975, S. 34—51
Reutter, H.	Wort und Ton im neuen Lied, in: Die Stimme der Komponisten, Kontrapunkte H. 2, Rodenkirchen 1958
Richter, Chr.	Unterrichtsbeispiel: Zum Verhältnis von Musik und Sprache, in: MuB 2/1977, S. 88—96
Rosenberg, W.	Wortklang und Wortsemantik bei Mahler, Mskr. einer Sendereihe des Hessischen Rundfunks über „Sprache und Musik“, 1965/66
Rousseau, J. J.	Essai sur l'origine des langues. Où il est parlé de la mélodie et de l'imitation musicale, in: Œuvres complètes, Bd. 16, Deux-Ponts 1782, S. 153—231
Rubarth, H.	Musik in der Dichtung, in: Musik im Unterricht (B) 3/1963
Ruwet, N.	Von den Widersprüchen der seriellen Sprache, in: R 6, Wien 1960, S. 59—70
	Musicologie et linguistique, in: Revue internationale des sciences sociales XIX/1967
	Langage, musique, poésie, Paris 1972
Saic, F. C.	Elektroakustik, Musik und Sprache, Wien 1952
Saint-Guivons, G.	Quelques aspects de la musique considérée d'un point de vue linguistique, in: Etudes de linguistique appliquée, No. 3, 1964
Saussure, F. de	Cours de linguistique générale, hg. von C. Bally und A. Sechehaye, Paris 1916; deutsch: Grundfragen der allgemeinen Sprachwissenschaft, Berlin-Leipzig 1931, 2. Auflage Berlin 1967
Schafer, R. M.	... wenn wörter klingen, Wien 1972 (rote reihe 37)
Schaff, A.	Einführung in die Semantik, Hamburg 1973
	Das Verstehen der verbalen Sprache und das „Verstehen“ der Musik, in: P. Faltin/H.-P. Reinecke (Hrsg.), Musik und Verstehen, Köln 1973, S. 276—288

Scheidt, W.	Sprache und Musik, Hamburg 1960
Schellenberg, E. L.	Gedicht und Lied, in: Festschrift Richard Münnich, 1957
Schering, A.	Carl Philipp Emanuel Bach und das „Redende Prinzip" in der Musik, in: JbP 1929, Leipzig 1930, S. 13—29; dass. in: A. Schering, Vom Wesen der Musik. Ausgewählte Aufsätze, hg. von K. M. Komma, Stuttgart 1974, S. 157—182
	Das Symbol in der Musik, Leipzig 1941
Schmidt, H.-Chr.	Die Kantate. Didaktischer Kommentar zur Schallplattenkassette „Die Kantate", opus musicum, Köln 1973
Schmidt-Garre, H.	Debussy und Maeterlinck — Die Kongruenz ihres Empfindens und die Inkongruenz ihrer Wirkung, in: NZ 2/1969
Schmitz, A.	Die Bildlichkeit der wortgebundenen Musik Johann Sebastian Bachs, Mainz 1950
Schmolzi, H.	Wort-Ton-Beziehungen im „Pierrot Lunaire", in: Musik im Unterricht (B) 11/1968
Schnebel, D.	Sprache als Musik in der Musik, in: Schweizer Monatshefte, September 1966; dass. unter dem Titel: Vokalkomposition bei Schumann — und nachher, in: D. Schnebel, Denkbare Musik. Schriften 1952—1972, Köln 1972, S. 102—115
	Komposition von Sprache — sprachliche Gestaltung von Musik in Adornos Werk, in: Th. W. Adorno zum Gedächtnis, Frankfurt 1971; dass. in: Denkbare Musik, S. 461—470
	Sprache — hin und zurück (Neue Chormusik), Begleittext zur Schallplatte WER 60026; dass. in: Denkbare Musik, S. 402—415
	Sprech- und Gesangsschule (Neue Vokalpraktiken), in: Denkbare Musik, S. 444—457; dass. in: Mel 1972, S. 198—206 und in: MuB 1972, S. 559—566
Schönberg, A.	Das Verhältnis zum Text, in: Der Blaue Reiter, München 1912, Dokumentarische Neuausgabe, hg. von K. Lankheit, München 1965; dass in: Style and Idea, New York 1950 (The Relationship to the Text) und in: MuB 1972, S. 557—558
Schuhmacher, G.	Geschichte und Möglichkeiten der Vertonungen von Dichtungen Friedrich Hölderlins, Diss. phil. Saarbrücken, Regensburg 1967
	Einführung in die Musikästhetik, Wilhelmshaven 1975, Kapitel „Über das Verstehen der Musik"
Schwarmath, E.	Musikalischer Bau und Sprachvertonung in Schuberts Liedern, 1969
Seidensticker, P.	Paul Celan, Todesfuge, in: Der Deutschunterricht 1960
Siebeck, H.	Sprechmelodie und Tonmelodie in ihrem ästhetischen Verhältnis, in: Festschrift Riemann, Leipzig 1909
Siegmund-Schultze, W.	Wort und Ton bei R. Schumann, in: Kongreßbericht Hamburg 1956, Kassel 1957
Somfai, L.	Sprache, Wort und Phonem im vokalen Spätwerk Strawinskys, in: R. Stephan (Hrsg.), Über Sprache und Musik, Mainz 1974, S. 34—44 (Veröffentlichungen des Instituts für neue Musik und Musikerziehung Darmstadt, Bd. 14)
Souriau, E.	La musique est-elle un langage? International review of the aesthetics and sociology of music I,1/1970, S. 97—99
Spencer, H.	Literary Style and Music, New York 1951

Springer, G. P.	Language and music: Parallels and divergencies, in: For Roman Jakobson. Essays on the occasion of the 60th birthday, 1956
Staempfli, E.	Musik, Wort, Sprache, in: Mel 10/1967
Staiger, E.	Musik und Dichtung, Freiburg 1954, ²1959
Stein, E.	Vom Melodram, in: Musikblätter des Anbruchs 9—10/1928, S. 370—372
Stenzl, J.	Luigi Nono und Cesare Pavese, in: R. Stephan (Hrsg.), Über Musik und Sprache, Mainz 1974, S. 93—119 (Veröffentlichungen des Instituts für neue Musik und Musikerziehung Darmstadt, Bd. 14)
Stephan, R.	Zur jüngsten Geschichte des Melodrams, in: AfMw 17/1960, S. 183—192
	Bemerkungen zu Pierre Boulez' Komposition von René Char's „Klage der verliebten Eidechse" aus „Le Soleil des Eaux", in: MuB 1/1969
	Über Musik und Sprache, Mainz 1974 (Veröffentlichung des Instituts für neue Musik und Musikerziehung Darmstadt, Bd. 14)
Stockhausen, K.	Musik und Sprache, in: R 6, Wien 1960, S. 36—58; dass. in: DB I, Mainz 1958; dass. in: Stockhausen, Texte zu eigenen Werken, zur Kunst Anderer, Aktuelles, Bd. 2, Köln 1964, S. 58—68, S. 149—166
Stockmann, D.	Musik als kommunikatives System, in: Deutsches Jahrbuch der Musikwissenschaft für 1969, 14/1970, S. 76—95
Stumpf, C.	Singen und Sprechen, in: Zeitschrift für Psychologie 94/1924 Die Sprachlaute, Berlin 1926
Supičić, I.	Expression and meaning in music, in: International review of the aesthetics and sociology of music II/2, 1971, S. 193—212
Sychra, A.	Das Problem des Rhythmus im Lichte der Beziehungen von Musik und Wort, in: Kongreßbericht Köln 1958
	Experimentelle Untersuchungen im Hinblick auf gemeinsame Gesetzmäßigkeiten von Musik und Sprache, in: Wissenschaftliche Zeitschrift der M.-Luther-Universität Halle-Wittenberg, Ges.- und sprachwissenschaftliche Reihe 12/1963
Sydow, K. (Hrsg.)	Sprache und Musik, Wolfenbüttel 1966 (Vorträge und Berichte aus der 2. Tagung „Musik in Volksschule und Lehrerbildung")
Tal, J.	Rationale und sensitive Komponenten des Verstehens, in: P. Faltin/ H.-P. Reinecke (Hrsg.), Musik und Verstehen, Köln 1973, S. 306—313
Tenner, J.	Über Versmelodie, in: Zeitschrift für Ästhetik 8/1913, S. 247—279 und S. 353—402
Thomas, E.	Der organisierte schöpferische Rausch. Gedanken zu einer neuen Synthese von Wort und Musik, in: NZ 1959
Thomas, R. H.	Poetry and Song in the German Baroque. A Study of the Continuo Lied, Oxford 1963
Trabant, J.	Elemente der Semiotik, München 1976
Trojan, F.	Der Ausdruck von Stimme und Sprache. Eine phonetische Lautstilistik, Wien 1948 (Wiener Beiträge zur Hals-, Nasen- und Ohrenheilkunde, hg. von Camillo Wiethe, Bd. 1)
Trubetzkoi, N. S.	Grundzüge der Phonologie, Prag 1939

Unger, H. H.	Die Beziehungen zwischen Musik und Rhetorik im 16. bis 18. Jahrhundert, Würzburg 1941; Reprint Hildesheim 1969
Venus, D.	Vergleichende Untersuchungen zur melischen Struktur der Singstimme in den Liedern von Arnold Schönberg, Alban Berg, Anton Webern und Paul Hindemith, Diss. phil. Göttingen 1965 (1966)
Vill, S.	Vermittlungsformen verbalisierter und musikalischer Inhalte in der Musik Mahlers, Diss. phil. Frankfurt 1974
Waesberghe, S. V.	Phonetics in its relation to musicology, in: Manual of phonetics, Amsterdam 1957
Wagner, R.	Oper und Drama, Leipzig 1852
Waiblinger, E.	Betrachtungen über das Verhältnis von Gesang und Sprache, in: Vox 11/1925
Walther, E.	Allgemeine Zeichenlehre. Einführung in die Grundlagen der Semiotik, Stuttgart 1974
Weck, F. E.	Die Mechanisierung von Sprache und Musik in Rundfunk, Fernsehen und Kino, in: Das Goetheanum 41/1962
Wehnert, M.	Zum Terminus „Thema" in der Musik — Sprachforschung der Gegenwart, in: Kongreßbericht Leipzig 1966, Kassel 1970
Wellek, A.	Über das Verhältnis von Musik und Poesie, in: Studien zur Musikwissenschaft 25/1962
	Kapitel „Musik und Poesie" und „Musik und Sprache", in: Musikpsychologie und Musikästhetik, Frankfurt 1963, S. 217—243 und S. 235—239
Wildberger, J.	Verschiedene Schichten der musikalischen Wortdeutung in den Liedern Franz Schuberts, in: Schweizerische Musikzeitung 1/1969
Winsgrad, T.	Linguistics and the computer analysis of tonal harmony, in: Journal of music theory 12/1968
Wittgenstein, L.	Tractatus logico-philosophicus, in: Schriften Bd. 1, Frankfurt 1960, S. 7—83
	Philosophische Untersuchungen, hg. von Ascombe & Rhees, in: Wittgenstein, Schriften Bd. 1, Frankfurt 1960, S. 279—544
	Philosophische Grammatik, hg. von Rhees, in: L. Wittgenstein, Schriften Bd. 4, Frankfurt 1969
Youngblood, J. E.	Music and Language: Some related analytical techniques, Diss. Indiana University, Bloomington 1960
Zaminer, F.	Über die Herkunft des Ausdrucks „Musik verstehen", in: P. Faltin/ H.-P. Reinecke (Hrsg.), Musik und Verstehen, Köln 1973, S. 314—319
Zeller, H. R.	Mallarmé und das serielle Denken, in: R 6, Wien 1960, S. 5—29
Zoltai, D.	Zur Typologie des Verstehensproblems in der Ästhetik des 19. Jahrhunderts, in: P. Faltin/H.-P. Reinecke (Hrsg.), Musik und Verstehen, Köln 1973, S. 320—337
Zuckerkandl, V.	Der singende und der sprechende Mensch, in: Musik im Unterricht (B) 7—8/1964

II. Didaktische Beiträge

Abraham, L. U.   Über den Wirkungszusammenhang von Text und Melodie im Schulgesang, in: K. Sydow (Hrsg.), Sprache und Musik, Wolfenbüttel 1966

Brömse, P.   Die spontane Rhythmisierung von Kinderreimen durch Sechs- bis Zehnjährige. Ein Beitrag zur Tatsachenforschung mit Beispielen, in: K. Sydow (Hrsg.), Sprache und Musik, Wolfenbüttel 1966

Eicke, K. E.   Musik und Sprache. Eine didaktische Orientierung am Beispiel des Rezitativs, in: MuB 2/1971, S. 78—81

Gerbert, H.   La valeur éducative de la musique et de la poésie, in: Triades 3/1969

Gottfried, H.   Körperhafter Umgang mit Sprache und Musik, in: K. Sydow (Hrsg.), Sprache und Musik, Wolfenbüttel 1966

Groothoff, H.-H.   Zu den anthropologischen und pädagogischen Voraussetzungen von Sprache und Musik, in: K. Sydow (Hrsg.), Sprache und Musik, Wolfenbüttel 1966, S. 11—18

Gruhn, W.   Musik - Sprache - Text. Semiotischer Ansatz eines Unterrichtsmodells zum Sprachcharakter von Musik, in: E. Kraus (Hrsg.), Schule ohne Musik? Mainz 1976, S. 208—216 (Vorträge der 11. Bundesschulmusikwoche Düsseldorf 1976)

Gruschka, Fr.   Vertonung der Gethsemaneszene von der Gregorianik bis zur Moderne, in: Musik im Unterricht (B) 3/1960

Heer, J.   Kleists Dichtung und die Musik, in: Musik im Unterricht (B) 5/1960

Hansberger, J.   Improvisatorische Wortvertonungen in der Volksschuloberstufe, in: K. Sydow (Hrsg.), Sprache und Musik, Wolfenbüttel 1966

Herrmann, P.   Jazz und Lyrik. Ein Bericht, in: Musik im Unterricht (B) 10/1963

Huelle, D.   Vom Klang des Sonetts, in: MuB 2/1969

Kienhorst, E. M.   Klangrealisation von Texten: Experimente mit Lautgedichten und Fabeln, in: W. Roscher (Hrsg.), Polyästhetische Erziehung. Theorien und Modelle zur pädagogischen Praxis, Köln 1976, S. 76—89

Kohler, F.   Musik und Sprache. Überlegungen zu einem Kursangebot in der Sekundarstufe II. Examensarbeit zur Prüfung für das Künstlerische Lehramt an Gymnasien, Staatliche Hochschule für Musik und Theater Hannover, 1974 (Mskr.)

Könecke, H. W.   Sprache und Musik im darstellenden Spiel, in: Musik im Unterricht (B) 9/1963

Kraus, E.   Gedichtbesprechung und musikalische Werkbetrachtung, in: Musik im Unterricht (B) 11/1962

Maack, R.   Rhythmus in Sprache und Musik, in: Musik im Unterricht (B) 6/1957
Sprache und Musik, in: Musik als Lebenshilfe, Hamburg 1958

Paynter, J./Aston, P.   Klang und Ausdruck, Wien 1972 (rote reihe Bd. 51); darin die Modelle 4 („Musik und Wort") und 20 („Sprachklänge")

Petri, H.   Das Wort-Ton-Verhältnis, in: Musik im Unterricht (B) 11/1964

Pütz, W.   Neue Vokalmusik im Unterricht. Überlegungen zu einem didaktischen Konzept, in: MuB 3/1977, S. 141—147 und 4/1977, S. 217—222

Richter, Chr.	Unterrichtsbeispiel: Zum Verhältnis von Musik und Sprache, in: MuB 2/1977, S. 88—96
Roscher, W.	Klangrealisation von Texten: Sprichwort-Metamorphosen, in: W. Roscher (Hrsg.), Polyästhetische Erziehung. Theorien und Modelle zur pädagogischen Praxis, Köln 1976, S. 65—75
	Textklangmontagen als Interpretationsmodelle, in: Zeitschrift für Musikpädagogik 3/1977, S. 15—20
Rubarth, H.	Musik in der Dichtung, in: Musik im Unterricht (B) 3/1963
Schafer, M.	... wenn wörter klingen, Wien 1972
Schmidt, H. Chr.	Die Kantate. Didaktischer Kommentar zur Schallplattenkassette „Die Kantate", opus musicum, Köln 1973
Schmidt-Garre, H.	Rimbaud - Mallarmé - Debussy. Parallelen zwischen Dichtung und Musik, in: Musik im Unterricht (B) 5/1967
Schmolzi, H.	Zum Wort-Ton-Verhältnis in den Weihnachtsgeschichten von Heinrich Schütz und Hugo Distler, in: Musik im Unterricht (B) 12/1961
	Wort-Ton-Beziehungen im „Pierrot Lunaire", in: Musik im Unterricht (B) 11/1968
Sydow, K.	Geschichten erzählt und verklanglicht, in: Musik und Bildung in unserer Zeit, Mainz 1961
	Sprache und Musik im darstellenden Spiel, in: K. Sydow (Hrsg.), Sprache und Musik, Wolfenbüttel 1966
Thomas, Cl.	Wege zur erklingenden Sprache, in: MuB 11/1969